哈佛百年经典

哈佛经典讲座

[美]约翰斯顿 / [美]佩　里 / [美]卡　弗　等◎著
[美]查尔斯 · 艾略特◎主编
谭　杰 / 田春光◎译

北京理工大学出版社
BEIJING INSTITUTE OF TECHNOLOGY PRESS

图书在版编目（CIP）数据

哈佛经典讲座 / (美) 约翰斯顿，(美) 佩里，卡弗著；谭杰，田春光译. — 北京：北京理工大学出版社，2014.12（2019.9重印）

（哈佛百年经典）

ISBN 978-7-5640-8630-5

Ⅰ. ①哈… Ⅱ. ①约… ②佩… ③卡… ④谭… ⑤田… Ⅲ. ①社会科学-文集 Ⅳ. ①C53

中国版本图书馆CIP数据核字（2013）第296390号

出版发行 / 北京理工大学出版社有限责任公司
社　　址 / 北京市海淀区中关村南大街 5 号
邮　　编 / 100081
电　　话 /（010）68914775（总编室）
　　　　　82562903（教材售后服务热线）
　　　　　68948351（其他图书服务热线）
网　　址 / http://www.bitpress.com.cn
经　　销 / 全国各地新华书店
印　　刷 / 三河市金元印装有限公司
开　　本 / 700 毫米 × 1000 毫米　1/16
印　　张 / 26.25
字　　数 / 400千字
版　　次 / 2014年 12 月第 1 版　2019 年 9 月第 3 次印刷
定　　价 / 71.00元

责任编辑 / 刘　娟
文案编辑 / 刘　娟
责任校对 / 周瑞红
责任印制 / 边心超

图书出现印装质量问题，请拨打售后服务热线，本社负责调换

出版前言

人类对知识的追求是永无止境的，从苏格拉底到亚里士多德，从孔子到释迦摩尼，人类先哲的思想闪烁着智慧的光芒。将这些优秀的文明汇编成书奉献给大家，是一件多么功德无量、造福人类的事情！1901年，哈佛大学第二任校长查尔斯·艾略特，联合哈佛大学及美国其他名校一百多位享誉全球的教授，历时四年整理推出了一系列这样的书——《Harvard Classics》。这套丛书一经推出即引起了西方教育界、文化界的广泛关注和热烈赞扬，并因其庞大的规模，被文化界人士称为The Five-foot Shelf of Books——五尺丛书。

关于这套丛书的出版，我们不得不谈一下与哈佛的渊源。当然，《Harvard Classics》与哈佛的渊源并不仅仅限于主编是哈佛大学的校长，《Harvard Classics》其实是哈佛精神传承的载体，是哈佛学子之所以优秀的底层基因。

哈佛，早已成为一个璀璨夺目的文化名词。就像两千多年前的雅典学院，或者山东曲阜的“杏坛”，哈佛大学已经取得了人类文化史上的“经典”地位。哈佛人以“先有哈佛，后有美国”而自豪。在1775—1783年美国独立战争中，几乎所有著名的革命者都是哈佛大学的毕业生。从1636年建校至今，哈佛大学已培养出了7位美国总统、40位诺贝尔奖得主和30位普利策奖获奖者。这是一个高不可攀的记录。它还培养了数不清的社会精英，其中包括政治家、科学家、企业家、作家、学者和卓有成就的新闻记者。哈佛是美国精神的代表，同时也是世界人文的奇迹。

而将哈佛的魅力承载起来的，正是这套《Harvard Classics》。在本丛书里，你会看到精英文化的本质：崇尚真理。正如哈佛大学的校训："与柏拉图为友，与亚里士多德为友，更与真理为友。"这种求真、求实的精神，正代表了现代文明的本质和方向。

哈佛人相信以柏拉图、亚里士多德为代表的希腊人文传统，相信在伟大的传统中有永恒的智慧，所以哈佛人从来不全盘反传统、反历史。哈佛人强调，追求真理是最高的原则，无论是世俗的权贵，还是神圣的权威都不能代替真理，都不能阻碍人对真理的追求。

对于这套承载着哈佛精神的丛书，丛书主编查尔斯·艾略特说："我选编《Harvard Classics》，旨在为认真、执著的读者提供文学养分，他们将可以从中大致了解人类从古代直至19世纪末观察、记录、发明以及想象的进程。"

"在这50卷书、约22000页的篇幅内，我试图为一个20世纪的文化人提供获取古代和现代知识的手段。"

"作为一个20世纪的文化人，他不仅理所当然的要有开明的理念或思维方法，而且还必须拥有一座人类从蛮荒发展到文明的进程中所积累起来的、有文字记载的关于发现、经历以及思索的宝藏。"

可以说，50卷的《Harvard Classics》忠实记录了人类文明的发展历程，传承了人类探索和发现的精神和勇气。而对于这类书籍的阅读，是每一个时代的人都不可错过的。

这套丛书内容极其丰富。从学科领域来看，涵盖了历史、传记、哲学、宗教、游记、自然科学、政府与政治、教育、评论、戏剧、叙事和抒情诗、散文等各大学科领域。从文化的代表性来看，既展现了希腊、罗马、法国、意大利、西班牙、英国、德国、美国等西方国家古代和近代文明的最优秀成果，也撷取了中国、印度、希伯来、阿拉伯、斯堪的纳维亚、爱尔兰文明最有代表性的作品。从年代来看，从最古老的宗教经典和作为西方文明起源的古希腊和罗马文化，到东方、意大利、法国、斯堪的纳维亚、爱尔兰、英国、德国、拉丁美洲的中世纪文化，其中包括意大利、法国、德国、英国、西班牙等国文艺复兴时期的思想，再到意大利、法国三个世纪、德国两个世纪、英格兰三个世纪和美国两个多世纪的现代文明。从特色来看，纳入了17、18、19世纪科学发展的最权威文献，收集了近代以来最有影响的随笔、历史文献、前言、后记，可为读者进入某一学科领域起到引导的作用。

这套丛书自1901年开始推出至今，已经影响西方百余年。然而，遗憾的是中文版本却因为各种各样的原因，始终未能面市。

2006年，万卷出版公司推出了《Harvard Classics》全套英文版本，这套经典著作才得以和国人见面。但是能够阅读英文著作的中国读者毕竟有限，于是2010年，我社开始酝酿推出这套经典著作的中文版本。

在确定这套丛书的中文出版系列名时，我们考虑到这套丛书已经诞生并畅销百余年，故选用了“哈佛百年经典”这个系列名，以向国内读者传达这套丛书的不朽地位。

同时，根据国情以及国人的阅读习惯，本次出版的中文版做了如下变动：

第一，因这套丛书的工程浩大，考虑到翻译、制作、印刷等各种环节的不可掌控因素，中文版的序号没有按照英文原书的序号排列。

第二，这套丛书原有50卷，由于种种原因，以下几卷暂不能出版：

英文原书第4卷：《弥尔顿诗集》

英文原书第6卷：《彭斯诗集》

英文原书第7卷：《圣奥古斯丁忏悔录 效法基督》

英文原书第27卷：《英国名家随笔》

英文原书第40卷：《英文诗集1：从乔叟到格雷》

英文原书第41卷：《英文诗集2：从科林斯到费兹杰拉德》

英文原书第42卷：《英文诗集3：从丁尼生到惠特曼》

英文原书第44卷：《圣书（卷Ⅰ）：孔子；希伯来书；基督圣经（Ⅰ）》

英文原书第45卷：《圣书（卷Ⅱ）：基督圣经（Ⅱ）；佛陀；印度教；穆罕默德》

英文原书第48卷：《帕斯卡尔文集》

这套丛书的出版，耗费了我社众多工作人员的心血。首先，翻译的工作就非常困难。为了保证译文的质量，我们向全国各大院校的数百位教授发出翻译邀请，从中择优选出了最能体现原书风范的译文。之后，我们又对译文进行了大量的勘校，以确保译文的准确和精炼。

由于这套丛书所使用的英语年代相对比较早，丛书中收录的作品很多还是由其他文字翻译成英文的，翻译的难度非常大。所以，我们的译文还可能存在艰涩、不准确等问题。感谢读者的谅解，同时也欢迎各界人士批评和指正。

我们期待这套丛书能为读者提供一个相对完善的中文读本，也期待这套承载着哈佛精神、影响西方百年的经典图书，可以拨动中国读者的心灵，影响人们的情感、性格、精神与灵魂。

主编序言

这个系列讲座更多地为有抱负、有志气的青年们打开了一个收藏文献资料的宝库——这些青年们在早年时为了增加家庭收入，或者为了供养自己，因生活所迫中断了自己的教育；也为“那些多年来必须通过坚持每天愉快地花几分钟时间来阅读优秀的文学作品以使得自己成为有教养人士的人”打开了一扇通往宝库的大门。本系列作品还将帮助众多的读者培养“对高品质的严肃读物的阅读品位”——我在制作这个系列作品时就考虑到教育目标的完成。

查尔斯·W. 艾略特

《哈佛百年经典》为普通读者提供了一座巨大的知识宝库，囊括了人类智力活动所有主要领域的典范作品。如今，《哈佛经典讲座》打开了通向这座宝库的大门。

通过《哈佛经典讲座》，读者在名师的引领指导下，被领入范围广泛的各种课题。

这个系列作品，包括其介绍、注释、阅读指南，以及详尽的索引，与讲座一起，构成了一个在综合性与权威性方面前所未有的阅读课程。

威廉·艾伦·尼尔森

目
Contents
录

历史篇

History

总　论

罗伯特·马特森·约翰斯顿

在所有的思维方式中，唯独历史将读者置于作者之上。历史学家们沿着他们选择的坎坷之路（多半只占全部历史的百万分之一）艰难地探索着前行，呈现在读者们面前的就会是一条条的宽阔道路。在读者眼中，历史或许意味着与人有关的、曾经出现过的任何东西；它不仅是政治，还包括艺术、科学和音乐，它们都有各自的诞生和成长过程；不仅是风俗习惯，还包括民间传说、编年史以及一切的文学著作，这些反映出民族之间的纠纷和伟大人物的悲剧。正由于读者的角色仅是一个阅读者，他才可以完全沉浸在历史的乐趣中。他是自由的，没有任何镣铐的束缚。因此，即使读者是一位专注于美国宪法研究的人，他依旧能理所当然地拂袖而去，去聆听奄奄一息的罗兰吹响的号角声回荡在朗塞瓦尔峡谷中，或者是与克努特一起去欣赏轻拍那位丹麦老人的脚的北海潮汐。

实际上，在文学领域的每一个分支都可以发现历史，它是一条如影随形的蛟龙；然而真正的历史可能并不存在。迄今为止，没有一个人编写过一部全人类的完整历史文献。以后也不会有人编出来，因为这是人力所无法到达的。麦考利的历史仅仅记录了40年间发生的事件，修昔底德的历史只记载了伯罗奔尼撒战争；现代人眼中的吉本堪称巨匠，他勉强地成功跨越10个世纪，至今再没有第二个吉本的诞生。其实，像历史这样浩瀚无边却又鲜为人知的学科，也只有天文学可以与之相媲美了。除开教科书上被人为改写的伪历史外，历史的整体轮廓也是无法触摸的。要想对历史的细枝末节的关系进行梳理是相当困难的，而学者们所熟知的历史正是它的细枝末节。如此一来，若能用一篇短文的篇幅将历史上的伟大纪元综合起来，不失为一种很好的尝试。

至今为止，历史的实际限度大约是3 000年左右的时光，也就是说有依据的历史可以追溯到约公元前1 000年[①]。至于更远的历史，我们只有零星的考古学证据和那些刻在石头上的图文，这些依稀可以证明：在非常遥远的古代，位于埃及、幼发拉底河沿岸及其他地区的很多君主国曾经兴盛一时。然而，后人所熟知的并不是这些早期的民族，而是依靠游牧为生的雅利安人，当时他们只是一些默默无闻的游牧部落。雅利安人一路越过伏尔加河、第聂伯河及多瑙河等流域的大平原，最后强行进入了巴尔干半岛和意大利半岛。在那里，他们前行的步伐受到了大海的阻挡，于是他们定居下来，并在某个遥远的时期建成了若干城市，这其中就包括为后人所耳熟能详的雅典和罗马。在公元前1 000年左右，希腊随着荷马一道从默默无闻中脱颖而出，并且名扬四海。

正当希腊声名远播时，一支闪米特人的部族——犹太人中出现了能与荷马相媲美的伟大人物。在《约书亚记》中，记录了犹太人的12个游牧部落如何成功击败巴勒斯坦，在《摩西五经》和后来的一些书籍中，对他们的法律和宗教也有记载。如今我们以此为出发点，也就是从荷马与约书亚所处的年代开始（这对我们的目的来说已经足够了），来回忆地中海世界乃至整个西方世界的历史。

---

① 本文作于19世纪初期，作者基于当时西方的考古发现和史学研究成果，推断出人类历史的大致时间起点。但在现代读者看来，人类历史的起源时间自然还要早很多。——编辑注

希腊的领袖地位

尼罗河与幼发拉底河这两条伟大的河流，以及后来的那片伟大的内海（它向西延伸至大西洋）——地中海，是商贸和文化传播的交通要道。提尔、福西亚、迦太基和马赛作为早期的商业中心，给英勇好战的雅利安人带来了东方和西方的一切商品，也带来了语言文字本身——字母表。再也没有其他民族能够获得如此的优势。正是凭借这样的优势，希腊人创造了令人惊叹膜拜的文学，在整个西方文明中占据了举足轻重的地位。他们把与本民族有关的早期传说，汇聚成了《荷马史诗》中那纯真而唯美的诗篇，编织成了埃斯库罗斯、索福克勒斯和欧里庇得斯那些犀利又忧郁的戏剧。之后他们开始发展历史与哲学。在历史领域，他们凭借修昔底德产生了一部杰作，凭借希罗多德产生了最令人愉快的叙事篇章，他们在哲学领域也取得了令人惊叹的成绩。

希腊哲学将被证明是人类最伟大的精神财富。在此之前，没有任何文明和语言明确提出了抽象的概念，比如时间、意志、空间、美、真等。虽然这些概念存在着某些缺陷，但正是从这些概念的提出开始，那些机智聪明、思维敏捷的希腊知识分子迅速筑起了一幢伟大的哲学建筑，并在柏拉图、亚里士多德和芝诺身上得到了充分的发展。不过，从公元前4世纪末起，也就是从亚里士多德和他的弟子亚历山大大帝的时代起，希腊便开始由盛转衰，逐渐失去了原有的活力。

伴随着希腊的衰落，一些具有重大政治意义的历史事件出现了。亚历山大大帝建立了庞大的亚历山大帝国，其疆域从地中海一直延伸到印度。在他去世之后，大帝国也随之土崩瓦解，分裂成了许多君主国；这其中存在时间最长的是埃及的托勒密王国。公元前31年，奥古斯都在亚克兴海峡战胜了克里奥佩特拉和安东尼，托勒密王国也就走到了尽头——距亚历山大在埃尔比勒最终战胜大流士，刚好300年。

罗马的统治

在这300年期间，西边的一支雅利安人的分支——罗马人——逐渐壮大并获得了至高无上的权力。公元前200年左右，罗马彻底摧毁了迦太基的力量，从而控制了西地中海，接着又向东地中海扩张。罗马的扩张势如破竹，在不到两个世纪的时间里，罗马先后完成了对巴尔干半岛、小亚细亚和埃及的征服，把地中海变成了它的内陆湖。

罗马城的历史可以追溯到公元前1000年，罗马共和国的传说和历史记录了自公元前500年以来的主要历史事件。不过，罗马文学的真正发展源于他们跟希腊文明建立了联系之后。他们的语言不及希腊语那样丰富与生动，词汇中抽象词语也不多；正是因为这种语言的简洁、扼要和庄重，让它更适合于充当立法和行政的媒介。然而，在外来征服和希腊文明的影响下，罗马很快就拥有了他们的专属文学，这较他所战胜的民族的文学更加高级、更加成熟。它给罗马共和国的早期历史（即奥古斯都时代）和罗马帝国的最后岁月渲染了一层富丽堂皇的色彩。维吉尔高度细致地模仿了荷马，虽然有些差强人意。卢克莱修用铿锵有力的六音步诗行，哲学化了不成熟的唯物论世界。西塞罗根据德摩斯梯尼的模型塑造了自己，并取得了巨大的成功，形成了自己独特的个性。只有历史学家，可以跟他们的希腊师傅们站在一起，在塔西陀的政治家本能和犀利的嘲讽中，展现出跟修昔底德一较高下的价值。

当罗马共和国向帝制过渡之时，拉丁语和希腊语是地中海地区的两种通用语言。希腊的大学、雅典、帕加马和亚历山大城，决定着精神世界的享受，并使萧条而精致的批评和哲学（源自黄金时代的希腊大师）拥有卓越的品质。还有一个影响即将在新近组织起的地中海政治体系中使人的存在感变得越发强烈，这就是犹太人的政治体系。

犹太人的贡献

要清楚犹太人将要扮演的角色，就必须先熟悉古代这几个世纪里社会和政治斗争的一般特征。从荷马的史诗所讲述的英雄时代，一直到亚历山大大帝的时代，国家的面积都不大，一座城市或一个城市群就是一个国家。那时候的战争很多，战争常常随着毁灭和奴役。几个世纪之后，国家的规模有所扩大。雅典试图像迦太基那样创建一个殖民帝国，而强大的大陆国家，马其顿和罗马，也有类似的想法，并且争相效仿。大约在公元前最后一个世纪里，大规模的战争不断，而且还伴随着至少一个需要专门考量的环境。

古代世界的基本状况之一是社会的不平等。就希腊城邦来说，就是由门第高贵的家族所组成的一个很小的阶层统治着整个共同体。那时存在着从贵族到奴隶的尊卑有序的社会等级，正是为了争夺奴隶，城邦之间频繁发动战争，战胜的一方成为主人，战败的沦为奴隶。罗马共和国对希腊君主国发动的几场大战，就是为了争夺财富和奴隶。战败国中最能干、最有文化的人也沦为奴隶。罗马以沉重的代价创造了一个伟大的地中海国家。但是这个国家的文明中除了那空洞虚无的形式主义外，没有宗教的存在，也没有灵魂的寄托。正是犹太人，弥补了这一缺陷。

在帝国整个东部，以及西部的部分地区，犹太商人以与众不同的社会角色活动在罗马帝国的城市里，成了精神信仰的模范。他们行事认真、品行端正，跟社会上盛行的东西形成鲜明对比。物质主义和享乐主义是经济繁荣的自然产物；宗教的正面意义是形式主义的精神支柱，其负面意义则是纵欲狂欢、散漫懒惰。而当时社会缺乏的正是人们的道德意识。不过，一场筹划已久的反叛正在孕育，这战争的发动是为了反抗那个时代的灵魂缺失与邪恶不公，人们可以支持任何一个人，只要他能够提出一套完整的和谐社会体系，能够使长期遭受凌辱的人们获得应有的尊严，能够使整个地中海国家变得不再邪恶不义。三个犹太人——耶稣、彼得和保罗站了出来，勇敢地挑起了这份重担。

耶稣是世人的模范，拥有伟大的良知，是仁慈的救赎主。人们从他身上联系到了东方人膜拜的太阳神，这是那个时代最温暖、最受欢迎的宗教思想。彼得是转向罗马的犹太人，一个帝国主义者，一个政治家，有着宽阔的视野和传教的热情。保罗是转向希腊世界的犹太人，是亚历山大学派的天使，他把希伯来思想与埃及人和希腊人纠结的哲学化过程结合起来，并因此给了它一份续了期的生命契约。这份契约的期限长短刚好可以把亚历山大学派的思想融入基督教的躯体中，赋予这个新兴宗教特有的教条工具。

300年过去了，直到公元 312年，基督教在地中海世界中也只不过是一个稀奇古怪的教会，与其他众多教会存在着很大的不同，这些教会都要求得到罗马皇帝庇护之下的各阶层人等的忠诚。在这300年的时间里，地中海地区是一条国家行政、贸易及文化交流的和平通道。各民族的人都聚集到了地中海的大港口，形成了民族之间的血脉融合——从撒哈拉沙漠到德意志森林，从直布罗陀海峡到幼发拉底河谷。由那些出身高贵的人（他们奠定了这个庞大帝国的基础）所组成的小部族，早已经消失得无影无踪。机器在自身动力的驱动下滚滚而来，那与统治中心相距甚远的边境依旧战火不断，士兵们多是外国雇佣兵，对帝国核心地带的尚武精神几乎没有造成任何影响。实际上，造成战火纷飞的正是经济之恶：物质主义、漠视宗教和胆小怯懦。

帝国的统治体系是一个过于柔弱的架构，支撑不了这幢庞大的建筑物。皇帝轮流做，品行有优有劣，有荒淫的魔鬼，也有圣明的教徒。但衰落的因素始终存在，并且在不断发展。军队的士兵大多是一些鲁莽野蛮的人；君主的冠冕成了战争中争夺战利品的主要奖赏；帝国变得如此难以控制，以至于眼看着高大的建筑物风雨飘摇，许多竞争者纷纷跳将起来，试图凭借武力夺取这大好的江山。

罗马的基督教化

公元312年，这样的斗争正在进行，竞争者之一君士坦丁努力寻求某种克敌制胜的法宝，他向基督教求助，把自己置于十字架的庇护之下。姑且不提他原本信仰的是何宗教，不难看出，君士坦丁的选择是十分明智的。就在异教崇拜依然通过习惯和感官诉求留住平民大众之时，基督教已经把严肃认真的精英阶层吸引到了自己身边，尤其是在帝国的西部地区。行政官员、商人、有地位和影响力的人，都是基督徒。君士坦丁需要借助他们的力量，他通过接纳他们的信仰，成功实现了求助的目的。

就这样，基督教在遭受了无数的迫害、经历了漫长的斗争之后，忽然间就变成了帝国最具权威的官方宗教。这个宗教本来就是排它的，皇帝作为帝国基督教的首领，需要帝国所有公民的服从，而这种服从只能通过付出代价来获得。平民百姓坚守着他们古老的信仰、古老的神祇、古老的神庙、古老的仪式。祭司、神庙、仪式、雕像，全都保留了下来，他们被重新贴上了基督教的标签。在这些标签的掩护下，基督教思想神不知鬼不觉地溜了进来。一场巨变发生了，今天留心的读者和旅行者依然可以找到这场巨变的蛛丝马迹：

精美的形式、动人的场面、大理石雕刻、玫瑰花环和人类的激情弥漫在地中海地区。如今这一切正逐渐消失，成为梦想家们虚构的素材。白衣飘飘的祭司和烟雾缭绕的祭坛，狂欢的队列和神秘的仪式，不再把人类的感情串联在一起。不再有牧羊人吹响他粗糙的胫骨笛向西布利女神致敬，不再有无数令人大快朵颐的神话故事，以及用富有诗意的想象力打造出的精美丝网，出没于神圣的小树林和诸神的柱廊。昼夜交替，四季变迁，就像阿波罗和狄安娜在天上走着各自的行程一样，万物也在地上依序而行；如今都中了加利利人的魔咒，它们破碎成一缕五彩缤纷的斑斓水汽，一片过去时代的迷雾，虚幻而无法触及。除了在某些地方，历史学家可以重建几处遗址，诗人可以让思绪飞临过去之境之外，其他宗教的外表是保留了下来，而真正遭受到沉重打击的是那异教的心脏，那是最柔弱的核心部位。它曾努力获得良知，但失败了，而新的信仰已经具有了牢固的根基。基督教通过个人良知的反叛取得了胜利；它要尝试一项危险的任务：创造集体的良知。

罗马的衰亡

基督教在罗马的建立，为正在迅速衰落的帝国注入了不少生机。君士坦丁本人创建了新的首都君士坦丁堡，帝国从此被一分为二：罗马和希腊各占一半。然而，边境地区条顿人的持续压力对帝国还是造成了巨大的威胁，如今这一压力再也抵挡不住了。渐渐地，他们冲破了边界，在基督教成为地中海世界的官方宗教的那段时期，日耳曼部落已经凭借武力获得了在莱茵河与多瑙河的神圣界线之内占有土地的权利。在接下来的一个世纪的时间里，日耳曼渗透和罗马瓦解的进程就一刻也没有停止过，并在公元375年随着日耳曼人的大规模移民和公元410年罗马遭到阿拉伯人和哥特人的洗劫而达到高潮。

在之后动荡不安的半个世纪里，罗马遭到了众多日耳曼亲王的瓜分，旧的秩序中，只有两样东西留了下来：一个以君士坦丁堡为中心的风雨飘摇的东罗马帝国；一个重要性得到了极大增强的罗马主教职位，这个职位很快就被称作“教皇”，并且显示出威胁君主统治的预兆：他将借助新的手段统治皇帝们丢掉的大好江山。

当征服的风暴横扫西罗马帝国的时候，野蛮好战的日耳曼人追赶着温和有礼的罗马人，后者躲进了教会的修道院里寻求庇护。“在那里，在拉丁十字架（它是野蛮人不敢冒犯的符号）的保护下，罗马精神世界的产物只能在风雨飘摇的社会下瑟瑟发抖。之后不久，当基督徒的军队用新造的武器征服连他们祖先的军团都不曾见过的土地时，十字架便再次出现。”

罗马的教士们很快就学会了利用头脑简单的日耳曼人的迷信盲从，把崇高的理想和基督教思想灌输进他们的思维中，摆放在他们的面前。如此一来，教士们成功地通过宗教控制了日耳曼人，并且成为日耳曼王国的行政官员、立法者和指导者。此时的文明出现了巨大的变化，成了一个基督教和日耳曼精神占主导因素的混合物。也许这样的变化有很大的益处，但是其对于经济和物质来说是莫大的损失。巨大的财富四处流失，帝国的交通系统被严重破坏。地中海地区的商人们不再安全；罗马的商贸区域沦为废墟；军事国家的边界阻挡了古老的交往通道。如此一来，文明越发显得局限和颓败。于是，在一段时间里，各日耳曼王国寻找了许多改变现状的途径。

封建制度

欧洲经历了一段大约200年左右的苦难深重的时光。从西北方来的丹麦人和斯堪的纳维亚人、从南方来的撒拉逊人对欧洲大陆进行大肆搜刮，最后只有被莱茵河和多瑙河所庇护着的日耳曼文明逃过了一劫。加洛林王朝的帝国分裂为法兰克、洛塔林（或称勃艮第）和日耳曼等几个王国。其中，日耳曼人的王国夺取了皇帝的桂冠。倘若没有封建制度的及时出现来增强和稳固日渐衰落的文明，这次分裂将可能无休止地继续下去，直至陷入无法挽救的混乱。

只有武力才能与武力相抗衡，每当出现武力威胁的紧要关头，总会出现被威胁的一方以武力的方式与之相对抗。那些英勇好战的人保护了一个整体，于是他们要求获得部分回报。他们很快就开始修造城堡，把他们的权力和领地传承给继承人。领地很快就被看作跟其他领地密切相关，当然其基础是提供军事服务和其他服务。此种模式得到了教会的效仿，于是到了11世纪，一个通用模式奠定了西欧观念的基础：每一个个人都属于某个阶层，位于这个等级阶梯顶端的是教皇或者君主，又或者是教皇兼君主。阶梯的最后一级是极有争议的一级；而在最低一级上，人人都被接受。

到这一时期，封建制度已经使得欧洲恢复了更加稳定的环境，并努力终结北方和南方的海盗行径。从西西里到苏格兰的边境地区，欧洲如今是一大群规模不大的军事诸侯国，仅在个别地方，以多少还算有效的方式，形成像法兰西和英格兰那样的君主国。防御工事保护着每一条贸易通道，诸侯们凭着这种保护向商人征收苛捐杂税。在这种相对和平的社会环境下，大型商业城市开始在意大利、德国和尼德兰出现，与此同时，一场市民与封建诸侯之间争夺统治权的斗争便开始了。

此时，教会本身的发展出现了动荡，经历了激烈的变迁。在法兰克人的保护下，罗马教会获得了世俗的疆土，并一直把持到了1870年9月20日才被新近形成的意大利王国赶了出去。有了这一领地，在强大的古罗马传统和教会传统的推动下，在教皇格列高利七世（希尔德布兰德）的统治下，罗马教会伸出了自己的手，试图抓取西欧的封建权杖。日耳曼帝国——查理曼大帝所建立的帝国的一个分支——极力抵抗。由此出现了两大党派：教皇派和皇帝派，帝国的支持者和教皇的卫道士。在很长的一段时期里，这两派为了至高无上的权力而争夺厮杀，这沉重打击了德国和意大利。

与封建运动、与对服务于教会的狂热密不可分地联系在一起的是：罗马在小憩之时成功地发动了十字军东征。战争既是宗教性质的、骑士精神的，又是经济性质的。东征的军人是从过剩的封建军人当中抽调，目的是把圣地从渎神的异教徒手中解救出来。帝国东部被宗教战争和随之而来的屠杀给弄得遍体鳞伤、满目疮痍，除了加害方以外，没有留下什么永久性的结果。对于节俭的热那亚共和国和威尼斯共和国来说，十字军东征是一项庞大的运输和贸易生意，引发了东方贸易的一次巨大扩张；而西部不得不再一次训练东部，并重新回归较少宗教情怀、更多怀疑精神的状态。从十字军东征时期末（1270年）到250年之后的宗教改革爆发，经济活动和怀疑论的发展成为最吸引人们眼球的事实；而仅次于这些的，可能就是一些新语言的诞生以及文艺复兴的出现，这在一定程度上是由上述这些力量推动的。

文艺复兴

在11世纪到12世纪的社会变迁下，教皇制度逐渐走向衰败瓦解。当但丁坚持用意大利语写作的时候（1300年），当接下来的两个世纪里法国、英国和德国的文学明确成形的时候，教皇制度所支持的罗马观念便节节败退。罗马不仅丢掉了拉丁形式的信仰，而且还渴望把宗教教义转变为新的语言模式，尤其是渴望拥有一部本国语言的《圣经》。在此潮流冲击之下，罗马的神学研究有了突飞猛进的发展，创立了中世纪的大学，并通过阿奎那的努力，试图回归希腊黄金时代的文本，从而复活亚历山大大帝带给它的哲学。

这一切都是徒劳的。此时一种新兴的生活方式、一种新兴的民族主义开始在欧洲出现并涌动。印度和美洲的发现，第一次搅动了人们的想象，后来又把野心勃勃的政治家、军人和艺术家们的贪婪不断注入到了大量的黄金故事中。世界的发展更加迅速。君士坦丁堡在建立1 000年之后，落到了土耳其人的手中。各种手抄本、艺术和手艺人的故事源源不断地涌入意大利。发明家、改革家、艺术家和革命家纷纷涌现。恺撒·博尔吉亚试图创立一个意大利帝国，但以失败告终。马丁· 路德试图跟罗马教会分道扬镳，他取得了成功。

路德宣称，一个人可以仅凭上帝的恩典实现自我救赎，并在此基础上开始了一场理想之争。一场冗长的辩论，再一次使欧洲陷入了战争的深渊。这场战争一直持续到1648年《威斯特伐利亚和约》的签订，这时人们发现，欧洲的整个北方地区都成了新教的天下，南方则依然是天主教的地盘。

法国和英国

与此同时，路易十四登上了法国皇帝的宝座，这注定要让法国在两个世纪的时间里在欧洲占据一个伟大的位置。封建时代很快变成了历史，在宗教战争的摧残下，最后的诸侯国也被消耗得筋疲力尽。君主制度获得了他们所失去的东西，在凡尔赛的辉煌和壮观中着手工作，使曾经半独立的封建军人沦落为趋炎附势的朝臣。波旁家族在很大程度上取得了成功，他们依然是法兰西的独裁者，享有特权的教士和贵族阶层处在他们之下，他们对政府机构有着不受约束的控制权。但很快他们就开始摧残这个政府机构。随着1789年法国大革命的爆发，它的生命走到了尽头。

如此戏剧化的结局，是由许多原因日积月累所导致的。这其中不难看出波旁王朝财政上的管理不善、食物供应的不足，以及那些受过良好教育、在政府事务中被剥夺了影响和机会的中产阶级的骚动。这一阶级控制着后来成为国民议会的三级会议，他们着手行动，要以自由、平等、博爱的名义消灭波旁王朝的拥护者。在国民议会的幼稚历练和王室宫廷的软弱无能之间，巴黎暴徒的野蛮力量开始崛起，它最终因激怒了整个欧洲而把法国拖入了战争的深渊，并把波旁家族，连同成千上万高贵和优秀的，以及部分邪恶的法国人，送上了断头台。

法国在这场战争中取得了胜利，因共和国政府的软弱无能，军事独裁政权和君主政体得以复辟。有史以来最伟大的幸运者拿破仑·波拿巴，利用他强有力的铁腕手段，控制法国达15年之久。在其统治期间，他创新性地将法国组建成欧洲一个极具特色的国家。掌控了法国之后，他的征服欲望一路扩张，从烈日炎炎的埃及，一直到冰雪皑皑的俄罗斯。最终他失败了，留下一个精疲力竭的法国，没过多久，波旁王朝便东山再起，重新控制法国。

在这场对抗法国的战争中，欧洲几乎倾尽全力，而最终彻底击败法国和拿破仑的却是遥远的俄罗斯。英国被认为是法国最持久、最顽固和最成功的敌人。在历史上，这两个国家（法国和英国）之间的争斗，可以追溯到遥远的时期。

查理曼大帝之后的黑暗时期，诺曼底人通过征服控制了法国和英国之间的一个中间地区——诺曼底。在诺曼底公爵威廉的领导下，他们于1066年夺取了英格兰本土，并在那里建立了一个强大的君主制国家。然而他们在法国的根据地，造成了盎格鲁-诺曼底的国王们与邻国之间的冲突，英法两国发生了激烈的战争，一直持续到1815年。刚开始，战争的目的是为了掠夺领土；后来逐渐变成了经济掠夺。一直到18世纪，在拿破仑的统治下，这场斗争演变成了一场争夺海外殖民帝国的斗争。

西班牙与哈布斯堡王朝

16世纪，随着都铎王朝占据英格兰的统治地位，英法两国之间旷日持久的斗争因为西班牙的崛起而变得更加复杂。在特定的环境下，新崛起的国家很可能与法国联起手来。

公元732年，法兰克人在图尔给了阿拉伯人致命的一击，从此阿拉伯人便节节败退。此后几个世纪的时间里，他们在西班牙兴旺发达，在那里，他们发展了学术和艺术，取得了辉煌的成功。而此时，基督教世界的欧洲依然深陷于黑暗之中。但不久以后，位于比利牛斯山脉和阿斯图里亚斯群山的封建诸侯国逐渐互相联合，到15世纪末，他们组成了一个联合君主国，征服了最后一个阿拉伯王国，建立了现代西班牙王国。

此时，西班牙国王和匈牙利国王的宝座突然被奥地利的哈布斯堡公爵们凭借机缘所夺取，他们还让自己的亲王登上了德意志皇帝的宝座，几乎不间断地持续到了1806年古老的日耳曼帝国的灭亡。

国王查理五世（1519—1556年）拥有巨大的权力，这使得宗教改革所开创的形势有了一次明显的逆转。法国（天主教国家）和英国（新教国家）都必须面对哈布斯堡王朝因扩张领土而打破了欧洲平衡的这个问题。这就是为什么那时政治调整不断出现的原因。直到路易十四统治时期的末尾（1753年的《乌特勒支条约》），波旁家族的一个王子登上了西班牙的王座，才使哈布斯堡家族的权力得到了遏制。从那时起，法国和西班牙常常联手对付英国。在英格兰，宗教动荡持续了大约一个世纪，从亨利八世时期持续到克伦威尔时期；不过，这场动荡没有欧洲大陆那么激烈。其主要的结果是英国圣公会的建立，更显著的结果是新教教派的建立。正是新教教派的创立催生了新英格兰（美国的新英格兰地区）最坚定的移民者。

大英帝国的建立

在宗教动荡期间，英国卷入了一场跟西班牙的哈布斯堡王朝的争斗中。在这场争斗中，西班牙无敌舰队在巡航中有一些非常戏剧化的插曲：英国海员冲破了西班牙舰队在南部海域设立的障碍。从那时起，浩瀚无边的大海，印度群岛的黄金，生产蔗糖、烟草、咖啡的种植园，新世界不断发展的殖民地和国家，全都成了争夺的对象。西班牙的活力在无敌舰队覆灭之后便日渐衰弱，一个世纪后成为法国的跟班，这场争斗便演变成为英法两国之间的争斗。

在英法之间的七年（1756—1763年）战争中，英格兰在这场世界性的斗争中确立了自己的霸权，虽说它在下一场战争中丢掉了美洲殖民地。1793年，当英法再一次交手时，英国的贸易和制造业，以及它无可匹敌的地理位置和经济形势，使它登上了欧洲各国之首的位置。它加入了1793年抵抗法国的欧洲联盟，并且一直留在战场上对抗法国，直到20年之后，在滑铁卢，拿破仑最终被威灵顿和布吕歇尔打败。

在这场旷日持久的斗争期间，法国一直被两个难题所困扰：大海和英国难题；陆地和东北欧三大军事强国（奥地利、俄罗斯和普鲁士）难题。当战争接近尾声，也就是拿破仑兵败西班牙、陷入跟俄罗斯的殊死搏斗之后，大陆的问题使另一个问题不值一提了。但英国一直目不转睛地紧盯着大海、殖民地和海上贸易；结果，当欧洲列强在维也纳和会（1815年）上瓜分法国这个支离破碎、满目疮痍的帝国时，各国忽然发现，此时英国已经成为唯一的海上和殖民强国了。

现代欧洲

拿破仑势力倒台之后，法国经历了一段反动时期，但在1848年，已经到了一场革命风暴的尾声。人口增长，交通工具越来越快捷，并不断地促进精神世界与物质世界的发展；政治特权受到了过度的限制，政府变得迂腐陈旧。在意大利和德国（古老的帝国已经在1806年寿终正寝），已经播下了新民族主义的种子。从巴勒莫到巴黎，从巴黎到维也纳，引爆了一连串的革命，两年的时间里，欧洲陷入了剧烈的动荡。在法国的土地上，一个新的波拿巴帝国崛起；在意大利和德国，民族观念得以确立，但此时尚没有建立统一的民族国家。这还需要再花20多年的时间，在拿破仑三世那居心叵测的野心的帮助下，被加富尔和俾斯麦能干地付诸实践。

1859年，在法国的帮助下，萨伏伊王室成功地把奥地利人赶出了波河流域，这为加富尔和加里波第统一意大利扫平了道路。1866年，普鲁士把哈布斯堡家族赶出了德意志，四年后，带领德意志联军进攻巴黎，从而巩固了自己在整个德意志的地位。在巴黎郊外，联军拥戴霍亨索伦家族的威廉为新的德意志帝国的元首。之后的纷争主要是殖民地的掠夺，或确立经济上的宗主权，更多地属于当前政治而非历史的范畴。正因如此，我们可以将其忽略不计。实际上还有很多别的东西也被省略了，对这些内容来说，这篇短文的篇幅实在有限。如果可以补充一句话，来帮助读者从我们称之为历史的那个被践踏、被肢解的领域收获点什么的话，我们可以说：每一件事情都会产生一种观点，开启一种精神姿态。读者是置身事外的观众；他必须明智地判断和分辨，不要带有自己的主观意见和想法。对于眼前浮世斑驳陆离的各种欲望与诱惑的招惹，他只是看看，他有乐善好施的行为、聪明机智的头脑，有敏锐的洞察力与想象力，能对英雄的行为表示敬仰。正是这些英雄的行为，让伟人变得高尚，让民族变得高贵，这样的英雄行为与全人类同在。

古代历史

威廉·斯科特·佛格森

整个西方世界的历史大致可以划分成三个时期，每个时期约1 500年左右，古代历史占据前两个时期。

第一个时期“和那条永恒之链相连接”，这条永恒之链包括东方文明在它的三个相互区别又紧密联系的中心（埃及、巴比伦及克里特—迈锡尼）的兴起、壮大与衰亡。第二个时期从公元前1200年到公元300年，它囊括了一种文明的起源、兴盛与衰落，这就是希腊和罗马高度文明的物质文化和精神文化。第三个时期是基督教时期，一直持续到我们的时代。19世纪是我们的时代，也是第四个时期的开端，这个时期的人类出现了狂飙式的发展。

希腊人同基督徒相似，效仿他们的先祖。他们古老的诗歌《伊利亚特》和《奥德赛》，在一定程度上可以被看作是克里特—迈锡尼时代的产物，其活动场景就是属于那个时代。但是，希腊人的真正发展，产生出那个时代最典型的事物，还是源于他们自身的努力，这和中世纪及现代欧洲的各民族相同。

正是在公元前7世纪和公元前8世纪，希腊人成为一个新的民族，在所有民族中脱颖而出。那个时候，正是他们从爱琴海民族壮大成为一个地中海民族的时代，他们不再受到东方精神的束缚，靠着自己的聪明头脑，毫不畏惧地处理人类生活中出现的重大挫折。之后他们开始明确自己的位置，发现了自己拥有的不仅是一些城邦，更是一些国家。城邦之间毫无政治关联，那些将米利都、科林斯、叙拉古、马赛和其他众多城邦的希腊人彼此联系起来的情感纽带十分脆弱。仅在克里特岛就有23个不同的城邦，可见这幅地图是非常复杂的。与其他地方一样，希腊城邦里的生活也是城市与国家的共同体，这种双重身份的城邦被证明是最能促进自由制度发展的土壤。

希腊的个人主义

伴随着希腊的形成，个人主义也开始出现。诗人们逐步摆脱荷马的影响，不再按照过去的规矩处理古代英雄的行为，而是更加注重他们自己的情感、观点与经验。他们的文字不再局限于叙事史，而是通过自己本土的语言，书写身边的人们。雕塑家和画家，过去习惯于墨守成规、一丝不苟地投入到某一特定类型的艺术里，而现在他们意识到作品就是自己的创作，开始将自己的名字书写在作品上，以此来维护自己的权利。

荷马引导人们处理宗教问题的方法再也不能令人满意，它受到了每一个人的关注：有的依旧坚持正统，有的在对狄奥尼索斯和德墨忒耳的疯狂崇拜中寻求庇护，还有的揭竿而起，企图将世界当作是自然规律的产物，而非神的创造。那些早年因为家庭、宗族和公会而无所作为的人，此时为了他们共同的目的而不再被之前的牵挂所羁绊，他们只承认城邦的权威，这个城邦对所有人都一视同仁地开放其特权。就像宗教与艺术的反叛者一样，政治中的反叛者就有像阿基洛古、萨福、阿尔凯奥斯那样的诗人，还有像米利都的泰勒斯和爱奥尼亚的物理学家那样的科学家。

总之，分布在亚细亚的一支希腊人占据了这一时代的领袖地位，而希腊最宏大的城邦是米利都。

斯巴达、雅典和底比斯

公元前6世纪是一个反动的时代。人们对过去的那种猛烈爆发有所避讳。那个时代是属于“七贤”的时代，人们信奉的是“凡事不可过度”，那是贵族们限制自己为所欲为的权力的时代。在这样压抑的时代，一种丰富多样的文化在斯巴达发展起来，但这种文化被社会现状变成了单一地追求战争及作战准备的时代。随着斯巴达贵族地位的降低，他们所支持的艺术和文学也走向了衰落。斯巴达民族成了一个武装阵营，人们之间是战友关系，过着清教徒式的简朴生活，每天都是心惊胆战，担心奴隶们（每一个斯巴达人拥有15个奴隶）造反，时刻提心吊胆，生怕他们在希腊（共有1.5万名斯巴达人和300万名希腊人）确立的领袖地位有所动摇。在雅典，发展方向却大相径庭。那里的贵族也不再拥有垄断的政治权力，奴隶的公民身份得到承认。在其民主发展时期，塑造雅典的那些人本身也是贵族，他们从未有所疑虑，他们的制度文化会让平民百姓的生活变得高贵。所以它们不辞辛劳，倾尽所有，自食其力建造和维持公共角力场和体操场，好让贵族与平民一样在这里得到身体的锻炼与柔韧。正是这样的锻炼让人们在举手投足之间显得更加优雅与从容；他们还举办平民百姓喜爱参加的音乐比赛，而为比赛所做的准备，刺激了各个阶层对文学与艺术的喜爱，特别是对诗歌和戏剧的学习。从此雅典不再有贵族这一阶层，雅典人变成了整个希腊的贵族。

他们所做的一切，主要归功于他们最卓越的政治家米斯托克利。在他那富有远见的指导下，雅典以巨大的财富为代价，建立了一支强大的军队，并且凭借着极大的奉献精神和非凡的英雄主义与斯巴达联手，共同击退了波斯人，并建立了它的海上帝国。阿里斯提得斯刚开始是米斯托克利的一个竞争对手，后来成了他忠实的合伙人。希腊发展巅峰时期最优秀的倡导者伯里克利，在科学、哲学、法学、艺术和文学上拥有很高的造诣。

他完善了雅典的民主制，制定并完成了它的帝国使命。地位显赫的他比任何人都更加严肃地相信这样一句话：所有公民都拥有担任公职的权利，但是，没有任何一个帝国主义者比他更热心。实际上，雅典的民主制，倘若没有海上帝国的庇佑，它的一切都是纸上谈兵。臣服的同盟者对雅典人来说，就如同奴隶、技师和商人在柏拉图的理想王国乌托邦中一样，是不可缺失的。

为了打倒这个帝国，斯巴达伺机针对雅典发动了一场长达十年之久（公元前431—公元前421年）的战争，无果而终。斯巴达没有达到的目的，被雅典的枭雄亚西比德实现了，因为他的坚持，民主主义者加入了灾难性的西西里远征。公元前413年，雅典在叙拉古城下遭受了沉重的打击，之后他们的附庸国开始反叛，不再向他们进贡；在内忧外患的情况下，雅典没有战胜联合在一起的西西里人、斯巴达人和波斯人，公元前405年，雅典彻底投降。我们怀疑是否还有别的城邦像雅典一样，在所有5万名成年男性公民中，从事和平事业的和从事战争事业的各占一半。当希腊主宰世界之时，雅典领导着希腊。

斯巴达人取而代之，但并不能独自维持自己现有的地位，只能依靠其同盟者波斯与叙拉古的支持。当斯巴达失去了他们的支持，同样也就失去了这样的地位；后来通过公元前387年的《国王和约》恢复了这一地位，却在十六年之后再一次失去，被底比斯取而代之。底比斯完全依靠精明的武士政治家伊巴密浓达。随着公元前362年这个伟大政治家的阵亡，底比斯霸权面临着垮台。到公元前356年亚历山大大帝出生之时，才可以在某种意义上说希腊人苦苦追寻了两个世纪的梦想终于实现了；欧洲的所有希腊城邦，无论大小，都得到了自由，像公元前7世纪那样。事实上，正如普鲁塔克在《德摩斯梯尼传》中所提到的，它们依靠派系斗争所提供的机会生存，始终生活在彼此的恐惧与嫉妒中，生活在巨大威胁的阴影下，要想避免这潜在的危险，就不能分裂，必须联合。

马其顿王国

马其顿王国在菲利普的精明领导下统一了希腊，从而取得了强大的经济实力，确保了其子亚历山大可以成功征服波斯帝国。正如马基雅维利在他的《君主论》一书中所指出的："他的继任者们需要面对的唯一困难，是他们自己的野心带给他们的困难。"不过，这个困难已经足够了。它成功挑起了一场史无前例的长达30年之久的战争。在战争结束之际，不稳定的势力平衡让希腊—马其顿世界陷入瘫痪。在这一平衡中，托勒密王朝统治下的埃及用巨大的财富维持着一支充满战斗力的强大舰队，控制着马其顿和欧洲。罗马统一了意大利境内的所有城邦（公元前343—前270年），随后便灭亡了强大的迦太基帝国（公元前264—前201年），这就将一个实力超过任何一个希腊王国的军事强国卷进了与埃及托勒密王朝的敌对冲突中。这个国家有500万人口，有75万人组成的强大军队，能连续多年保持10万人在战场上作战。这样的一支军队，是整个希腊世界的联盟所无法抗衡的。可是，希腊人再一次因为他们的内部分裂而遭受重创，在一场恶战之后，他们被罗马所统治。

罗马的崛起

这些战胜希腊的罗马人并不是"绅士"——像一个半世纪后的西塞罗、恺撒及他们那个时代的人那样。他们的脾气仅仅部分在普鲁塔克的《科里奥兰纳斯传》中有所体现。然而，这篇传记中提到了一个传说，得到了普鲁塔克时代的罗马人与希腊人的相信，这个传说可以证明他们在政治斗争中的坚韧性格，还有他们在生活中的高尚品质。实际上，他们与易洛魅族人的品格有很多相似之处，当他们凭借着强大的武力夺取了一座敌对的城市的时候，那些由大字不识的农民组成的军队，失去了曾经钢铁般的纪律约束，经常随意屠杀路上遇到的活物：男人、女人、孩子、动物。罗马凭借着强大野蛮的武力手腕征服世界，而不是凭借散发着玫瑰花香的温柔手段或者现代文明的人道主义。

五代人之后，意大利人走上了一条希腊化的康庄大道，在此期间，东部行省对他们的反对极其强烈。在这个迅速去民族化的时期，曾经指引国家走向内部和谐、走向意大利的稳固统治、最终走向世界帝国的罗马贵族逐渐衰亡。罗马帝国养育了众多承包人、高利贷者、谷物商人和奴隶贩子，他们就是所谓的骑士，他们将组成元老院的大土地所有者孤立；并从他们手中取得了行省的控制权，之后疯狂地搜刮各行省民脂民膏，加速了政府的瘫痪。君主的统治是摆脱这种灾难的唯一方法。西塞罗的青年时代，正好遇上了贵族之间的农业与商业的自杀式冲突。作为“新人”的西塞罗，为了挤进政坛，不得不依附于庞培那样的大人物。如此，他的政治路线与政治思维都是“摇摆不定的”；不过至少有一点是不曾改变的，那就是，要不惜一切代价恢复“和谐的秩序”。不过，这是无法实现的。

恺撒和奥古斯都的功绩

罗马帝国一直维持着一支常备军，这支军队的主要用途是对付条顿人、意大利人、希腊人和高卢人。正是如此，它又养活了许多军事领袖，这也让他们可以对民事政府发号施令。这其中最后一位是尤里乌斯·恺撒，他之所以被认为是最后一位，是因为他决定不再待在幕后控制元老院，而是自己取而代之。他成功了，他短暂的在位期间（公元前49—前44年）是罗马发展史上值得纪念的，因为这是自亚历山大大帝之后世界性君主国的再一次出现。在当时的希腊文献中，恺撒被称为“全人类的救世主”。当他遭到刺杀之后，刺客们感到了悲伤，因为竞争的候选人之间为了争夺恺撒军队的控制权而爆发了一场冲突。恺撒的马夫长安东尼带着一半的军队去了东部，去完成恺撒所谋划的征服帕提亚人的战役。他生活在亚历山大城中，臣服在恺撒的情妇、埃及女王克里奥佩特拉面前。这是一个精明而狂妄的女人，也是一个墨守糟粕政治传统的继承人；她将罗马帝国并入了埃及的统治下，也将埃及带入了罗马帝国。而安东尼，姑且将其认为是一个仿冒的恺撒。另一方面，奥古斯都可以称得上是一流的政治家，作为恺撒的养子，他获得了另外一半军队的控制权。他在意大利激发了人们反对安东尼及其埃及情妇的民族情绪和共和主义情绪。然而，公元前31年在亚克兴战役中战胜他们之后，奥古斯都面临着他招来的问题。要想解决这个麻烦，就必须在共和主义与君主制度之间达成一种制衡关系，称作元首制。这种制度持续了下来，虽然中间曾断断续续恢复到恺撒模式，并逐步向彻底的专制制度退化，直到公元前3世纪一场大军事叛乱的爆发。此时的罗马政府体制，随着希腊—罗马文明一起走向衰落——250年以来，给6 000多万人带来和平与良好秩序的政府；他们砍倒森林建造房屋，将沙漠变成花园，建造了数以千计的城市，为正义和伟大建立了不朽的纪念碑。在本国和野蛮人的数万大军面前，他们变成了无助的猎物。罗马帝国的衰亡成就了历史上最大的悲剧。

在实行元首制期间，君主或皇帝是一切行动的决策者。人们的生命与幸福，都取决于一个人的意志和品质。所以，当时人物传记受到了许多人的喜爱。普鲁塔克成了他所生活的时代的“记录者”，也是他所追忆的希腊—罗马世界的一个空前的“叛逆者”。

文艺复兴

默里·安东尼·波特

文艺复兴之前那段时期，被称作“黑暗时代”，甚至在今天也有这么一说。这也就证实了一个推论：一段光明时期紧跟着一段黑暗时期。世界因为黑暗的消散而得到了阳光的普照，欣喜万分地重新开始工作。那段黑暗时期被称为“中世纪”，其黑暗多半是源于那些给它取了这样一个恐怖名字的人的盲目。那么如果我们将文艺复兴时期看作是光明时代，是不是因为它的魅力让我们感觉到了阳光普照？其实，文艺复兴是中世纪的后裔，是一个常常要承载上辈留下的沉重负担的孩子。

中世纪的沉重负担之一是蒙昧主义，是“阻挡智慧启蒙，妨碍知识进步”的东西。它并没有因为中世纪的衰亡而衰亡，而是伴随着整个文艺复兴时期，小心潜伏在社会的角落，死死盯着每一个被它所仇视的敌人。当他们因为年迈体弱而情绪低落之时，便对其加以袭击，并且在16世纪大获全胜。有人的地方，就有蒙昧主义，就有迷信、恐惧、邪恶思绪，即使一时没有表现出来，但终究会爆发和肆虐。只要你乐意，你就可以堂而皇之地认为文艺复兴是比中世纪还要黑暗的时代。马基雅维利、美第奇家族和博尔吉亚家族，长期以来被认为是以可恶的形式体现出来的罪恶。充分考虑到对事实有所夸张与扭曲，可以说文艺复兴依然是一个光明的时代。虽然它不是一个黄金时代，当然也不是那些恐怖戏剧下表现出来的疯狂的噩梦。光明的太阳也有其阴暗的斑点，文艺复兴时期的光明正是因为它的阴影而显得越发强烈。

文艺复兴时期的个人主义

除了文艺复兴，没有任何一个时代可以用一句短语来加以诠释：文艺复兴时期是发现人的时代。强调一下，文艺复兴不仅是发现一般意义上的人，并且是发现辉煌个体的人。不可否认，中世纪也存在大量别具匠心的人，比如大贵族格利、图尔的圣格列高利、查理曼大帝、利乌特普兰德、阿伯拉尔和克莱沃尔的圣伯纳德。人们普遍认识到了个体完美的重要性，并且渴望自己与同时代和后世子孙有与众不同的亮点。

如果夸张一点，可以说中世纪的人是柏拉图笔下的穴居人，终于成功逃出了黑暗的洞穴，变成了文艺复兴时期的人。这些人为重获光明的现实而狂欢，也被靓丽的风景所蛊惑。仿佛是遭到了现实世界的约束，他企图去发现一个理想的王国，并且他生活在现在，同样也生活在过去与未来。

古典时代的复活

狂热的学者仿佛是寻宝者，他们在法国、瑞士、德国和意大利以及东方各国搜寻手抄本和古代遗物。他们毫不吝啬自己的财富，通向古代的门窗被一点点打开，人们蜂拥而至，渴望更加了解他们的偶像，渴望从他们那里获得他们中世纪老师无法传授的信息。有些人如此迷离晕眩、温顺服从，从而使他们选择了新的主人，而不是摆脱了自己的奴役。不过新主人更加仁慈。

在安德鲁·朗格之前，彼特拉克就曾写信给那些逝去的先贤。提及西塞罗，他说：“不在意那段分开我们的时间的距离，我们十分熟悉地向他致意，这种熟悉来自我对他的天才所产生的共鸣。”他在写给李维的信中提到：“我真希望（如果上天允许），让我可以出生在你的时代，或者是你出生在我的时代；如果是后者，我们的时代将会因为你的存在而变得更加美好，倘若是前者，那么我将会得到更好的发展。”蒙田说，他从小就是在先哲的陪伴下长大成人的，“他早就熟知罗马的东西，那是在自己家里有任何这类东西很久之前；在认识罗浮宫之前，他就已经非常熟悉古罗马的主神殿；在认识塞纳河之前，他就已经十分了解台伯河”。

文艺复兴时期的好奇心

这种对古代的迷恋看上去似乎有些令人诧异，但这种迷恋并不排除文艺复兴时期的人对身边世界、对自己、对国家以及对遥远或临近的民族的强烈好奇心。彼特拉克喜欢讲述与印度和锡兰相关的事件。他的身上流淌着吉普赛人的血液，他害怕时光在书中的字里行间远去，所以一直是一个“遥远的”炉边旅人。他热爱在书中漫游世界，这样就成功避免了风云突变的天气给旅行造成的困扰，避免了旅途的艰难险阻。

“像鸭子一样热爱水和泥”的蒙田，有着更强大的人格魅力。他说：“大自然让我们感受这个自由不羁的世界；我们却把自己囚禁在困境的牢笼中。”“在我眼中，旅行是十分有益的活动；实际上，灵魂不断忙于观察新的未知事物，让它可以接触到众多的生命、思维、习俗所表现出来的多样性，让它可以尽情地欣赏各种各样的人类天性的形式。就像我经常说的，在刻板的生活中是否还有比这更优越的学校？”

所以文艺复兴时期的人通过各种渠道获得了大量事实，并且牢记它们；关于他们复杂的记忆，有很多东西值得一提。他们用这些事实来干什么，是值得了解的。他们对事实的疯狂追寻，莫非是守财奴对黄金的极度喜爱，是大字不识的野蛮人对闪闪发光的小珍珠的好奇？

知晓一个事实，是一件令人欣喜的事。文艺复兴时期的人重视事实的价值，并且能全力获取事实、牢记事实，这就是属于那个时代的荣耀。他们不再局限于事物的表面，就如但丁所说的，他们会用头脑里的眼睛刺透骨髓。比但丁晚两个多世纪出现的马基雅维利曾经抱怨，他的同时代的人都热爱古玩，却并不知道其中所隐含的历史教训。但马基雅维利所说的并不完全令人信服。文艺复兴时期的人都是温煦的园丁，他们深情温暖的照料，让每一个事实、每一个理论、每一个暗示都在萌芽、开花、结果。

诚然，他们当中已经有人认识到了当时时代的多面性的局限。皮埃尔·保罗·弗吉里奥在回顾学术性研究的主要分支之后，声称文科教育并非意味着熟知所有学科。“因为一个人能够彻底掌握其中一门学科，就可以算得上是毕生的成就了。我们要学会满足于适度的能力，就像是满足于适度的财富，正所谓知足常乐。我们明智的做法是选择适合自己智力与品位的研究，有一点倒是真的：倘若我们不知道一门学科与其他学科之间的关系，我们就无法正确理解它。”这些话大概是后人写下的。但它们也许同样适用于文艺复兴的时代；可是，在这样一个时期，这些话看起来有些谨慎，甚至有些胆怯。这一时期有那么多的造诣非凡的学者，而且是声名远播的作家、远见卓识的公务员或政治家、艺术鉴赏家、画家、雕塑家和建筑师。只要是他们想做的，就没有做不了的事。

发现的时代

每一种兴趣都得到了发展。在他们追求完美的过程中，他们需要一个更丰富的环境。文艺复兴时代是一个发现的时代，是迪亚士、哥伦布、瓦斯科·达·伽马、韦斯普奇、卡伯特父子、麦哲伦、弗兰西斯·德雷克等人的时代，与仅满足于不安宁的好奇心相比较，这些人的远行背负着更加艰难的使命。

同样实用的是天文学的发展。长期以来，星星一直被认为是天空中明亮的灯塔，指引着人们前进的方向。它们的影响决定了个人和民族的命运。一个聪慧的人，就必须向它们请教，对于研究大自然的奥秘，不仅是要理解它们，更要让它们为自己的研究而服务。虽然有很多失败，但如果说文艺复兴时期是浮士德的时代，那么它也是哥白尼的时代。

在研究周围的世界、天空、过去和未来的时候，文艺复兴时期的人觉得自己研究的对象是被创造出来的东西，而他们自己就是这个东西的创造者。为了逃离这个复杂的尘世，便有了田园牧歌中的阿卡狄亚，那是成人的童话世界。它几乎消失在我们的视野里，但它曼妙的乐曲和醉人的旋律依旧令人回味无穷。另一个更加实际地表达对现实世界不满的是理想国、太阳城或乌托邦的创造。

对美的崇拜

爱美之人如今都对文艺复兴时期的乌托邦有所避讳，而实际上那个时代的人对美抱有一种我们难以想象的喜爱。美是他们生活中永远受欢迎的宾客。但丁在他的第一篇颂诗中提到："颂诗！我相信很少有人可以真正理解你！你对美的表达是如此精致和细腻。所以，倘若你正好遇到了那些并不能正确理解它的人，请你鼓足勇气对他们说：啊，我亲爱的人们，请注意，至少我是如此美丽。"他们会注意的，并且文艺复兴时期很多人在对美的崇拜上都走向了这样的极端，以至于到了作践自己的境地。大多数人的心灵还是健全的，虽然遭受到了诸多的折磨与重创，但他们成功地让自己可以有资格和上帝谈话。

当然有人会发出疑问：文艺复兴是否不仅仅是一个暴风骤雨的时代，也不仅仅是中世纪与现代之间的桥梁？正如其他很多时代，它也是一个过渡期，也是一个有着丰功伟绩的时代。倘若有人存在这样的疑虑，那么请他回忆一下这些使人印象深刻的名字：彼特拉克、薄伽丘、阿里奥斯托、马基雅维利、拉伯雷、蒙田、卡尔德隆、洛佩·德·维加、塞万提斯、莎士比亚……在他们的行列之中，但丁凭借着他跻身于维吉尔与荷马的行列时所表现出来的那种沉静而庄严的自信，取得了自己的一席之地。

法国大革命

罗伯特·马特森·约翰斯顿

法国大革命在短暂的五年里（1789—1794年），集中了人类最富戏剧性的、最令人厌恶、最振奋人心、最荣耀、最耻辱的一切。关于这场革命，没有中庸之道的存在，没有明察秋毫的正义，也没有令人信服的理由；一切都充斥着极端，人的情绪上升到最疯狂的集体表达，表达饥饿、压迫、杀戮、暴政所带来的剧痛，表达决定性的行动和取得成功所带来的欣喜。登上高峰，就可以看到自由和改良的希望正在被点亮。这正是法国大革命比历史上任何一个时期都更加令人神魂颠倒的原因。法国大革命给自身设置了崇高的边界、卑贱的边界，还有潜在的没有得到发展和表达的边界。

大革命的反差

想要解释清楚一场运动是非常不容易的。就连满腹怀有强烈博爱情怀的卡莱尔，也没能捕捉到那个不幸女人的身影。在一个秋日阴霾的傍晚，她衣衫褴褛地穿行在巴黎空荡荡的街巷，眼睛里充满了饥饿与绝望，机械地敲打着她的那面鼓，悲伤地呤叹着："面包！面包！"那苦不堪言的身影、毫不掩饰的心酸，将要把波旁王朝从凡尔赛彻底拔除，让巴黎再一次成为法国的都城，并通过这一行为使法国历史的整个潮流改变方向，离开那已经流淌了两个世纪的河道。这就是反差，是显而易见的困难。米拉波是一个堕落而邪恶的人，他的邪恶持续不断地纠缠着我们。但他也是一位满腹宏伟构想的政治家，他的眼神总是那么精明犀利。夏洛特·科黛只是一个头脑简单、无足轻重的乡下妇女；她将匕首捅进了马拉的心脏，并用那英雄般的姿态，照亮了一场可怕危机的幽深之处。

大革命的历史

关于法国大革命，有一个奇怪的事实，可当你仔细思考又觉得不奇怪了。这问题就是：没有一部优秀的大革命史。关于法国大革命有三本著作引人关注，作者分别是米什莱、卡莱尔、泰纳；这三本书极具知识性与艺术性，这也注定了它们要作为名著存在很长一段时间。可是，没有哪一本能够让世人完全满意，无论是书的叙述内容、文学方法，还是其精神品质——虽说眼下并没有丝毫迹象显示，我们能很快得到另外一部伟大的大革命史。相反，对于历史学家而言，眼下的重点是将精力集中在这场运动中没完没了的细节上，从每一个方面或细节中找出合适点，来发挥他们的勤劳和天赋。如此一来，我们最好的选择就是从大革命的角度出发，了解一下法国与英国之间的反应，有两本著作值得关注：伏尔泰的《哲学通信》，以及伯克的《对法国革命的反思》。

观念的革命

18世纪初，法国的观念发生了巨大的改变。路易十四的去世、摄政王菲利普·多莱昂公爵的掌权，使光彩夺目的凡尔赛宫殿曾经拥有的古老辉煌都烟消云散，一位风趣的浪荡公子伺机夺取了法国的统治大权，他毫不在意壮观的排场与循规蹈矩的礼仪。他毫不避讳地享受着极不体面的生活；他参与赌博，鼓励证券交易投机；不再钳制言论，解开了套在朝臣脖子上的皮带——那是路易十四曾经用来束缚那个时代的文人的工具。法国的作家们开始了热烈的政治讽刺与政治批判。1721年，孟德斯鸠的《波斯人信札》，以及1734年伏尔泰的《哲学通信》，字字犀利而讽刺。那时的学者，纷纷追寻着这些作家的足迹。

伏尔泰的勇敢

孟德斯鸠对旧秩序的强烈批判之所以能够畅通无阻，是因为他用辛辣的味道让摄政王那败坏的胃口感到了刺激。但是伏尔泰就没有这么幸运，他立即被宣告有罪，当局下令要逮捕他并打算把他投进巴士底狱。为了保证自身的安全，他不得不选择逃跑。但是依现代读者的眼光来看，《哲学通信》却是十分温和的东西。

只有十分熟悉法国当时的政治专制条件，你才能理解到这本书中的大胆言词。伏尔泰以他独具匠心的风格阐述了他对英国的印象，但他效仿了那个扔球的人：他将球扔向某个目标，并企图在球反弹的时候一把抓住它。他笔下写的是英国，但心中想的却是法国；在前者的习俗文化中，他找到了可以衡量本国习俗与制度的标准。

实际上，伏尔泰倾向于看好他跨过英吉利海峡探访的这个陌生民族，虽然他得出的结论是：他们的哲学、文学和气候会直接导致忧郁症。他眼中的英国，是一个繁荣富足、政府开明、制度优越的国家；君主政体受到了稳固的议会体制的制约，特别是在信仰和意见问题上颇为宽容。他很大胆地表露出了心中的钦佩，并且号召自己的同胞们积极效仿。他眼中的英国，是最值得赞美的楷模。但是他明显担心严格意义上的政治问题，他宁愿借宗教之手，来表现他对宽容的期盼。

一个英国人眼中的大革命

半个多世纪之后，我们在伯克那里得到了最强烈的反差。关于大革命，他不赞佩任何东西，任何东西都遭到了他的谴责；他总是预见最差的结果。首先，大革命已经爆发了。当骚乱迅速发展的时候，当国民议会为了挫败波旁王朝的无动于衷而故意采取破坏性政策的时候，它最好的一面已经黯然失色了。此时的法国，面临着无政府状态的威胁。伯克认为，这比造成这种骚乱的长期持续的暴政更加令人发指。他是一个保守的老头子，在他眼中，威廉三世和辉格党人的光荣革命是完美的楷模，英国的议会制度是理想的政府形式。巴黎的骚乱和国民议会的手段让他感到震撼，也受到了伤害，于是他反对它们，并且摧毁了它们。他表示自己没有资格来判断——“我并不想假装像其他人一样对法国十分了解”，所以他将自己定义成一个辩护者。他对大革命的反驳震撼了欧洲的法庭，说服了所有的怀疑者。直到今天，这依然是针对现代法国缔造者们的最有效指控。伯克的书之所以可以被称为名著，是缘于在它出版之后，紧接着的“恐怖统治时期”几乎证明了作者的论点。但是，不可否认它辉煌高贵的风格——即使有点过度。对于这点，我们给出了下面这个例证。

伯克论玛丽·安托万内特

“自我在凡尔赛宫见到法国王后（当时还是太子妃）以来，已经有十六七年了，想必这个世界没有任何一个人的出现比她的出现更令人赏心悦目。我看到她在地平线的上方，点缀着这个因为她的出现而熠熠生辉的星球，像闪耀的群星，充满了生命与欢乐。啊！这是怎样的一场革命啊！我要用怎样的心态去面对那东方的日出与西方的日落！我做梦也不曾想到，她将不得不拿剧烈的解毒药去消除深藏胸中的耻辱。我做梦都没有想过，在我有生之年我可以亲眼看见，在一个英勇的国家，一个荣耀的土地，一个骑士的时代，这样的灾难竟然会降临在她的身上。我想，即便是看到有人要冒犯她，也会有千万宝剑脱鞘而出。可是，骑士的时代已经远去；诡辩家、经济学家、精于算计者的时代已经到来——欧洲的荣耀已经走向衰亡。”

如此，伯克骄傲地俯视着法国的灾难，而伏尔泰则崇拜地仰望着英国的繁荣。作为一个世纪以后出现的我们，在钦佩他们造诣非凡的文学著作的时候，也不难发现，作为思想家的他们，也许和自己的研究对象距离太近了一点。伯克的观点得到了人们的赞扬，但不能令人信服；而伏尔泰的观点则说明，他对英国人的仰望与赞美，是建立在没有彻底理解他们的基础上。

美国领土的扩张

佛雷德里克·杰克逊·特纳

扩张是美国生活的规则。在那些记录美国领土扩张的条约中，我们不难明白这个民族的物质基础来源。就面积与资源来说，它的物质基础不是任何一个欧洲国家能够与之相提并论的，甚至可以超过整个欧洲。倘若将一张美国地图与一张同样比例的欧洲地图相比较，将旧金山放在西班牙海岸上，佛罗里达的位置就会在巴勒斯坦的土地上，苏必利尔湖就会紧挨着波罗的海的海岸线，新奥尔良在小亚细亚海岸的下方，北卡罗来纳海岸与黑海东部几乎吻合。整个西欧会超出密西西比河，那是1783年美国的西部边界。这些条约记录了美国取得一块巨大领土的各个阶段——其面积相当于黑海以西的所有国家面积之和。

新国家的边界

在1763年的和平之后，13个殖民地消除了对来自法国进攻的担忧，便纷纷宣布独立。美国不顾西班牙的意愿，也不顾独立战争中的法国盟友的压力，通过1783年的条约从英国手中获得了它的边界，这些边界沿五大湖地区延伸，西至密西西比河，南至佛罗里达；并且美国取得了密西西比河的通航权。西班牙则从英国获得了它在独立战争期间征服的佛罗里达。

可是这些边界权利并没有真正实现，因为英国没有放弃它在五大湖地区的军事据点，并声称美国没有履行条约中涉及亲英分子和债务的条款，而加拿大官员则大力鼓动印第安人穿过俄亥俄地区去抵抗美国人前进的脚步。通过类似方式，西南部的西班牙殖民者拒绝承认英国有权把阿勒格尼山脉与密西西比河之间的领土划给美国，并且借着占有新奥尔良而拒不交出密西西比河的通航权。与此同时，西班牙还和肯塔基殖民地和田纳西殖民地的领导人秘密勾结，企图让它们脱离联邦政府；与英国一样，它企图利用自己对印第安人的影响，来阻挡美国的前进步伐。

在华盛顿担任总统期间，当美国与印第安人的战争在俄亥俄北部爆发时，法国大革命也开始了，英国不仅担心美国对印第安人的远征实质上是要攻打它留在五大湖地区的军事据点，而且担心美国会与法国结盟来对抗它。1783年，法兰西共和国中断了它与西班牙之间具有历史意义的同盟关系，企图将美国政府与西部边境居民卷入进来，攻打佛罗里达和路易斯安那。

这些就是1794年导致约翰·杰伊出使英国并缔结条约的关键因素，根据《杰伊条约》，英国同意放弃西部的军事据点。

密西西比河之争

担心美英联手的西班牙，于1795年在巴塞尔与法国结盟，通过了《平克尼条约》，承认了美国密西西比河边界，并交出了这条河的通航权。通航权的获得，有效地推动了密西西比河流域的繁荣，殖民者通过这条运河可以让他们的剩余农产品走向市场。

到1795年，不难看出：在美国人向西挺进的过程中，其两翼受到竞争的欧洲国家的不断威胁，国内政治和西部边民受到了干涉和骚扰，如此，美国有沦为欧洲国家体系一个纯粹附庸国的危险。为了确保美国对自己的依赖，也为了帮助法属西印度群岛取得粮仓，法国催促西班牙交出路易斯安那和佛罗里达，并承诺将保护西班牙，阻挡美国的前进。在法国政策的执行者眼中，阿勒格尼山脉是最适合美国的边界。直到1800年，拿破仑实现了对西班牙的控制，他迫使西班牙将路易斯安那拱手交出；在等待法国大军到来期间，西班牙设在新奥尔良的行政长官封闭了通过密西西比河与美国人的贸易。整个西部沸腾了。此时它所拥有的人口已经达到38万多，他们武力威胁要夺取新奥尔良。就连热爱和平、深受法国人敬仰的杰弗逊总统也暗示，他会在适当时机与英国结盟，要求法国交出密西西比河河口，并且坚决表示：凡是占有该地的人都是我们的敌人。考虑到英国强大的海上力量和美国的武装军队进攻的威胁，拿破仑坚信占领新奥尔良的想法是十分错误的。于是他在1803年与美国签订了《路易斯安那购买条约》，将路易斯安那地区一股脑儿卖给了杰斐逊，借此让自己的国库得到了1 500万美元的补充，还和美国结成了盟友。美国则通过领土的扩张，取得了北美大陆的控制权。这使得一个伟大国家的辉煌发展成为可能。

落基山脉的扩张

西部扩张精神越发呈现贪婪蔓延之势。俄亥俄河谷觊觎加拿大已久，南方则垂涎于佛罗里达，英国在佛罗里达对西班牙进行施压。正是西部率先挑起了1812年的战争。在1814年的和平谈判中，英国企图在加拿大与俄亥俄河流域殖民地之间建立一个印第安地区的中立地带。可是依据条约，英国的企图破灭，美国保住了从前占有的土地。根据1818年的协定，两国将加拿大与美国之间的边界自伍兹湖沿着北纬49°线延伸到了落基山脉，而俄勒冈地区的归属问题依旧没有得到解决，它对每个国家都开放了一定的年限，但又不能损害任意一方的权利。

获得佛罗里达和得克萨斯

同一年，美国阴谋迫使西班牙交出佛罗里达。联邦政府宣布，西佛罗里达和得克萨斯是路易斯安那购买案的组成部分。1810年和1812年，美国一点一点吞并了西佛罗里达。杰克逊将军在1818年成功地（尽管未经授权）入侵佛罗里达，这让人们深刻认识到：只要美国开心，它可以随时占领墨西哥湾的那块地方。也许是为了防止美国承认其纷纷反抗的美洲殖民地，1819年西班牙将佛罗里达拱手让与美国，并在其领地与美国的领地之间画了一条不规则的分界线。得克萨斯及西南地区的其他领土仍然属于西班牙。之后，那些揭竿而起的共和国得到了承认，美国为了夺取更多的土地就必须与墨西哥交手了。1824 年，俄罗斯撤回了对北纬54° 40′ 以南的领土要求。为了阻止欧洲大陆插手美洲事务，1823年门罗总统提出了著名的“门罗主义”，宣布美洲大陆不再接受欧洲的殖民，也不接受欧洲为压迫或控制它们的命运而实施的任何干涉。

1830年代初，美国的传教士来到了俄勒冈地区，哈得孙湾公司在英国国旗的保护下控制着这一地区。美国的移民者，大多是密西西比河流域那些勤劳勇敢的边境居民的后裔，他们还在墨西哥的得克萨斯省建立了移民点。1836年，得克萨斯人揭竿造反，宣布独立，并向美国提出了合并请求。1842年签订的《韦伯斯特—阿什伯顿条约》解决了东北边界问题，留下的俄勒冈命运依旧未知。就在那一年，美国农民借一场大移民，越过了平原和大山，来到了遥远的土地，美英之间的关系也变得越发紧张。而得克萨斯还牵涉到欧洲的利益，从得克萨斯共和国成立到它被并入美国，这之间的很长一段时间里，英国和法国利用它们的影响力保持了它的独立。此外，加利福尼亚提出了令人费解的理由，因为英国已经表现出了对它的命运感兴趣。 此时的墨西哥，已经被国内的纷争搞得动荡不安。逐渐地，墨西哥已经没有能力再保住自己那些偏远省份的领土了。

美国大肆扩张的趋势打断了关于奴隶制的争论，因为就在南方对自由的得克萨斯有可能被置于英国的保护之下而发出警告，并要求把它吞并的同时，那些对奴隶制的蔓延和创建新蓄奴州的前景感到提心吊胆的北方辉格党人和反奴隶制人士，则反对在西南部进一步获取更多的领土。在1844年的大选中——这场选战的主题是关于“收复俄勒冈和吞并得克萨斯”的——波尔克赢得了总统职位，他是田纳西人，代表了具有历史意义的扩张精神。根据1845年国会的联合决议案，美国将得克萨斯作为一个州并入其统治之下。与此同时，在波尔克宣誓就职之前，他做出了一个重大决定：如果墨西哥把这次吞并作为发动战争的原因，那么，他将不得不把加利福尼亚及西南部的其他领土也拱手交给美国，作为争取和平的条件。

向太平洋进发

波尔克通过1846年的条约，就俄勒冈问题与英国达成协议，同意将北纬 49° 线作为边界，尽管他的竞选口号是“要么是54° 40'，要么就是战斗”。

1846年，墨西哥战争爆发，美国军队占领了加利福尼亚以及美墨之间的大片土地。随着美国国旗飘荡在墨西哥首都的上空，一场为了占有墨西哥本土的强有力的运动开始兴起。不过1848年的《瓜达卢佩—伊达尔戈条约》人为地从吉拉河的河口到太平洋划出了一条分界线。受到拥有一条通向太平洋的南方通道的想法的鼓动，美国又在1853年与墨西哥签订了盖斯登购地方案[①]。借此，美国进一步获得了吉拉河南岸的一大块土地。

通过1846—1853年间的扩张掠夺，美国获得了超过120万平方英里[②]的领土。1848年，加利福尼亚发现黄金，还有丰富得令人难以想象的贵金属、木材和农业资源。美国终于在太平洋沿岸扎下了营盘，在那里，它将被卷入太平洋及其亚洲海岸的各种事务中。

① 指的是位于美利坚合众国亚利桑那州及新墨西哥州两州南部的一块土地。美国从墨西哥手中购入的。购买的目的是为了建设大陆横断铁路的美国南部路线，以及清偿墨西哥对美国的巨额债务。最终，美国花费1 000万美元，购得了这块土地。

② 1英里=1.61千米。

1850年的妥协法案剥夺了南方从这些大片领土中获得好处的机会，于是南方想要尝试通过吞并古巴寻找新的市场，但最终失败了。不过，对这些扩大地区的争夺所导致的内战，对整个国家的实力造成了重创。在内战接近尾声的时候，曾经在英法两国犹疑不定时给予北方以道义支持的俄罗斯提出把它的阿拉斯加地区卖给美国，无人反对这项提议。国务卿西华德与俄国人签订了条约，并确保了条约在1867年获得国会批准。根据这一条约，美国的领土增加了将近60万平方英里。

在内战之后将近三分之一个世纪的时间里，美国的重点都落在了对已占有的那些辽阔领土的经济征服上。1892年，人口普查局局长表示，人口地图已经不能通过移民点的外部边缘线来描述了。殖民化的时代正在终结。免费的土地正迅速被人占领，美国正在达到其他定居国家的状态。

海岛领地和巴拿马运河

在这个时代，美西战争和海外领地的夺取让古老的扩张运动获得了一种新的表现形式。1898年美国承认古巴独立，并且参与了驱逐西班牙的行动，这直接导致了美西战争的爆发。一卷入这场战争，海军便迫切想要去征服菲律宾群岛、波多黎各和古巴。战略上的考量还促成了美国1898年对夏威夷的征服。

通过1898年的和平条约，西班牙不得不交出菲律宾群岛和波多黎各，并将在古巴的军队撤离，后者通过1902年美国军队的撤离而获得了自治。

战争中所发生的一系列事情，特别是俄勒冈号战舰从太平洋海岸出发，绕过合恩角，去参加圣地亚哥海战那次戏剧性的航行，给争议了多年的由美国来建造巴拿马运河的计划带来了新的契机。美国的势力在太平洋地区不断壮大，在加勒比海地区获得的新领地不断增多，再加上太平洋沿岸的飞速发展，使得建造巴拿马运河变成了一项十分迫切的工程。根据1901年的《海—旁斯福特条约》，英国撤销了1850年的《克莱顿—布尔沃条约》所造成的阻碍，美国取得了法兰西公司（但这家公司没有完成打通巴拿马地峡的任务）的各项权利。1903年哥伦比亚拒绝为修建这条运河签订协约，引发了巴拿马的革命。精明的罗斯福总统迅速承认了巴拿马共和国，并与其签订了条约，条约在1904年获得批准。依据条约，巴拿马将运河区及其他相关权利让与美国。

20世纪初，美国逐步消耗西班牙帝国的过程被这个引人注目的事件带到了高潮。这些曾经弱小的大西洋沿岸殖民地，如今获得了一大片横跨美洲大陆的广袤土地，也得到了一些加勒比海、太平洋以及亚洲海岸地区的附属国。此时，他们准备以巴拿马运河为桥梁，将两个大洋连接起来。

诗歌篇

Poetry

概　述

卡尔顿·诺伊斯

人类总是向往一个比现实更完美的世界，没有人愿意自己的心灵蒙受污秽，情感遭到禁锢。但现实远非人类所想，大地上随处可见绝望而非希望之光。人类希望回归本质，渴望更纯净的空间和更广阔的世界。有些人类天生具有想象力，有更深刻的洞察力，能够穿透一切假象。他们用无拘无束的想象，开启了一个全新的世界——大地变得光芒四射，万物都有自己的语言，生命展现出无穷的韵味。对于这些人来说，灵光乍现的时刻是幸运的，否则万千思绪将一去不返。人们尝试用一种永恒的形式来呈现出那一瞬间的精彩，于是一种新的题材出现了。有想象力的人是预言家和先知。这种能够呈现出世界的梦幻本质的人，是艺术家和诗人。

我们每一个人都在寻求的东西，诗歌已经替我们找到。诗歌的步伐比我们接收到的信息快了一步，模式却不固定。在我们经年累月的经验中，我们对这个美丽世界而言只是惊鸿一瞥，只是在某处出现的一种事物的感觉。诗歌的美丽和含义是一种完全的启示。诗歌回馈给我们已知的过去，尽管这世界已经被美化；我们汲取世界的养料，诗歌就用别具一格的形式描绘这些养料的本质。它的视角更为清晰，更具渗透力，它美化了事实，将美好展现在我们面前。它以新鲜的视角看待这种美，鼓舞这种好奇的情感，激励它要表达的快乐。诗歌用一种全新的组合去看这个世界，它选择平凡的经历、固定的图像，再用自己的语气加以渲染。诗歌编织了一幅语言的图案，它用所预言的，以一种它对外在意义更敏锐的理解，重构了它所看到的美。它本身就是一位诗人，它比我们看得更远，感受得更深切；它能够用语言表达出它的经历，这种表达有着为我们构造美景和意义的力量。所以诗歌风行一时，它让人类内心怀揣更美好的世界；在艺术的感召下，它变成了我们永久的财产。如果这就是诗歌的宿命，我们也许该好好地问问：它从何处产生了灵感，它实现了怎样的意义？

诗歌的起源

老式的诗歌总是与故事有关。孩子热爱童话故事，因为童话为孩子单纯的内心找到了逃离现实的出路，这是虚伪做作的世界所不能理解的。他们的想象力，还没被过于紧急的现状所困扰，还可以不受束缚、无限发挥。在童年时代，精神是主题，随着自己的内心而变化。自然力量是诸神，扮演着任性操纵人类命运的角色。在记忆和传统中，一个比同伴更聪明或者更有力量的人总会成为英雄或领袖。孩子是在自己的世界里抒发他的想象力，赋予每一个平凡物以勃勃生命。在他自己的游戏中，那些自导自演的角色围绕在他身边舞动。童年时期的想象力需要行动，身体力行地做出并编讲故事：讲那些神和英雄们动人心魄的冒险故事，或错综复杂的王子与少女命运的故事，还可以讲骑士救出被俘虏的少女们，讲那些精灵和小仙女们的故事。于是，一则寓言故事就在这无尽的想象力中构建了自己。

对故事的热爱永远不会褪去。经过漫长的历史演进，在每一片大地上，在每一个人心中，诗歌从没有停止去探寻生活中所有能想象的事情。但是诗歌的长河需要依靠很多源流滋养，而且在流动中还要承载各式的变迁。从《伊利亚特》到《伊诺克·雅顿》，当中引用的典型例子，绝没有为叙述诗限定更大或更小的界限，其主题和形式都经历过各种各样、意义深远的变化。正如每个国家都会发展自身的艺术和文化，从整体发展到细节，从整个国家的趣味发展到个人的喜好，这股潮流均起到了指导作用。走出了全人类对情感的唤醒与努力，而逐渐形成以个体为单位的艺术家或诗人。

远古诗歌的特征

在古代，人们群居生活，部落中的每个人都与城邦或部落紧密结合。个人的财产建立在群体富足的基础上，个人的嗜好总是与群体的生活息息相关。所以早期的诗歌作品通常为集体创作。不同的国家或者民族都用自己的诗歌来记录国家或者民族的起源。比如早期诗歌的代表作《伊利亚特》和《奥德赛》。它们既是诗歌辉煌时代的象征，也开启了英国民歌的传统。就时间而言，这两部例子相差了2 000年，但是作为早期诗歌的代表作，它们有着共同的特性，那就是它们不是任何个人的作品。这样的诗歌不是创作出来的，它是渐渐形成的。它是作为一种生命与群体，在无意识的表达中产生的。这是一种关系到全种族的事件，包括了所有人的命运，所有人都可以参与其中。它们开始时作为故事口口相传，最后被一些人记录下来使其得以保存。

早期的诗歌通常会体现出民众或国家的精神或者观点。比如《伊利亚特》或《贝奥武夫》，诉说了大量英雄的壮举。英雄拥有高贵的血统，它们是王者与力量的化身。众神也不会缺席，他们在史诗中起着举足轻重的作用。在另外一下诗歌中，故事中的人物尽管出身卑下，但是他们获取了传奇的宝贝，成为盖世英雄。这样的诗歌映照出了一个民族与国家的理想。诗歌是民族的自我阐释。

故事一旦有了不同于其他韵文的形式特征，便成了诗歌。诗歌带人们回归到理想的世界。它不再关注每日周而复始琐碎平凡的小事，而歌颂更有意义、更加深刻的人物或者情节。这就是我们所谓的“浪漫的魅力”。在创作时，自由的想象力驰骋于一个更加迷人和有意义的世界。故事讲述了一个已经过去的时代，在一个快乐而美妙的时期，这就是世界原本的状态。通过对现实需要的渴望，在清新已逝的晨光中，从远处可以望见上了年纪的老人那英雄般的模样。他们的美德、热情都比普通人高尚得多。他们的举手投足更加潇洒，好似沐浴在一个更为自由的空间中。这种事物的理想化，使人物更加鲜明、充满感情，故事更加意义深远——这正是诗歌的精髓。

个人主义的发展

随着文明的进步，人们各司其职，群体开始分散，越来越多的人通过自身的努力，成为各个领域的专家，个人主义因此开始显现。一个具备唱歌天分的人，听着祖辈们世代相传的故事长大，在某一天他开始将它们编织成一个新的歌谣，唱给大家，这就是个人创作的诗歌。早期的诗歌表达的是集体的理想，现在的诗歌则由个人创作、构思而成。由他个人感情着墨的诗歌，反映出了他自己眼中所看到的世界——诗歌就这样成为表达个人的生命的阐释。

这样，一种新的精神融入到了叙述诗歌。越来越少的是无意识的、不带个人色彩的、客观的诗歌；而越来越多的是经过深思熟虑的、自我意识的艺术产物；主题的选择和呈现的方式由诗人自己的情感决定。

它所描绘的世俗的世界更接近本源。它的人物角色更加贴近每日的体验；在迷惑中失去的东西，它们会在直接的呐喊中得到。因为它本身的原因，对情节的兴趣点并没有衰退，但是周旋于其间的人会更为紧密、明确地表达出诗人的想法和情感。它选择人物角色的理由，是因为他们能够很具体地表现出来，它已经形成了作为象征意义的典范。乔叟写的神话故事《坎特伯雷故事集》中的英雄贝奥武夫与怪异的海怪格伦德尔战斗，并取得了成功。诗人描写了一个混杂着各种人的朝圣队伍，幽默而忠实地描绘了现实生活以及牧师与非神职人员之间的阶层矛盾。在《坎特伯雷故事集》里，修女讲的教士的故事很有趣：

> 一位乞丐寡妇年老色衰，
> 为何要居住在一个狭小的村舍？
> 在小树林边，在山谷中，有牛奶麦粥。

故事的主人公是只公鸡。这只公鸡大谈梦境中的对话，为此还引经据典。但是“狐狸罗素”的出现，让它屈服于无法改变的命运，农场的母鸡们为它的悲剧齐声呜咽。诗歌，全篇庄严肃穆，用喜剧的叙事方式对装腔作势的豪言壮语进行了聪明的讽刺。但即使诗歌充满了喜剧效果，其中也适当地体现出了乔叟自己对生活中精明人的讥讽。我们享受这种与诗人个性息息相关的诗歌。因此，在所有意识流作品的叙事诗歌中，不管是《仙后》还是《失乐园》，不管是济慈的《恩底弥翁》还是《伊诺克·雅顿》，不管它是描绘传奇与寓言中的人物，还是引用人类对上帝的看法，抑或是讲述一个谦卑的灵魂的悲剧故事，我们看清了一个升华成为更加热情的世界的影像，最终诗人以自己构想出来的生命方式、以自身经验来表达并诠释这个世界。

抒情诗的产生

抒情诗在表达上同样需要伟大的个性，这种表达改变了叙述诗歌的含义，让诗歌有了不同的种类和目的。作为个人而不是群体的自我意识，他意识到生命正在向他走来，与其他人形成了鲜明的对比。这个世界是他的世界，他有自己的激情，以自己的经历体会事件发生的意义。头顶上辽远的天空，点缀着成堆的云彩；四面八方延伸出宽阔的地面、华丽的颜色与形式，还有声音和悸动簇拥在一起。在正中央，所有这些交会于一点，那里站立着一个人，正在思考，感受，汇集意志。在他上面，来自这个封闭的世界的所有光线都聚集于一点。他察觉到在灵感的悸动和一闪而过的想法间，有一种突然的内在和谐，这种和谐是美丽的，他的整个身体都充满了感情。他急于去表达他的快乐、疑虑和尊崇。在混沌之外，他依照自己的观点，强行推出了一个新的规则；他借助词语将物质形式象征化，将他感知的图案塑造到他的情绪中去。这种强有力的本性让他歌唱，用和谐的韵律吐露他的见识与感情。在他饱满的精神之外，他受到了美丽世界和内心意图的鼓舞，好似一首歌。

它没有躺在阳光照射的山顶
也没有在日光中闪烁
不曾在任何起伏的波浪中
不曾在奔腾的溪流中
但是有东西在一个人的灵魂中涌动
慢慢地游走在他的痛苦中
寂静的月光
血流过心脏与脑髓

——威廉·夏普

外面的世界不断地编织着那微妙、美丽而有意义的图案，时而隐藏起来，但是最终会因人类内心深处的热忱而显现出来。人们常常不由自主地就会吟诵出那纯净快乐的抒情诗。

夏天来了，
万物生长，百花齐放，
树枝吐芽，
布谷鸟在歌唱！
母羊咩咩呼叫羔羊，
奶牛舐犊，

溪流欢快歌唱！
布谷鸟，你的歌声多么嘹亮：
咕咕，咕咕；
永远不要停止歌唱，
咕咕，咕咕，歌唱吧，布谷鸟。
歌唱吧，布谷鸟，咕咕，咕咕。

鸟儿的叫声引发了诗人的情感，他将富有旋律的欢快情节融入春天的序曲里，将读到这首诗的人带进快乐的想象中。抒情诗是带着情感而产生的，作诗的人就是一首歌。

吹着笛下荒谷来，
吹奏愉悦的曲调，
我看见云端有个小孩，
他笑着对我说：

“吹一首小羊的歌儿吧！”
于是我欢愉地吹着。
“吹笛人，再吹吹那歌儿。”
当我笛声轻响，他垂泪倾听。

“放下你那美妙的笛吧，
来唱首快乐的歌。”
于是我唱起同一支歌，
他听得欢喜流泪。

“吹笛人，将这美妙的曲调写下吧，
让人们也能聆听这份喜悦。”

然后他从我眼前消失。

我采下一根空芦管，
做成一支田园的笔，
蘸在清澈的水中，
写出了我快乐的歌，
好让每个孩子都能愉悦地聆听。

——威廉·布莱克

音乐是抒情诗的源泉。一首真正的抒情诗是能唱出来的。不管是芳香易散、转瞬即逝的情感，还是成熟的、经年积累的感想，都可以用抒情诗表达出来。

抒情诗的范围

抒情诗是一个诗人自身情感最充分的流露。比起其他形式的诗歌，抒情诗更强调它的情绪，流露感情的强烈程度。但它也能够承载思想，给思想以翅膀。抒情诗是一种呐喊。

你好，欢乐的精灵！
你压根儿不像飞鸟，
你从天堂或天堂附近
毫不吝惜地倾倒
如同行云流水一般的心灵的曲调。
你就像一朵火云，
从地面升腾而起，
飞到蓝色的天际，
歌唱中不断翱翔，翱翔中歌声不止。

沉入西山的夕阳，
喷散金色的光焰，
把朵朵云霞映亮，
你像无形的欢颜，
刚刚踏上征途，飘浮而又飞旋。

——雪莱

这首《雀之歌》，用诗人演奏诠释的弦乐、灵动的韵律，形成了一首杰出的音乐作品。它让我们浮动在鸟儿的歌声中，极具诗歌的精髓。

另外一首诗歌以刻不容缓的韵律如此描述了一种刹那间的美丽经历：

瀑布如注般的声音，
激情一般激荡着我；高高的岩石，
山脉，深邃幽暗的树林，
它们的色彩和形态，
令我无厌地渴望；
那种情感，那种爱，
不需要思想提供幽远的魅力，
也无须任何视野所及之外的乐趣。

——华兹华斯

这种清新的、转瞬即逝的美景也要依靠洞察力。诗人看得更深，感受得更多，才能将倾注了深厚感情的诗歌带到血脉中去。

我学会了看待自然，不像
年轻时不思不辨；是常听
人性中平静悲怆的乐章，
不躁不怒，却有足够力量

纠正驯服躁怒。我还感到
有个精神携崇高思想的欢乐
把我激荡；让我有
紧密交融的庄严感觉。
它寓居在落日的光芒里，
辽阔海洋与勃勃生气中，
蓝天上，与人们的心灵里：
是运动着的精神，推动着
所有思考者和思考对象，
融贯于万物。

——华兹华斯

作为诗歌，这些诗句本身并不完全具有抒情诗的意味。它们过渡到一种庄重的调子，适合心灵的宁静，是那种“不由自主地洋溢出强烈的感情”、到现在“心神宁静”的诗歌。然而，它们描绘抒情诗的调子要胜于举例说明。它们仍然饱含情感，但不限于渲染和强调诗歌描绘的实物本身，所以它们才是真正的诗歌。

抒情诗歌是人类思想和内心的高度与深度的统一。一首抒情诗是某些诗人对于美好、神奇、意义深远的神秘事物的解释。（也是他通过话语、想象的魔力对所看所感的解释，并用充满魔力的想象的语言将内心所见再现，用律动将无声的心跳再现，并通过语言编织出来有规则的节拍）。抒情诗是一首五彩缤纷的歌曲，穿破寂静；它是一首充满力量的赞美诗，解决了事物浊音发声的不协调性。没有任何一种情绪会拒绝它；快乐和悲伤，希望和悔恨，眼泪和欢笑，都在抒情诗的范围内。它具有强烈的个性。但真正的诗人会美化这种美，他先看到自己的小世界，再放眼看到广阔无边，将个人的快乐和悲伤蜕变为全人类都可共同感知的幸福与苦难。

诗歌形式的基本元素

也许任何一个主题都能转成诗歌的形式，这取决于诗人的构思。同时，诗人比其他人更敏感、更富有创造性，诗人看待生活的态度更加热情美好。诗人被美妙的景象或自然的壮丽、感人的形式所感染；他受到鼓舞，有敏锐的思考力，有着对世界的全新的见识。他被情感驱使着去表达自己的感觉，毫不费力地将情感赋予诗歌，加入自己的思想。

那种光芒，
在海上或陆地上从来没有见过的光芒，
献祭给，诗人的梦想。

依靠洞察的力量，在情感的刺激下，将这个世界与生命理想化，是诗人的神奇魔力。诗歌上升到视觉与情感之外，自身就能表达出想说的话。但如果讲出的话井井有条，那么它便好似流入了一个镶铸的模具中。诗歌编织的是理智和情感，这两种元素也许会合并成各种各样的大小形状，这些元素一起去塑造完成最终的形式。这个形式不是偶然的，也不是随意的，而是以人类思想和精神的本质为条件的。

韵律本质的源头

每一首诗歌在实质上都像在身体中奔驰流淌的悸动血液。这种跳动或韵律是诗歌的生命。事实上，韵律是诗歌的核心部分。只有韵律才能使诗歌表现得如此亲密、如此普遍深入。日以继夜，流动与衰退，完美的四季循环，人类的呼吸和命运的回声都类似于强有力的音乐。在平凡的生活中，在宇宙万物中，韵律是一种运动的法则，所有持续性的活动都本能地符合这个法则。它让运转更为简单：比如在劳作中，一个铁匠的锤子需要有节奏地敲打他的铁砧，或有节奏地将一团钢丝拧成长长的绳索；士兵以有序的步伐前行。韵律也让活动充满乐趣，好像跳舞一样。韵律是人类精神和谐的必要元素。情感也在韵律中表达自己。情感刺激美的感知，深刻理解生命的真理，让心跳加快。在字里行间增强活跃性，赋予它们跳跃感。这样，一首诗歌就诞生了。

有些学者说，在原始社会，诗歌除了有吟诵的乐趣，还是人们工作和运动的协调工具。一个原始人很可能会难以忍受两块石头相磨发出的声音，那种声音毫无韵律之感。一首老的纺织歌曲《奥菲莉娅的怒吼》中写道："你一定要唱向下，向下，你叫他下啊下。轮子变成什么了什么样哦！"人类踏着舞步，弯着身体齐声大唱着他们的战争圣歌。孩子们在节日里轮流背诵歌谣的诗节，将副歌反复吟唱。诗歌在演变中，其本质从未受到约束。诗歌创作，从人自身肢体动作引发的劳动民谣，到精心创作的鸿篇史诗，都是人类内心深处情感表达的最好工具。

看！年老的
人类原本的根，
永久蜿蜒曲折，
那是耶稣受难之歌。
在世界的内心深处
站立着它的根基，
纠缠着万物，
一切都有另外一个自己。
不，什么是本质的
自我，那是无止境
与音乐作对，
悦耳之音，是韵律吗？
上帝登上宝座是
最年长的诗人：
走向上帝的办法

即是面向所有。

——威廉·沃森

这首诗在道出了理由与原因的韵律。不管诗歌的语气，也不管它表达的是否是极度快乐或沉思的平静，诗篇的句子是相配的，似乎可以听到它发出的情感之音，随之转移至和谐的韵律。荷马长短格的六步格诗，详细描述了英雄的功绩。弥尔顿庄严的抑扬格五音步诗，展开了《天堂和地狱》的戏剧画卷。还有雪莱歌颂翱翔飞行的《云雀颂》，以及勃朗宁有着嗒嗒马蹄声的骑马诗：

我突然向马镫跳去，乔里斯，他，
我疾驰，德克也疾驰，我们三人一起疾驰。

不管是向前驰去，还是沉稳地前行，诗篇要表达的情感重音和冲力都在这轻快的动作描写中了。

诗歌的韵律不仅能表达迸发的情感，它也起到交流的作用。它向倾听者透露出自己的能量，并激发他产生同样的情感。诗歌和其他种类的文学作品有很多的共同之处。其他文体可以使一个想象的世界增加色彩，比如在小说中。它可以激励某人行动起来，比如在演讲中。辨别诗歌的主要方法，是明确韵律的部分，由此，诗歌是以更直接、更强烈的方式表现出来的。心理学家会说，在我们自己的机体中开启“模仿的动作”，会唤醒我们相应的情感。韵律也让感知变得容易，它自身也是快乐的源泉。正确地掌握它，也会起到强调诗歌在内容上的思想性的作用。诗歌的韵律不是一个机械化的设计，而是激情必然的发展。处在最佳状态时，它会抑扬顿挫。它不该是有规律的拍打及交替循环，也不该是“唱歌”的诗。通过精巧的重音变化，情感和话语的推动力应该相一致，它可能展示了自身的波动。内心的起伏也许会打断舞步，韵律也许会在需要时转换步调，遵从内心的法则。

来啊，甜蜜的死亡！答应我吧，美丽的死亡！
请大发慈悲，快快地降临！
在白天，在夜晚，来到所有人面前，来到每一个人面前。
迟早，我们都会虚弱地死去。

——惠特曼

直到结尾都是这种卓越而美妙的诗歌。韵律（或韵脚）在这首诗里不是很明显，但我们不可避免地感受到一种深沉的悸动。它抓住了我们的心，将我们带到了诗歌的情绪中。

韵律的影响

单一的韵律不足以构成一首诗歌。低沉的语句毫无意义地重复着，尽管它可以阐明一首诗歌的本意，但这不是诗歌。在重复时必须要有进展，重复必须建立在情绪的基础上。任何一段经历，都要真正地去理解，或充分吸收，一定要理解全诗的含义。在这个骚动的世界，人类在面对不相关的事物时需要规则与意义。人的本性已经迫使诗歌要有自己的韵律，那是它的灵感。诗歌必须强迫表达它的目的性，那是诗歌的艺术。诗歌的韵律已经遍及宇宙。在重复和组合的韵律之外，诗歌构建了一个和谐环境，它的韵文显示了完整的情感。它所描绘的图景是由多个元素所建立的：韵律或韵脚构成了诗行或诗篇。诗行汇总成为诗节，诗节成形后，接下来是平稳的铺垫，这样一直到结尾。再强调一次，结构不是呆板的固定模式，每一首诗句都能转换为思想。全诗的诗句应与要表达的情感或思想相一致。

语言在诗歌中的元素

诗歌的媒介，或者说是表达的方法，是语言。画家依靠颜料，雕刻家依靠塑造，音乐家要掌握音调。在感觉上，画家的颜料、雕刻家的塑造以及音乐家的音调自身就富有乐趣，它们表达出来的东西变得美丽而有意义。语言自身也有一种感观上的价值。把美当作一种乐器，它们也许会增加一首诗歌的旋律。这种铺排有了韵律后，声母与韵母就能完美地协调在一起，比如：语言“夜晚”和“饭前”。熟练地掌握这种手法，在句子、韵文中增加音乐感，可起到明确诗歌意境的作用。半谐音、头韵和重音较少作为一种旋律。半谐音是音节中相同元音的重复，但是辅音就大不相同了，比如：“形状”和“伙伴”。头韵法在第一个音节都是一致的。如：“树叶的边缘和雨的涟漪。”头韵法结合了重音，是盎格鲁诗歌的基本韵文法。后来这种方法被用在淡化诗歌中的过多修饰上。有旋律的音调需要更为精细的铺排，由音质和音节的细微变化营造诗歌的意境，如“在充满芳香的昏暗中，她的头发松懈开来”这一诗句中，元音音质慢慢变化，e，i，o，a，感觉有种朦胧的音感。这些是诗歌全音阶的注释。

诗歌不仅仅是情感或感观上的表达。它凭借语言的媒介感染人，感动人。华兹华斯在《责任颂》中通过华丽的句子描写出想象中的美丽，那种呼语用法是多么有说服力！想法自身很具体，它变得温暖而形象，唤醒倾听者的想象力，点燃了倾听者的情感。这种语言唤醒的力量是诗歌的秘密，很难去加以分析。它属于音调之美，是文字与韵律的结合，源于生动的想象，源于理智与情感的碰撞，好似围绕着诗歌散发出的香气。

灿烂的星！我祈求像你那样坚定——
但我不愿意高悬夜空，独自辉映，
并且永恒地睁着眼睛，
像自然间耐心的、不眠的隐士，
不断望着海涛，那大地的神父，
用圣水冲洗人所卜居的岸沿。

——济慈

谁能说得出话语间夹带音乐感的魅力！我们只能去感受！除此以外，

它本身还有普通含义，因此，语言看起来更显意味深长。诗人赋予这种新的意义，通过他对语言的巧妙处理，形成了我们熟悉的词句。诗人手法的神奇就如音乐家一样——

他创作的三种声音之外，没有第四种声音，却是一颗闪亮耀眼的星星。

内容与形式的完整性

心灵的启示永远不会结束。因此所有伟大而真实的诗歌都是一种激励的语言。它是世界曾经意识并且逗留的梦境。用一位先知的话总结就是："诗歌既是开端，也是所有知识的终结，它与人类的内心一样不朽。"

诗歌通过韵律唤醒了全人类的行动；通过悦耳的音调兴高采烈地倾听；它那连贯性音乐般的结构令人心旷神怡。它通过话语唤醒人们的力量，刺激人类的想象力。因此诗歌增加了智力的价值和所有的情感价值。最终，形式和意义合二为一，它们在抒情诗中紧密地融合在一起。我们常常能感觉到某种想法，只是不知如何去表达，那种情感不管用何种方法都无法交流。在唱颂中，歌曲的本质和神秘会自然而然地流露出来。

一首诗歌是生命成长到某一时刻的一部分。它让当时模糊的感觉与印象以美的形式呈现出来，建立了一个更加美好的世界。它抓住了事物的重心，把握住韵律的节奏，将它们编织成一幅微妙并令人满意的图画。它美妙的言语唤醒了灵魂深处渴望天籁之音的模糊的欲念。它用奇异的光芒照亮了生命。但是只有在它超越了本质的改变、领悟了美好的事物之后，人类的精神才会欣然接受不朽的存在。诗歌不是幻象，而是一个更高、更现实的表达。诗歌领悟生活并完全拥有它。诗歌不像是一个有耐性的自然进程的观察者，也不是人类命运被动的旁观者，它喜爱它所看到的一切。对它来说，作为一个爱人，世界有几分沉溺于秘密中。依靠想象、创新的力量，诗歌看到了生命自身的意义。情感和悟性融合为一个完美的图像，诗歌真实地呈现了它自身的美丽。

《荷马史诗》

查尔斯·伯顿·古立克

史诗，或许是最难让诗人取得杰出成就的一种文学题材。每当我们提及“史诗”，脑海中往往会自动出现荷马、维吉尔、弥尔顿这几位伟大诗人的名字。除此之外，我们很难再找到一位诗人能像他们一样，成功而完满地用英雄史诗所要求的庄严、宏伟与壮美来表达一个个宏大的主题。

也许是因为我们一开始就设定好了标准，当我们分析这些伟大诗人写作史诗的目的和所用的方法时，荷马，这位成就最高者无可争议地成为史诗写作的标志。在《失乐园》中，弥尔顿常因神学上的争论而转移主题；而维吉尔的《伊尼德记》则是对自我意识高昂时代深度研究的产物，旨在彰显罗马帝国的伟大。

荷马的前辈

荷马的史诗作品被一些学者们认为是人类童年时期的代表作品，但只要你细读荷马的作品就会发现，尽管荷马的艺术表现相比于维吉尔显得更为天真，但在18世纪的人们看来，它还是非常伟大的。荷马在创作这些史诗之前，没有写诗的经验，但他精力充沛、机敏多变，领会了诗人的风格。荷马无疑从他们当中继承了韵律、措辞、用句的手法。

早期史诗使用的素材非常简单。最初，圣歌及赞美诗所赞美与感恩的对象通常是部落神；而当部落中英勇的祖先被认为是上帝之子时，赞美的对象便很自然地从神变成了人。他们在那个时代的一些重大事件中的英勇行为不会被后人忘记，神圣的赞美诗由此成为赞美英雄的叙事抒情诗。这些诗迎合了大众的口味和兴趣，也满足当地人的自豪感，从这个意义上说，这些诗是当时的流行诗，但那些有天赋的世袭诗人仍保持着他们高贵的地位。

史诗的发展

公元前12世纪，发生了天翻地覆的剧变——包括迈锡尼的毁灭和辉煌文明的消亡。新领域进行了调整，讲希腊语的人们大规模迁移，他们对小亚细亚的沿海地区称自己为亚加亚人、爱奥尼亚人或皮奥夏人。在重建国家的辉煌成就和宏伟装点中，孕育出高昂的民族自豪感，而这恰恰为史诗发展提供了绝好条件。他们祖祖辈辈在家乡过着淳朴的生活，祖辈时代就已流传的神话传奇如今在新的土地上得到发展弘扬。阿喀琉斯和赫克托耳，这两位可以说是在南塞萨利赫比奥沙地区争夺最激烈的部落首领，在诗人的构想中却成为两位伟大的王子，他们不是为财富而战，而是为国家荣誉而战。他们卓越功勋的背后，不再是传统意义上的家乡，而是一个新的更为广阔的背景。同时，随着移民们在新兴国家过着更加丰富多彩的生活，他们的想象力也随之增长，于是他们为那些传奇添加了更多的细节，着上了更加纷繁的色彩，也增添了更多的对国家的虚饰浮夸。

因此阿伽门农，这位希腊本土的统帅，绝不甘心困囿于迈锡尼这个小城堡中，他通过这些晚期的满腔热情的爱国的史诗诗人，隐秘地在阿哥斯山脉中建造并扩张有着帝国般规模的权势。为了发展更成熟的特性，他在希腊人和特洛伊人之间、在希腊人和野蛮人之间、在西方和东方人之间，发起了一次次事关荣誉与国家的战争。

特洛伊的历史

诗人们在对特洛伊战争的叙述中增添了许多神话的虚构细节，但这描述仍然毫无疑问地反映了真实的历史——亚加亚人与伊奥利亚移民间曾有的激烈冲突，以及特洛伊人曾在特洛阿斯定居。《伊利亚特》，因其呈现出的文本而常被认为是绝佳的作品，只有天才能够写得出，但《伊利亚特》其实是诗人在对旧材料进行引用、改写、充实以及对新材料进行填充后的基础上，将两者结合而成的。

它并没有免于细节前后不一致及关注点偶尔偏差等失误。贺拉斯曾说："智者千虑，必有一失。"虽然荷马也有过失误，但他从未偏离预定的方向。

《奥德赛》应形成于《伊利亚特》最终定型后的较晚的时代。《奥德赛》中描写的游记反映了同样有着亚加亚血统的人在激动人心的冲突中取胜的经历。那个时候，他们正在地中海沿岸与腓尼基商人进行着激烈的竞争，想要取代腓尼基商人的海上霸主地位。《奥德赛》所叙述的故事与《伊利亚特》完全不同，但《伊利亚特》中记载的故事是使《奥德赛》得以展开的前提。

《奥德赛》不再是一个关于战争和围城的故事，而是一个以一位英勇的水手为中心的充满冒险与谋略斗争的传奇。故事中蕴藏着无限未知与奇异的隧道，恐怖的海难，拥有可怕摧毁力量的风浪，还有那诡异的怪物、巫婆、巨人，加上与海盗的亲密接触、对处女地的冒险探索，以及在地球的边缘和地下世界的探险……《奥德赛》描写的都是这类人们闻所未闻的世界奇景。它为辛德巴（Sindbad）的冒险提供了原型，也为格列佛和闵希豪森的创作开辟了道路。它为后来的诗歌提供了食莲族和海妖塞壬这样的素材，给语言增添了关于海妖塞壬和卡律布狄斯的谚语，同时也给我们的童话书添加了一些令人着迷的人物。作为对英雄经历煎熬考验后的一种宽慰，《奥德赛》也描绘了乡村生活中的快乐与美好，塑造了一位堪称所有文学作品中最忠实的妻子的高贵形象。

《奥德赛》的结构

奥德赛戏剧性的结构一直为人们所推崇。英雄的出场被推迟，为了剧情的进一步发展，介绍了他虽可爱却在某些程度上无用的儿子特勒马库斯，还有一些在《伊利亚特》中人们非常熟悉的人物：内斯托、海伦和墨涅拉俄斯。他们被输送到卡利普索岛，在那里发现奥德赛在管束下焦躁恼怒。接着是回家途中波塞冬的愤怒、海难以及陆地上的拯救。然后场景转换到他们国王的光辉法庭，在那里奥德赛报告了抵达过程中的冒险。在菲埃克斯，他遇到了希腊文学中最漂亮、最容光焕发的女性化的人物。没有什么比对这个人怒火爆发时的描写更能够显示出荷马和维吉尔的区别。奥德赛的这一部分是非常有趣和重要的，因为它代表着传统和英雄行为的方式。

后半个故事起源于费阿克斯人将奥德修斯背回了家。他乔装成一个乞丐，遭遇了一连串的事情，他们巧妙而老练地在希腊舞台上表演，充分发挥了讽刺性的戏剧效果。他将自己暴露给忒勒玛科斯，接着他的老狗阿哥斯认出了他，场面极其悲怆。最终，在淋漓尽致地表演发挥过后，原告遭到屠杀，丈夫将自己的身份告知妻子，又告诉了他年迈的父亲——一系列接踵而来的错误。但是他们只是在故事中表达了对史诗的喜爱之情，观众非常渴望故事能够有后续版本。

荷马诗歌的起源

希腊人喜欢叙述他们的伟人，但是他们却讲不出荷马。后来的传说中说他生活极为贫乏，几乎不受亚历山大学者们的尊重。他的失明经常被希腊和马其顿村的流行诗人所谈及。在那不勒斯博物馆里，荷马那著名的半身像被雕塑得极其美丽。七座城市骄傲地宣称那里才是他的出生地——几乎都是在小亚细亚海滨或邻近的岛屿。事实是，我们从诗歌的语言中得证，作者是爱奥尼亚的希腊人，诗歌在那个海岸上风行一时，吟诵史诗的人在那里漫游并将它们带到了陆地。他们将诗歌写下来时，这些诗歌还不为人所知。

尽管希腊人早在公元前9世纪，也许时间还要更久远——事实上，荷马曾经记录过此事——在基督徒以前就知道如何写诗，但在早期诗歌的传播中，记载的都是无关紧要的部分。直到公元前6世纪，在雅典的暴君皮西斯特拉妥的带领下，他们聚集在一起，清楚地记下诗歌的形式，我们才看到这些诗歌。从公元前6世纪到公元前3世纪，雅典人决心掌管这些诗歌的监护权，最终这些诗歌被转到亚历山大的手中。他精心准备，对这些诗歌进行了编辑注释，并将它们分开成“书”，每二十四首为一本书，于是它们就成了现在我们看到的模样。

罗马人孜孜不倦地在诗歌中学习着。和罗马修辞学家昆提连，还有柏拉图一样，荷马是修辞的奠定人。西方世界在中世纪便更频繁地依赖于罗马特洛伊故事的版本。但是在文艺复兴时期，荷马就几乎立刻蹿到了好似古人首领的位置，他受到了所有受过教育的人的喜爱。

但　丁

查尔斯·霍尔·格兰金特

阿利盖利·但丁（1265—1321年）被恰如其分地称作中世纪文学的最高阐释者。我们发现但丁比其他任何一个作家，不论是古代的还是现代的，都更能完整地体现出那个伟大时代的精神。对于有实力的建筑家、神学家，以及坚定的、激进的信仰者来说，这是一个新纪元。这个时代产生了一些壮观的大教堂，产生了“百科全书式的十字架神学”，还有十字军东征，以及圣伯纳德、圣多米尼克、圣弗朗西斯。实质上，但丁“牧师”的名号被广泛认为与他的 “喜剧”相关，而且他在建筑学上的天赋，也显然使得他的诗歌必然暗示一个巨大的哥特式大教堂。他那个时代的人们，从公民到教皇——多样化的对称并没有掩盖他的构想的轮廓。

《神曲》的计划

这部《神曲》讲述了一个罪恶的灵魂，怎样历经悔过、沉思和惩戒，最终升入纯净的天国得以看到上帝的整个历程。诗人谈到他在邪恶中迷失的感觉并试图从中逃避，却徒劳无功。因仁慈而感动，这种动机带领他一步一步完全理解了邪恶、所有的丑陋和愚蠢，他最终与这些行为背道而驰。他的下一个责任是通过忏悔净化他的灵魂，直到罪恶逐步地修复。启示者指引着但丁，将他升到天国，越升越高，最终到达了他的造物主那里。这一切以旅行的方式被象征性地展现，在维吉尔然后是比阿特丽斯的指引下，但丁通过《地狱》的王国，升到孤零零的《炼狱》山脉、伊甸园，再从那里辗转到达《天堂》。

中世纪世界的观点

在中世纪，人们普遍认为，我们的地球是一个固体的、静止的球体，周围环绕着空气和火，是物质世界的中心。共有九重连续相接的天，像贝壳状的实心圆球体，承载着地球、月球、行星以及恒星，它们共同构成了自然。在这物质的宇宙之外是纯精神的天堂、无处不在的上帝、天使。天使和神的侍者指挥着天体的运行，并塑造了下面的物质存在和人类。地球表面一多半被水覆盖；在陆地上是以耶路撒冷为中心、呈三叶形分布着欧洲、亚洲和非洲。基督世界由两个巨大的力量所统治，一个是神权，一个是世俗政权，两者最终决定于神：教宗和帝国分别由基督和恺撒所创立。邪恶的野心让他们陷入了彼此之间的冲突之中。

尽管古代史以及经典文学和艺术都是宝贵的财富，但是它们却不为人所知。这是因为历史的感知力和发展的理念并未彰显。对于中世纪的思想，所罗门、亚历山大、恺撒、查理曼大帝都非常相似。罗马异教徒的作者中，最值得注意的幸存者是维吉尔、奥维德、卢坎、斯塔提乌斯、西塞罗和李维。至于波埃修斯和奥古斯丁，以及跟随他们的学者和神学者，这些人应该被称为基督徒。希腊人迷失了，但是一身拉丁装束的亚里士多德在13世纪欧洲人的思想中占了支配地位，而柏拉图主义在奥古斯丁的学说中已经有了说服力。

学习但丁的文学特征

学习但丁那个年代所拥有的大部分东西已是无用：如阿尔贝图·马格纳斯的科学，亚里士多德的哲学，托马斯·阿奎那的神学，那个时代拉丁文学的片段。但我们仍然需要学习但丁。在《神曲》中，在他未完成的作品《宴会》中，但丁以评论的方式，将自己关于文学的见解表达出来。他写了一篇论文——《论世界帝国》，叙述了国家与教堂的关系，探讨诗歌的形式和意大利语在诗歌中的用法，并称之为“论俗语”。他将论文当成一篇训诫演讲稿，名为“提问辩难”，辩论了一个关于自然地理学的奇怪问题。尽管他的见识、想法和兴趣限于他所在的那个时代，但其部分性质使得他在同时代的人中鹤立鸡群：他有同彼特拉克同样强烈的感情和个性；与乔叟和薄伽丘一样具有清晰的远见，拥有生动且具有戏剧性的天赋；此外，没有人像他那样有着对狂野自然的艺术感受、惊人的想象力、简洁的语言以及语言的暗示力。在语言上，他远远高于前辈和同时代的人，那么栩栩如生，那么丰富的词汇，自古代经典以来还从未被构思过。在他之前，牧师式的拉丁语已经成为正式演讲中的常规措辞了。他在《圣餐》中使用更加浅显易懂的语言阐明哲学和宗教，这是一个大胆的创新。特别是在他自己的国家，这是遭到鄙视的。意大利语文学作品在14世纪之前是相对贫乏的。

中世纪的时尚文学

法国北部在很久以前就演绎过辉煌的叙述诗歌：战争的史诗和威严的传奇，国王和封建领主的歌集，骑士的冒险诗集（特别是那些圆桌骑士）。除了礼拜仪式《马洛里》的演讲，仪式已经发展成了戏剧。由于长期熟悉古代诗歌和圣文的阐释，象征手法已经进入到艺术创造的领域，由此在13世纪产生了像《玫瑰传奇》这样令人瞩目的著作。讽刺文学在诗歌中结合了寻求爱的讽刺寓言，在《列那狐传奇》故事中，长诗分27组，每组包含若干个小故事，被称为故事诗。很多这类文学作品都已传入意大利以及欧洲其他国家。典雅的爱情抒情诗不亚于法国北方史诗，而且在世界上很有影响力。这样的诗歌在法国南部十分盛行、十分精巧而且具有艺术效果；在12世纪和13世纪里，许多意大利宫廷广为传唱，争相模仿。然而，直到腓特烈一世，我们才在意大利人的声音中发现相同的诗歌曲调。这位伟大的君主聚合了一伙聪明的、模仿爱情诗歌的西西里岛诗人。在托斯卡纳，一群平凡却有独创性、创造抒情诗的诗人和大多数普罗旺斯紧密的仿效者，将地方语言使用得淋漓尽致。在博洛尼亚著名的大学城——这里居住着但丁所称的“大师”奇诺·魁尼柴理——新的艺术家也开始于13世纪中期接受这种时尚文学教育。

但丁对于爱的概念

但丁所称的“大师”奇诺·魁尼柴理创立了一个爱情学说，在一个爱情学说里，爱情是一个人内心独处时“温和”的归属。它一直处于睡眠状态，直到由一个相称的物体唤醒这股活力。女人意识到这种“温和”的爱情一定是一个天使般自然的象征，或“神圣的智慧”。在魁尼柴理之后的一代，这一学说由一个有天赋的作家发扬开来，他将诗学的时尚传播到佛罗伦萨。这是个繁忙的商业城镇，位于繁荣的、野心勃勃的、充满嫉妒的、喜好争辩的意大利。这个文学团体的成员有吉多·卡瓦尔康蒂，以及但丁本人。可以肯定的是，在但丁的作品中存在着一个较新的、关于爱的概念：在他甜美的诗歌中，有一位年轻的女性为他丧失亲人而面露忧伤。她还出现在他的赞美诗和民谣中。在那充满激情和美丽的歌曲中，她担心着一位名叫皮尔的年轻人。在但丁描写女性哲学的《合组歌》中，我们可以发现将爱情形式用作寓言的完美的例证。为了对新观点进行更具文学性的表达，我们必须关注那些被理想女性贝采特丽斯所激发的文章。几年后，在他心爱的人死去之后，但丁选取了表现贝采特丽斯影响他内心生活的一系列诗歌，并对这些诗歌进行了散文式的解释——这就是《新生》。

约翰·弥尔顿的诗歌

欧内斯特·伯恩鲍姆

尽管我们大多数人都承认弥尔顿代表着英文诗歌所达到的最高水平，由于他的崇高，我们可能会怀着一种由于难以企及而产生的敬畏之情去仰视他——他在青春年少时所写的小诗的魅力或许能被毫不费力地感受到——但是，喜爱弥尔顿是件困难的事，他行文艰涩，选词和句式奇特。我们记得拜伦很蔑视弥尔顿的天使和天使所卷入的谬论，于是我们领悟到他的神学一定很枯燥或是令人困惑。我们翻开《失乐园》的任何一页，总会看见我们不熟悉的短语和引喻（典故）。习惯于从震撼、稀奇古怪、与众不同中轻易得到快乐的我们，不会立即被一种具有庄严和约束力的艺术所吸引。用约翰逊博士的话说，“我们抛弃我们的主人然后去寻找同伴”。一位著名的美国图书馆馆长拒绝建议阅读《失乐园》，一条后现代的评论声称发现了最终足以毁灭诗人长期以来形成的声誉的“新的文学评价标准”；而一些正派的文学杂志实际上则认为有必要去捍卫那似乎已经不朽的声誉。

弥尔顿不朽的著作

尽管他的神学和道德观念陈旧，说话方式怪异，他的个性也拒人于千里之外，但在散文和诗歌方面他还是一个伟大的艺术家。弥尔顿的伟大特别产生于以下三个来源：想象力的力量、诗歌的和谐，以及他的思想的真理性。这三点中的每一个对读者而言都是显而易见的。为了增加对弥尔顿在《失乐园》《复乐园》《力士参孙》甚至是《圣诞颂歌》中的令人震惊的想象力的理解，在阅读这些作品之前应该去读一下《圣经》，在每篇文章中可以简短地归纳诗人所写的主题的大纲。

几乎不必说，《圣经》中的故事（如亚当和夏娃）有着合乎自己风格的、自然而深深打动人心的美。如果人们对含有《圣经》的一些章节暂时放下，跟上了这部伟大的叙事诗的进程，他就会意识到弥尔顿有着多么卓越的想象力。他扩大了我们过去的、久远的以及看不见的观念。他揭示的是我们见所未见、闻所未闻的王国、武力以及精神。只要读一读参孙，或者基督的诱惑，虽然刻画人物性格的笔墨少之又少，但是这些人物却非常生动形象，由这些笔墨中，你会感受到弥尔顿在《力士参孙》和《复乐园》中渗透进英雄、上帝和魔鬼的想象力。

默读弥尔顿的无韵诗会阻碍你欣赏其中真正的音乐美，显然这种方式会使它看起来像是以奇异的方式书写而成的散文。这位诗人大声说出最多的、最好的东西，而它们也应当被大声朗读出来。只有那样，沉睡在我们体内的艺术感才能得以激发，对最具气势的、产生于英语语言本身中的节奏和音响做出回应。以不同程度和无穷的能量，冲击我们的心灵，奔腾于我们的情感之中。眼下我们即将接受那些巧妙地灌输于人的高尚的思想，因为这个声音已经将我们提升到一种超越于一般状态之上的崇高心境之中。感受到弥尔顿的艺术力量的人已经以坚定的步伐朝着文学迈进，其后他不会再轻易地被任何想象上无说服力或奇异的东西所左右；他的耳朵，习惯了聆听大师的“庄重风格”，反而不再乐于读那些浅薄或粗糙的作品。

先知弥尔顿

将弥尔顿说成艾赛亚，象征这个伟大的艺术家犹如先知一般。这已经是陈词滥调了。但是显然，弥尔顿发挥他在写诗上的才能，不仅仅是为了追寻其带来的快乐，更是为了彰显自己的思想。《失乐园》诚然是他的主题思想最完全的表达，但却和《复乐园》一起错误地被人们推介为代表作。这两部作品无疑极好地显示了他的艺术才能，但并不是他的突出思想。事实上，将眼光只限于这两本书必然会导致对他的误解。弥尔顿的思想散落于他的所有重要作品中。上述提到的两本书讲述的都是堕落的天使，因而我们一直抱着错误的观点，认为撒旦是《失乐园》中的英雄，而诗人的兴趣所在是叛乱。在今天，当我们相信魔鬼微弱的时候，是受到了弥尔顿所表达的主题（他的天赋致力于此）的影响，尽管十分生动，但是只提供给我们一点道德意义。所以这导致了可悲的结果：他只有作为艺术家才被人们欣赏；殊不知他是个语言大师，言词直达人们的内心深处。

《失乐园》的主题

弥尔顿所要表达的主旨不在于撒旦，甚至也不是上帝和天使，而在于人类。不仅《失乐园》的开篇就表明了“人类的违抗”这一主题，而且贯穿于史诗中的人的命运也成了对宇宙一切创造物的争论之一。弥尔顿不是从撒旦密谋反对上帝，而是从失败的魔鬼想通过报复人间——以后的居住者来报仇，开始叙述故事的。在那个新的世界里，人类神圣地成为上帝，而上帝自己退而注入人们的精神世界中。这是为了警示天堂的叛乱与人类的堕落有关。在书的中间部分我们也可以看到人性的光辉和人性的软弱。最后，人类未来的历史由亚当延续了下来，这样与其说是为了表现上帝的绝对权力或是撒旦憎恶的无效，不如说是为了确保上帝对他的子民永恒的爱。简要地说，他的主旨不是神学的而是宗教的——不是表现上帝或撒旦的天性，而是体现我们自身善的力量和恶的力量的相互关联。诗人还能够再谈论一个更为引人注目而激发人们永恒兴趣的问题吗？如果读者将注意力集中在失乐园中的人，就会按照诗人所做的去做，即使他不理解其中的一些细节，也可以掌握弥尔顿的本质思想。天堂和地狱的描述，可能和读者关于极乐与痛苦的看法不完全一致，但他总是作为人站在人文主义、人道主义的立场上来看待问题。

弥尔顿对人类本性的观点

没有一位诗人，甚至连莎士比亚都不能像他那样将人类伟大的才能看得如此高贵。对于弥尔顿来说，人不是命运的玩偶，也不是环境的奴隶（即使在理想的环境下，亚当和夏娃也能犯错），而是不受约束的命运的主人，上帝赋予他自由的意志，他对可以充分发挥这种自由感兴趣。

也没有一位诗人能够如此反思人类对于诱惑所应该承担的责任。人们处于兴奋状态时，深切地觉察到不断出现的危险，如果人们不以其自由的意志摆脱一切世俗的诱惑，甚至是最具诱惑性的事物，就会因其对灵性律法不忠而受到惩罚。这种惩罚不仅会落在自己身上，还会牵连无辜的后代。严重的道德困境在科马斯的少女、亚当和夏娃、《复乐园》中的救世主，以及参孙那里都无一例外，但是这正反映了人们生活中每时每刻的真实状况。这里拥有优秀的机会，那里存在致命的危险，而决定权完全在他自己的手中。我们无须恐惧，无须放声痛哭以得到拯救，在世俗烦恼之中坚持自主与独立，在上帝面前保持沉着而谦逊的态度——这些都是美德，且最终能够解救我们。

弥尔顿的这些观点，提醒着我们力量的源泉。在他的诗歌《圣诞清晨歌》中，他渴望听到天堂的声音，赞美神圣的真理，而多数凡人的耳朵对真理都是充耳不闻的。从出生到死去，充斥着凡人间的喧嚣骚乱，但他却留神倾听上帝的旨意。由于受到神灵的启示，他让投靠他的人也获得了新生，给予他们一颗勇敢的心，一个宁静的心灵，一个再度觉醒的良心。

华兹华斯悲痛地疾呼道：“弥尔顿，你应该活在此刻！”以后世世代代的追随者都附和并同样怀有此种情感。怀疑论者也许会质疑弥尔顿的部分学说，但是他们不会轻易地动摇其中心点，因为那已深深烙进执拗的英国人心中。人类的统治以及谨慎服从上帝严肃的旨意才是自由的理念，这极具弥尔顿的精神。与他谈心，能够获得爱国主义的启迪，也能获得宗教的顿悟与诗歌的文化。

英国诗集

卡尔顿·诺伊斯

诗歌的精髓十分真实却又令人难以捉摸，就像艾莉尔会以多种形式现身。正如概述中所表明的，一首诗歌形成的目的既是叙事者的兴趣，也是抒情诗人的心绪。差异并不影响诗歌的特性，然而，为了更好地理解一首诗歌，就需要对诗歌的表述方法、创作动机有所了解。

诗歌的种类

诗歌以叙事的形式体现，诗歌中人物的活动、事件和故事背景是诗歌的重要构成。当一首诗歌中有宏大的故事背景，人物活动又是大规模的，人物又足够显赫而重要，此时它就变成了一部史诗。史诗也许相对原始且忠实，比如《伊利亚特》《奥德赛》《贝奥武夫》或《尼伯龙根之歌》。同样在早期黄金时代叙述英雄的功绩，如果诗人有独具特色的创作灵感，整个诗篇就会呈现出一种独到的魅力，比如维吉尔的《旖旎》。再或者，颂赞一个崇高的主题，也许是诗人自己对世界独到的阐释，比如但丁和弥尔顿。比史诗小的诗歌，如叙事诗、民歌、浪漫诗和传奇故事，涵盖了大千世界的冒险和不同命运的所有故事。

记叙文先于其他文体形式产生，而抒情诗歌是自然而然产生的，不得不再提一次，它的范围是无限的。一首诗在本质上聚集一个简单的小情景，情感本身就能以田园诗的风格简略而优美地叙述出来。站在更为广阔的范围想象，一首乡村生活诗歌，既真实又虚幻，就能成为一首田园诗。人们用挽歌表达悲痛。如果情感混合理智的元素，甚至智慧和讽刺都在诗意表达的范围内，就是讽刺短诗。

诗歌如果没有诗意，那就是说教。尽管诗歌和所有的艺术一样，其真正的用途不是说教，而是阐述生命的美好、触动心灵、点亮人类的生命力，然而一首诗歌也许也会吐露一些道德观念，如华兹华斯所写的《责任赋》：

严厉的立法者！你仍然是显现在
上帝头脑中最仁慈的恩惠；
我们不知道有任何东西能像你的脸
露出的微笑那样美：
在你的跟前盛开出朵朵鲜花，
你的香径弥漫芬芳，铺满光华；
你是保护者，抵御邪恶；
而最古老的天国，通过你，仍然有力而新鲜清澈。

——华兹华斯

除了兴趣之外，人类会本能地逐步发展自己的个性，渐渐形成一种特殊的文体，称之为戏剧。诗人借由不同的人物将自己的感情和观点具体化。他不再为自己代言，他赋予自己所创作和观察到的人物独立的生命个体。当然叙述的欲望仍然很强烈，戏剧家在表演中展示剧中的角色，但是允许他们依照本性表达自己内心的情感。在戏剧中，诗人自己的“生命的批判”比直接表达更具暗示性。戏剧作为一种文体，其本身就自成一家。至于它的诗意，从本质上来说和其他种类的诗歌没有不同，同样的，它也如实地展现了诗歌的精髓。

主题和形式上的区别尽管有许多且各式各样，但是它们并不是在强调自身。也许我们能够将它们大体分类，但是它们走向重叠并混合的趋势是无法改变的。叙事诗相比抒情诗有另外一种趣味，但是它也许会为抒情诗的热情所触动。戏剧不同于这两种诗歌。然而，对于诗歌的喜爱、构想以及将它们正确分类其实并不重要，分类只便于博物馆整理。诗歌是一种精神，一种活跃存在的能量。我们不能将它限制于一种定义中。诗歌需要我们迎合响应它。

在本质和效果上，诗歌是一种经历的诠释。一首诗歌汇集了诗人的激情、领悟和他在这个世界上拥有的东西，并以优美而含义隽永的方式表达出来。但是，即便一首诗歌凝聚了某一个人的思想和感觉，我们也领悟不了诗人独特的性格，无法领会他在诗歌中所赋予的力量。诗人本身是一个道具，他道出了所有人类的心声。因此，对我们而言，我们通过虚构的同情心进入到他的思想和情感中，我们在自己的想象中重新塑造了他的经历。我们发现，诗歌首先叙述的是我们切身的利益，它所呼吁的内容有赖于我们自己的知识和情感。我们读懂它是因为它表达的东西是我们的感受，尽管这种感受很模糊。因此，它解释了我们现在的命运，增强了它的特性，并用缠结的线编织成一个令人满意的图案。诗歌吸引了我们，紧紧抓住我们的内心。诗歌在某种程度上已经是我们自己的经历，让我们进入到更丰富的世界，还帮助我们眺望得更远。我们终于以自己的方式创造了诗歌，这是有史以来最伟大的事物，它是启示，是更深更远的洞察力，是未经探测的情感。这样的诗歌强迫我们体会它自己的禀性和情绪。它不仅是种启示，还是一种创作。这是生命中其他普通事物所无法企及的，它为我们的精神财富建立了一个全新的世界。

如果我们尝试通过一首诗歌的质量和价值来寻找一个标准，我们会发现它十分符合我们的需要。但是我们必须确信，这种需要是真实的，而不是一个短暂而又反复无常的需要。它该是我们无限生命中本质深刻的一部分。那首诗歌对我们来说是真实的，是迄今为止最完美的，能够向我们揭示美好及实质意义的。它可以支撑并滋养我们，支持我们成长，但是也要有一个客观的标准。这首先建立在所有诗人真挚的感情基础上。诗歌这个词是不是精确地测量出了我们意欲表达的情感？若不以情感为首要，不以真实为目的，所有形式的魅力都无法长久。然而，对于这种诚挚，我们得说，最伟大的诗歌积聚了它自己最真实的东西，揭露了生命中最深刻的东西，充满了最真挚的情感，与最合理的表达力相匹配。

诗歌拥有音乐的魅力，还有那无尽的想象力，让悠闲的时刻充满了乐趣。如果能捕捉到它更深的含义，它也许就会成为最严肃的生命追求。诗意地看待这个世界，世界就充满美好。尽管安宁的精神世界对自然美和艺术带有消极的满足感，然而诗意地阐述生命与道德上的努力并不矛盾，甚至对它是一种刺激，燃起我们的热情，让我们知道要做些什么。诗歌带来的启示是，它是传递我们无尽快乐的桥梁，它带领我们进入一个更加美丽的世界，它带着我们更深远、更真实地体会到事物的意义，它拓宽了我们的精神视野。我们看得更远，感受更加真切，我们能够更充分地理解生活在整个世界中的意义。

因此，读诗有助于整理经验，在现实中期待理想。这是诗人的权利，具想象的天赋，能够识别理想，并通过创造诗句将诗歌带到温暖而鲜明的现实中。诗人在体验中灌输和谐，我们也许会用它连接自己破碎的成果。诗人揭露了我们盲目目的的真正含义，为我们指明方向，还将自己暴露给我们。作为诗人，他为我们阐释伟大的计划，这是注定更美丽和智慧的东西。实际上，真正的诗歌鉴赏是与大地上伟大的灵魂恳谈。在它们的战争和掠夺中，我们读出了自己的努力和内心的渴望。

然而，没有诗人的引领，我们有可能会错过那些美丽而富有意义的东西。对于诗人来说，永远没有“终点”这一词。鉴赏诗歌没有止境，诗歌自身的意义也无终止。它将我们送回到生活中，让我们更深刻地体会这个世界。根据广泛的主题和多种形式，它带给我们经历中的那些伟大时刻。

而且它会让人熟悉这些时刻，将它完全变成我们自己的感受。如果我们理解了诗歌，就一定会爱上它，因此，欣赏是一个需要训练和发展的过程。但是我们从诗歌中领悟到它最深最终的含义后，我们就会依赖于它。尽管它拥有这样安慰人的力量，它能够支撑、鼓舞我们，但是诗歌不能取代生活，它不是避难所。可以说，它对丰富的生活是种挑战。为了达到那个目的，诗歌既是一名领导者，也是一个支持者。

诗歌是一种成果、一种承诺。它永不枯竭，流芳百世。诗歌的精神是要征服新生的美丽与真理。同样的，诗歌不受限制，我们也许要自己去理解它。

> 今天拂晓以前，
>
> 我爬到一座小山上，望着那拥挤不堪的天空。
>
> 于是我对我的精神说：
>
> 当我们得到了这些星球和其中的一切快乐和知识的时候，我们将会以为满足了吗？
>
> 但我的精神回答说：不，我们将越过那些，继续向更远的地方前进。
>
> ——沃尔特·惠特曼

自然科学篇

Natural Science

简　　介

劳伦斯·约瑟夫·亨德森

自然科学在人类各项伟大成就中属于最新的一种。人类其他重大文明成就完全成熟的时间距今已较为久远，许多人类智慧的艺术结晶，比如文学与艺术，经过几个世纪的发展，已经成为人类普遍拥有的财富。即使是音乐这一最现代的艺术形式也已不再年轻。而科学直到19世纪才开始走向成熟，逐渐在人类重塑自身生活环境过程中发挥或好或坏的巨大作用。即使在科学时代开始几十年后的今天，农业、交通、信息、食物、衣服以及住所，甚至生、老、病、死等人类所有实实在在的生活经验和活动，都与以前大不相同，乃至人类赖以生存的地球本身，都在发生着以前难以想象的变化。

同时，这些由科学导致的变化，将科学自身的更新换代和哲学的演变紧密联系起来，并引导着宗教思想的潮流。需要再次强调的是，科学所带来的，既有欣欣向荣的积极作用，也有反动落后的消极影响，但无论哪一种变化都是巨大而深远的。而其中最精彩的部分当属自然知识的积累，这是所有变化的源泉。更深刻而完整的变化来自对自然的认识：万物接受物竞天择，面对自然的挑选、衡量、计算、分析与归类。随着知识更替和规律的显现，并经过试验和数学分析的验证，直到实证知识最终能够解释万物起源外的几乎所有现象，人类面前已经没有模糊不清或完全一无所知的知识时，科学也就真正成熟了。

一定程度上说，科学的历史及其对文明的影响是最简单的，这是因为在不可估量的自然力量面前，它并不复杂。科学源于人类对自然的热情及其个人兴趣，并成为人类文明历史上最具魅力且最有难度的主要部分。

科学因这些心理因素而产生，而它的历史其实更接近人类自然历史的部分。在人类近代发展历史中，科学与自然环境斗争息息相关，与人类战胜自然所需的毅力以及得力的工具有关，还和人类在积累知识的过程中所形成的知识结构有关。

人类学

人类的生活和物质世界联系在一起，比如食物以及服务的生产与分配、房屋住所的建设，用以为人类驱寒、避风挡雨。

所有人类的高级活动均依赖于这些基础活动的顺利完成。因此随着人类对这个世界的深入认识，科学进步通常指人类控制环境迈出的每一步，直到更好地进行物质生产与建设以及商品分配。这些进步或许不是人类内心最期盼的，却是人类无论如何都不可或缺的。

人类战胜自然的许多突出成就均完成于史前，这是由智力低下的原始人类逐渐丰富的自然生活经验再加上一些好运带来的。

因此人们开始将泥土装满篮子，再小心翼翼地烤干后铸成了陶瓷。后来人们把圆木进行一系列修理，加之一些小发明创造，造成一艘不错的小船或独木舟。

索福克勒斯在著名的《安提戈涅》合唱中赞颂了这项了不起的成就：

生活的方式万万千千，

几多精彩，几多奇妙，
都没有人类的表演——
更精彩，更奇妙。
迎着凛冽的寒风，
他，迎风破浪，
风起云涌，砥砺前行，
前方迎接他的
是古代地球上的所有神灵，
不朽的，永生的。
他，继续披荆斩棘，
疾驰蹚出一条路，
日复一日，年复一年。

鸟群毫无头绪地乱飞，
野兽在原野漫无目的地乱撞，
鱼在大海深处游来游去，
他诱捕，他收网，
一一收入囊中。
人类攻于技艺，
精于艺术，
猛兽是人类网下之物，
汹涌的波浪，辽阔的原野，高耸的山峰；
为马匹套上耕具，
或把公牛赶上山峰，
没有不可驯服的。

演讲犀利，思维敏捷，迅疾如风，
心平气和只为更好地生活，

他学会这些，学会了逃跑，
从寒冷与霜冻中逃跑，
在暴风骤雨中逃跑。
无所不能的人类啊！

许多人总把这当作人类自豪的终极表达，即对人类战胜自然获得文明的自豪。但当我们在为原始人类取得的成就称道时，不能忘记这种成就与文明世界人类其他成就之间存在的极其重要的区别。事实上，这是史前著作及活动与所有伟大科学成就的区别。人类早期的成就很奇特，比如驯养动物，以及我们现在再熟悉不过的人类对于火的使用。不管是驯养的动物，还是火，都是自己出现的。实际上它们的确是偶然发生的，并未促进其他东西的产生。人类顺其自然地生活，静待事情发生，完全依靠该事物本身的独创性，没有新的发现或发明的方法；人类所掌握的知识还不系统，没有经验的累积，而且每一项发明，除了发挥自身功用外，无法产生其他关联的成果。巴斯德的自然界微生物空间又有什么不同呢？由于这项发现，忽然之间，人类及其他动物最严重病症发生的原因一目了然了，接着人类就发现了预防以及治疗疾病的方法，甚至还能搞清楚历史上曾经发生过的古老灾难的根源，这些成果的最终成就就是医药的发明。

如果再算上在化学和农业上取得的成果的话，巴斯德也已经影响到了现代文明社会的每一个人。

很明显，人类早期的实践知识成就并未与自然科学相互混淆。

他们属于人类发展的某个阶段，并为人类学家所关注，而我们在此论述它的原因在于帮助我们理解科学到底是什么。

古代科学

事实上只有极少数真正的科学存在于人类历史的早期，例如人类对黄道以及天文学知识的记载，在此基础上历法或多或少得到完善；又例如三角形属性的相关知识，在帮助人们调查尼罗河洪水方面发挥了作用。

希腊哲学家也为这为数不多的古代科学做出了贡献，希腊的天才及其思想导致人类对通过观察与试验进行无辅助计算的方法过于自信，结果希腊最鼎盛时期并不是古代科学最辉煌的时期。可以肯定的是，亚里士多德及其学生泰奥弗拉斯托斯在动物学、植物学以及岩石学上做出了巨大贡献；但他们却在以语言清晰精确的概念（而非以现象）为基础的模糊理论科学方面偏离了方向。

培根说：“上等阶级（理性哲学学派）最显著的代表人物就是亚里士多德，他运用逻辑思维曲解了自然哲学：他对世界进行了错误的分类，将其归入人类灵魂——世上最高尚的存在。”亚里士多德总是热情地解答问题，并从语言上肯定事情的积极面而忽略其内在本质，结果与其他希腊哲学学派相比，他的哲学因追求“最好”而最终失败。

阿那克萨戈拉的原子唯物论、留基波与德谟克里特的原子唯物论、巴门尼德的天地学说、恩培多克勒论冲突与友谊、赫拉克利特关于身体是怎样分解成客观物质后再重塑成固体的学说……他们所有人都对自然哲学有所涉猎——有对物质、经验以及身体本质的观点。无论如何，亚里士多德的物理学中只有逻辑思辨，没有其他内容；同样，在他的《形而上学》著作中也是如此，徒有一个冠冕堂皇的名字。作为一名现实主义者而非唯名论者，他没有依赖经验以形成完整的学说，而是以主观的想法界定问题。当他以主观界定问题时，他又诉诸经验了，且与以前的观点并无两样。这导致他顺从这个过程，以至于他将比现代那些完全舍弃经验的追随者更加内疚。

不久，当亚历山大大帝成为希腊世界的中心时，形而上学的缺陷就变得更为明显了，积极科学开始回归。经过1 000年发展的人类，尤其是阿利斯塔克、埃拉托色尼、希帕克斯、欧几里得、英雄以及托勒密，在亚历山大时期废寝忘食。他们真正应用科学的方法，收集天文学、几何学、三角学、光学、热学甚至解剖学方面有价值的事实信息。这个时期最杰出的古代科学著作是由阿基米德在锡拉库扎创作的，这部著作创立了静力科学。

根据迪斯雷利的定义，罗马人比较注重实务，重蹈了先辈们曾经犯过的错误，对科学进步的推动作用极其有限。而当黑暗时代限制了所有学术活动，与当时他们的其他领域相比，人类所取得的科学成就就显得微乎其微了。

但可以明确的是，真正的古代科学以及真正的科学方法已正式建立起来。对古代世界的错误解读，古代并没有中世纪的那么多，而人们过于重视亚里士多德的思想，导致文艺复兴后第一个世纪科学的倒退（另一方面，不可否认的是，如果古代科学，比如阿基米德的力学研究、欧几里得的几何学、亚里士多德的动物学，能够对我们今天所知的科学方法特征给出最佳解释的话，那么几乎所有现代科学研究结果、人类生活及其文明的修正在古代都不可能存在。）

古代科学在很多方面都是无法传承的，现代科学才是当今社会进步的主要动力。

现代科学的兴起

直到公元17世纪，现代科学才取得长足进步。就像古代一样，人类的思想再次徘徊于理智与想象之间。在再次全心投入于严肃科学之前，产生了许多学科领域的天才指导著作，并一直沿用至今，甚至永远不会过时。

无可置疑地，列奥纳多·达·芬奇博学多才，他研究出机械难题的解决方法，并耐心完成了解剖学研究，而事实上他在每个领域几乎都有建树。

他对事物现象与行为的洞察力尤为出众，他在这方面的造诣似乎并不比在艺术方面逊色——他的艺术作品仍然无懈可击。

在伽利略之前出现的两位现代科学家也是极其重要的，他们是哥白尼与维萨里。尽管哥白尼的著作在其去世前才与世人见面，它未能提供出日心说的证据，甚至在当时并未深刻影响人们的思想。

维萨里专注于解剖学研究，虽然这门学科从未对人类文明的各方面产生过广泛的影响。

16世纪乃至更早的时期，致力于将自然科学应用于工业领域的学者很多，但长久以来，传统观念、信仰权威、迷信占星术与炼金术等伪科学的思潮“成功”阻碍了知识的进步。但无论如何，因为哥白尼，这些被奉为金科玉律的理论受到极大的冲击。到公元1600年，焦尔达诺·布鲁诺被烧死时，这一日心说，不论在其直接听众面前，还是作为人类智慧自由力量的解说，都更加深入人心——对多数惯于思考的人而言，真理已经不言自明。

紧接着，17世纪又爆发了史无前例的思想革命。这一革命与很多因素有关：少数杰出伟人的引导，比如牛顿、伽利略、哈维、开普勒、惠更斯、笛卡儿、培根、莱布尼茨。代数学的进步，让笛卡儿的解析几何的发明成为可能，还有牛顿以及不久以后的莱布尼茨各自独立创立的微积分学；望远镜以及复显微镜的发明，大大拓展了人类视力的范围。最终，整个文艺复兴带来的人类思维现代化让人难以定义，这再次使得正确的科学思想成为可能，这要归功于首先发起思想革命的伽利略，他足以与阿基米德齐名。

牛顿的《自然哲学的数学原理》

从很多方面来讲，17世纪都是科学历史上最有趣的一个世纪，而科学也是人类历史上最重要的人类兴趣——这一兴趣由伽利略开启。现代科学是天文学之女，它沿着伽利略斜面实验从天空滑向地上，这是因为现代科学是由伽利略、牛顿以及各自的研究与后来者们将开普勒的天文学联系起来的。自由落体实验以及伽利略的代数学和几何法坠落计算，再加上开普勒的行星运动定律这一伟大发现，经过哥白尼的假说的启示，终于推导出牛顿的《自然哲学的数学原理》（英国人所著的仅有的两本巨著之一）——像莎士比亚话剧一样傲视群雄的旷世巨著。

这一无与伦比的巨著包含了力学领域的所有基本原理。自从1687年本书出版以来，后来的许多伟大天才科学家都只能在此基础上小修小补，润色完善，补充课题，但都不能将其真正延展。在创作本书的研究过程中，牛顿无意中创立了微积分学，这不仅成为数学与科学无数成就的源泉，或许还成为编年史学习中激烈矛盾争论的焦点。

牛顿的著作成为力学领域的基础，当然该书还与17世纪许多其他成就以及开普勒及伽利略的成就相关。尤为重要的是，力学领域的早期成就标志是英国的约翰·纳皮尔与瑞士的乔伯斯特·布尔基独立发明了对数，以及上文提到的笛卡儿发明的解析几何。牛顿的著作还依赖于科学仪器和测量范围及精度的大幅提升。

从伽利略到牛顿，力学的发展几乎就是科学进步最好的诠释。由于有精确描述知识的广泛基础，并经由第谷·布拉赫及其他早期天文学家确立。同时由于其高精度、广范围仪器测量，定量实验，以及最终半个世纪以来发明的数学计算推导特征，让经过办学专门训练的人类大脑思维如虎添翼，经受住了有史以来长达两个世纪的各种批评与考验。

哈维与血液循环

17世纪仅次于力学领域的科学成就是生物学的发展。一方面，有始于维萨里为解剖学家的杰出工作所奠定的基础；另一方面，同时受到迷信权威思想的残留以及希波克拉底与伽林曲解医学教义的阻碍。17世纪早期，威廉·哈维发现了血液循环，然后经过长期的让人钦佩的研究以及反复的自我批评之后，他于1628年将这一发现公之于世。

说到中世纪错误理论方法与现代科学知识最明显的对比，很难还有比哈维的著作体现得更淋漓尽致的了。这是因为哈维著作中几乎每个观点都像牛顿的著作观点一样富有现代气息。开篇引言介绍了关于心肺生理功能的传统观点，然后批判了这些观点在玩弄文字游戏。接着就是观察与实验最简单明了的描述，以及运用科学知识进行最严密的推理，引导人们恍如从梦境走向现实。

哈维的著作，就像当时许多伟人的著作一样，并未得到学界的认可。直到17世纪中叶，才逐渐被人们所接受。经过后来的发展，再加上显微镜以及力学原理的支持，斯瓦默丹、格鲁、马尔波齐、雷迪、博雷利、列文虎克等众多研究者通过对生物学多个分支的研究，提供了许多重要数据信息。但自然历史缺乏天文学所拥有的精确描述记载的坚实基础与有序排列，结果经过一个世纪，开始于生物文艺复兴的伟大成果都遭到了破坏。17世纪生物学的科学盛宴包括动植物解剖学研究（尼希米·格鲁、马尔波齐、列文虎克）、胚胎学的发端（哈维、斯瓦默丹），机械生理学（博雷利），还包括笛卡儿对反射动作本质的发现、几乎推翻了自然发生论的试验性研究（雷迪），以及中毒的生理学研究。

17世纪，罗伯特·波义耳研究工作虽然很出色，但又有些言过其实。由于指导理论的错误，他的化学研究一直徘徊不前。

相似的，还有热量、电力以及磁力的研究都变得无足轻重，直到伊丽莎白女王的医生威廉·吉尔伯特关于磁力的著作于1600年出版，这些研究才获认可。

不过自然科学的另外两个分支——大气压力与光学的研究就比较幸运了。托里拆利与维维安尼，以及伽利略的学生奥托·冯·格里克、帕斯卡、波义耳对气压计与压强做了研究，并得出重要结论。

光学的研究者少不了牛顿与惠更斯，这项研究在他们手中取得了实质性的进展。虽然牛顿沿着正确的研究方向提出了理论猜想，但这门学科需要十分微妙的理论基础，时机尚未成熟。

18世纪

17世纪科学研究最显著的成果就是表明自然界简单而精确的科学规律是可以被发现的。那个时期的各项发现发明中，伽利略的自由落体实验以及牛顿的《自然哲学的数学原理》是其中最耀眼的明珠。这些科学成果的普及促进了人类对自然现象的一些迷信论调以及反知识论调的批判。

当然，需要指出的是，人类在知识领域快速建立起来的信心也是不稳固的。毫无疑问，正是因为牛顿动力学及其数学分析的成功，让18世纪的哲学家确信：这些简单而详尽、准确而科学，且完全让人满意的、关于复杂经济与政治等人类活动的解释，均与生物科学毫无关系。18世纪朝这些方向的努力不仅徒劳，还耗费了人类最优秀的智力劳动；而当一些更适度、更简单的问题出现时，这些引人注目的失败就又阻碍了科学知识的真正进步。

18世纪人类有三项主要任务：始于17世纪的科学家组织，如伦敦皇家学会、巴黎科学院，规模需要进一步扩大；牛顿的研究需要借助更加灵活的数学工具进行进一步的推进与深入；随着科学基础的拓宽，自然科学知识需要在各个方向拓展，并进一步细分。莱布尼茨在推动科学组织发展方面发挥了举足轻重的作用。数理物理学的发展过程中，伯努利家族、欧拉、拉格朗日以及拉普拉斯都不能不被提到。博物学的发展历史中，林奈占据了突出地位，当然布冯也不得不提。随着18世纪接近尾声，现代意义上的生物学家开始登上历史舞台。

18世纪的一项成就尚无法预见——拉瓦锡、谢勒在普利斯特列支持下创立了化学，在科学与文明史上与牛顿、伽利略不相上下，此举可被称为是近百年来最重要的科学进步。

19世纪

18世纪最后10年以及19世纪前10年政治、社会、经济与工业领域都发生了翻天覆地的变化，但科学领域的变化稍显平淡。科学领域的“文艺复兴”开始于17世纪，经由牛顿培育而成。接下来的时期，牛顿的事业发展成就了自己的不朽事业，开展了一系列描述科学领域的研究。同时科学知识精神应用于蒸汽机与艺术领域，并在不同方向影响到卢梭、伏尔泰、亚当·斯密等许多艺术家。然而他们之间又有不同，他们都感受到这股新力量，并对宗教、社会、历史以及政治经济学方面的批评进行回应。

拉瓦锡以化学仪器与实验方法为武器发起了一场化学革命，其成就可以比肩牛顿的物理学。但化学在数学学科的应用上与物理学又有显著不同，以前是试验建造了大量摩天大楼，到了19世纪晚期，任何应用牛顿力学进行的事情都能够实现。况且原子理论也需要发展，并与气体动力学理论相互交叉——该理论认为，分子永无止境的运动实现以前，是需要借助几何学延伸的。当然，一股新的趋势已经形成，并已经成为科学进步最稳定的源泉之一。

继富兰克林与库仑以及许多其他人的工作之后，加瓦尼与伏打的发现，奥斯特与安培的发现，还有电流方面法拉第的发现，提供了电池与电流，揭示了电流到磁场、化学、光学、机械以及热现象的关系，形成了另一大趋势，这两大趋势都对艺术产生了深远影响。托马斯·扬与菲涅耳创立了光学。随着蒸汽机的发展、生理学以及电子科学的进步，热量的研究变得越来越重要。18世纪中叶，萨迪·卡诺、迈尔、焦耳、亥姆霍兹、开尔文男爵等人推动了热力学原理以及能量保护与衰减定律的问世。

生物科学

显微解剖学在许多训练有素的学者的努力下，重新焕发生机，并向前推进；伴随着生物形态元素的发现，细胞获得认可；在此基础上，整个历史获得系统的发展；同时产生了胚胎学与病理学。施莱登、施沃恩、冯贝尔以及魏尔啸也因此名垂青史。

基于分类的僵化思想早已在拉马克、歌德、伊拉兹马斯、达尔文、圣蒂莱尔以及其他学者的攻击下摇摇欲坠，并在查尔斯·达尔文“物竞天择，适者生存”的生物进化论面前彻底败落——这一思想或许是达尔文时代影响最为深远的思想，人人耳熟能详。遗传学在此基础上诞生，当然部分功劳来自达尔文的侄子法兰西斯·高尔顿的努力，这是一个全新的完整学说。

生物学的另一分支是对消化、发酵、腐烂等现象的研究。它们经过不同的命运，并在巴斯德发现微生物时期达到顶峰，雷迪和斯瓦默丹提出的观点学说最终确立了这一生物学分支，同时反驳了自然发生论。巴斯德的伙伴褒奖他，将其研究成果喻为“社会最伟大的福利”，因为该研究促进了抗毒素、免疫力、预防医学主要部分以及防腐和无菌（利斯特）、手术治疗主要成果的产生。

研究机构组织

力学、光学、热学、电子学以及化学领域内的试验方法，现在被系统应用于生理学直至心理学领域。在环流胞假说以及胚胎学、进化、遗传、免疫力等的帮助下，这些试验方法改变了生物学。

无论何处，如果其他数学方法失效，统计方法就能派上用场——在合适的情况下，比如统计学在人身保险领域就大有用武之地。

同时世界发现科学随时随地都在发挥着作用，相应的教授职位也越来越多，社会团体也无处不在，学术期刊成为相互馈赠的礼品。人们成立了科研机构，设立了诺贝尔奖，大量的工人开始谋生计。忙碌的科学家们的工作质量也获得了突飞猛进的提高。

军队被组建并管理，许多以前想都没想过的工作岗位出现了。科学文献在各学科的独家特刊评论、描述以及有序分类下如雨后春笋，获得充分利用。

科学进步的趋势已经无法阻挡，就像文明本身。大量工人牵涉其中，不占收入分成，不关心自身工作，对教会、国家或其他机构也不关心，他们依照既有规则行事，通过描述、尺寸衡量、试验以及数学分析获取知识，并学习身边可靠而积极的知识。这些知识日渐丰富，在天才、伟人手中急速膨胀，价值大幅提升；但在常人手中却缓慢而痛苦，平稳而坚定地增长。

科学与国家

科学延伸的一个主要后果就是其与国家的融合。天文学家在皇室存在了近三个世纪，但如今光是我们设立的农业部门就有很多科学机构，当然我们也急需设立公共卫生部门。而且一项高度技术性知识的急速增长，使得政府行政部门以及司法部门都必须掌握专业的知识，以提出可靠的观点。

因此专家受到重视，这是以前最有思想的天才也难以猜到的现实。专家委员会，与立法、司法专家顾问，成为未来国家不可或缺的组成部分。

专业化分工的加深

19世纪的科学潮流产生了比以往程度更深、类型更多的专业化分工。比如笛卡儿是哲学家、科学家兼数学家——18世纪的伟人所精通的领域几乎都这样广泛。即使到了19世纪的主要时期，许多伟人也广泛涉猎从科学到数学的各个领域。如今，环境的力量很大程度上改变了这一切。化学家可能也被看作物理学家，或成为物理化学家，但他/她在数学领域的兴趣有限。另一方面，一名数学家不再像牛顿、欧拉和高斯那样成为物理学家。当今，恐怕没有一个人能够掌握所有学科领域的表面知识。而在天文学工作中，一方面，研究者是天文学家；另一方面，他们不可能再像物理学家使用光学仪器研究那样在行了。

历史上，19世纪至少有两项科学成就被后人铭记：我们关于物质、能量、生活以及科学研究人员组织知识的统一性；新的发现不再单纯依赖个人而成为整体科学的一部分，也不再在第一次就被系统完成。

科学的统一性

19世纪中叶见证了科学领域的三项伟大统一：能量守恒定律所发现的

能量统一、周期系统所发现的物质统一，以及达尔文所发现的生活统一。由于商业的用途，博尔顿和瓦特将马力引入能量衡量理论中，成为热量与机械功率研究的真正本质，并在被人遗忘前由萨迪·卡诺保存下来。但最终迈尔·J. R的推断、焦耳令人羡慕的试验、亥姆霍兹广泛深入的研究，以及其他能量守恒定律所确立的原则等，均体现了能量守恒的命题，但其又会以热量、光或电以及其他形式存在。

不久，纽兰兹、迈耶以及门捷列夫的研究发现了一系列特殊的关系——定期重复发生的属性及其组成部分。解释这种关系是不可能的，只能通过简单的类比来表现其本质。

1I	12	13	14	15
2I	22	23	24	25
3I		33	34	35
4I	42	43		45
5I	52	53	54	55

假设以上排列的数字没有疑问——首先他们排列无误，其次数字32与44缺失，但表格中留有空位。换句话说，预测缺失的两个数字的“特性”是可能的。同样的方法，门捷列夫的研究也体现了元素之间类似的联系。如他所说，这些元素将依据它们原子的重量排序，列表与上图相似，其特性变化也具有规律定期复发性，但分类时又有一定间隔。判断这些间隔周围的元素时，门捷列夫预测了特定情况下缺失元素的特性，而这些缺失元素如今已经可以通过化学实验获取。从以下锗元素的相关数据可以看出，这些结果总是与这位俄国科学家的预测相符：

项目	预测	观察
原子重量	71.0	72.3
比重	5.5	5.469
原子体积	13.0	13.1
氧化物比重	4.7	4.703
氯化物沸点	小于100 ℃	小于86 ℃
氯化物比重	1.9	1.9
乙烷基比重	0.96	低于水

因此更明确的是：元素之间都是相互联系的；尚存疑的是：该如何解释这种联系呢？或许它们是依据一种有序的方式从其他物质演化而来。但无论如何，物质不仅是不可毁灭的（拉瓦锡），还会形成一种一元系统。如今我们可以确定的是，我们认识了宇宙中存在物质的几乎所有的稳定特性，当然毫无疑问地，这些物质的排列组合有万千种变化，只是我们尚不得知。

人们唯一熟知却又无法通过物质与能量形式描述的就是生活，而生活的特性是具有意识与思想。1859年生物学界诞生了达尔文的统一观点。许多人以前曾经怀疑所有生物都有血缘关系；而胚胎学家的特别发现证明生物个体的相似性比我们以前认识的要更加广泛。但达尔文依据持续进化过程的观点，对复杂生物的发展给出了一个合理的解释，世界也因此最终支持转换假说的理论。达尔文假说的一些观点最终可能会被抛弃，但世界似乎不完全可能会在生物进化过程中放弃信念。众多形式或许在起始阶段都是一种简单的形式。19世纪人们最终认识到科学与文明的关系变迁，这成为新时代的标志。

人类第一次全面地主宰了环境，社会主体的新机构也发生变化，比如成立了金融机构与军事机构，并恢复了与现代社会另一大伟大机构的联系。

系统从很多方面取代了机会，比如人类活动、生产制造、战争、医药、商业本身都变得富有科学性。不论人们能否猜测得到，它们稳定而又不受人意志影响地发展着，并引导着人类前行。

天文学

劳伦斯·约瑟夫·亨德森

天文学注定会将现代知识界从中世纪的枷锁中解放出来，它告诉人们地球并非宇宙的中心，而是万千恒星中一颗恒星的卫星，这彻底动摇了一些人的信念——他们认为宇宙自古以来就是围绕自己旋转，地球为自己而生，上天就是供自己享乐。这一学说为天文学思想做出了重要贡献，也为人类文明的进步提供了重要动力，比如精确的历法、时间的标准、时间计量方法、航海与地理探测的有效方法；天文学开始的时间也早于其他科学，并成为最让人羡慕的知识结构的学科之一。

天文学很早就奠定了自己科学领导者的地位，这同样也适用于世界三角学观点，部分适用于数论以及牛顿的力学。尽管后来天文学的进步从未停止过，但其他学科的增长势头更加迅猛，首先是物理学，其次是化学，再有后来的生物学，这让天文学变得不再那么耀眼。

然而天文学长久以来的重要地位，因光谱分析产生的奇特结果而获得很好的诠释，而如今星云以及太阳物理学的研究才是人类兴趣的焦点。古代天文学的主要成果是以托勒密的名字命名，即托勒密的天动学说，但这主要还是归功于希帕克斯的研究。

早在公元前134年，当有第一星族星等新星突然出现的时候，希帕克斯就测定了150颗恒星的精确经纬度。他在这项卓越成就的鼓励下，全身心投入到天文测量事业中，最终确定了1 000多颗恒星的位置。毫无疑问，这项精确定量数据基础，以及这项测量工作带给他的对这门学科的精通，指引着他最终取得了伟大的成就。他发现并以极高的精确度测量了岁差，同时他测量的每天的长度误差仅有6分钟；当然，他最突出的成就是编制数学工具并依次计算出太阳（精确度稍低一些）、月球以及其他星球的位置。

这项数学工具的显著特征就是设想太阳沿着圆圈的轨迹运动，而地球并非宇宙的中心，这与古代天文学有着显著的不同。这两项数学观点有效地支持了希帕克斯关于实用性历法的研究工作。但不久，在托勒密手中以及接下来的整个世纪，任意假说乃至纯粹的理论都被禁止，教条主义弥漫，人们只有迷信与盲从。随着天文学知识的缓慢进步，理论必须越来越复杂，以适应现实的认识。而且在哥白尼时代到来前很久一段时间，天文学理论进入到一个极其荒诞的阶段，这在其他年代是难以被容忍的。而不止一位古代天文学家都相信：地球在运动，或者围绕自身的轴心旋转，或者围绕太阳运动，或者二者兼而有之。

哥白尼学说

1473年，哥白尼出生于波兰的托恩，母亲是一位德国人。哥白尼早年学医，后在维也纳学习天文学，随后在1495—1505年文艺复兴期间，哥白尼的研究达到顶峰。当他回到家后，在埃尔梅兰的主教舅舅为他在弗龙堡谋得一份牧师的职位。

哥白尼在那里一待就是40年，他致力于将天文计算与天文观察融合在一起。最终，在他对日心视图深信不疑的时候，出版了那本标志着现代科学迈出伟大第一步的著作。1543年病危弥留之际，他才第一次看到这本书。

哥白尼在书中解释道，如果月球是地球的唯一卫星，那么现有星球运动中表现出来的所有难题就将迎刃而解；他还假设地球以及所有其他星球都是围绕太阳旋转的。他未通过事实证明这一点，还意识到自己观点的局限所在，他也没有尝试去证明这一假设，只给出了这一基本天文现象最可能解释的原因所在。

这一全新学说艰难地推动着变化的发生。这一学说首先遭到专业天文学者的反对，他们以一贯的历史传统习惯干扰之，而这些人在很大程度上没有能力理解这一学说。接下来的反对声来自伟大的第谷·布拉赫，他与这一学说斗争了很多年。然后就是神学家的反对，这些反对完全阻止了变化的发生，最有名的当属笛卡儿。但开普勒定律的发现彻底摧毁了托勒密的天动学说，最终说服了几乎所有的有识人士，他们都认识到哥白尼学说的正确性。以下为这些著名定律：

在相等的时间内，太阳和运动中的行星连线所扫过的面积都是相等的。

每一个行星都沿着各自的椭圆轨道环绕太阳，而太阳则处于椭圆的一个焦点中。

各个行星绕太阳公转周期的平方和它们的椭圆轨道的半长轴的立方成正比。

伽利略与牛顿

太阳系科学知识再迈出的重要一步是伽利略关于自由落体定律以及在抛射试验中的落体与投射两种运动。紧接着牛顿对重力的解释从地球延伸至整个太空，并提出引力的强度与物体之间运动的面积与距离成反比的假设与论证。

《自然哲学的数学原理》中的这些观点，连同开普勒定律，就可立即推导出行星运动理论及其证据。行星运动看起来就像行星之间相互运动的合力方向（惯性），以及受吸引向太阳运动的趋势（重力）。这一问题产出颇丰，仅就相关的两个物体，当属数学天才牛顿的发现。

当然这场关于太阳的地球革命并未被许多天文学家所证明，其中一些人甚至还抵触。因为如果地球的确是在绕太阳公转，那我们从地球不同位置观察，各个星球的相对位置就不应该是相同的。尽管观察者之间相隔180英里，而他们所处的两个二至点的不同地方没有观测到任何不同。

詹姆斯·布拉德雷成为研究这一视差问题并发现重要数据资料的第一人。尚待考证的是，他发现星球位置的周期性变化，这可以用来解释这一悖论，但位置的不同变化又是没有被预料到的。他称之为光行差，并认为这源于地球运动的构成以及来自星球本身的光线——这就像雨水是垂直降下来的，但坐在前进的车上，雨水就会掉在前面。虽然如此，这也是一个地球运动的证据，因出乎所料而更有价值。直到1873年贝塞耳终于测量了恒星的视差，这一问题才最终获得解决。所有的困难仅仅是因为我们距最近恒星过于遥远的缘故。

光谱分析

天文学历史发展的新时期随着本生和基尔霍夫关于光谱分析的发现而开启。太阳的化学成分一开始就暴露了。不久恒星开始为人们所知；再后来根据光谱为星球分类成了可能，最终显而易见的是光谱的变化至少在很大程度上归因于太阳年龄的不同（冷却所需的时间长度），而所有恒星的化学与物理特性都很相似，我们的太阳极有可能也与其他恒星相似。这一地质学说的统一性观点延伸至整个天文学领域。

这导致人们重新对星云假说以及太阳系起源的新奇推测产生了兴趣。通过类似的方式，太阳的物理化学性质问题及其内部发生的过程也引起人们浓厚的兴趣，因为如果宇宙是同质的，我们就可以把地球上的发现应用于宇宙最大范围的空间。然而，这些不再像几年前他们看到的那样不可接近。恒星光谱的某些特性使得天文学家能够判断恒星相对于地球及其自转的运动。变星的行为变量也可以部分地由独创的假设来解释。

因此古老的科学将永葆年轻，并承诺继续为人类对世界的认识做出贡献。

物理学和化学

劳伦斯·约瑟夫·亨德森教授

古代物理学史上，卓著的研究成果凤毛麟角。最早的科学器械单弦琴使人们发现了构成和弦音的要素；最原始的几何光学开始萌芽；希罗等人熟悉蒸汽和气压现象；虽然亚里士多德在这个领域的影响波及两个世纪，且从整体上来看过大于功，但他获得了许多奇特有趣的知识。然而除了阿基米德在力学方面的伟大建树，古代物理学和化学少有可称作天才之作的成果。那个时代的大部分知识不过是不同行业积累起来的一些技巧，比如染色工艺。

阿基米德的成就

阿基米德建立了静力学。他发现了杠杆原理，即重量不同的物体到杠杆支点的距离如果与其重量成反比则会保持平衡；他提出了重心的概念，并发现重心位置的规律；他还发现了物体在液体中漂浮和悬浮的规律，包括阿基米德原理。传说他曾运用这一原理计算出叙拉古赫农王的王冠的含金量，从而发现金匠在制作王冠时添加了其他的金属。阿基米德的研究和他在数学方面的杰出成就使他成为人类最伟大的天才之一，地位不输古希腊其他的伟大人物。

然而尽管阿基米德做出了如此重大的贡献，古代物理学从中世纪到现代的传播是断断续续的，且后人没有对其做出重大的改进。但17世纪还是有一些进步，尤其是伽利略到牛顿等人在动力学方面的贡献。除了拉瓦锡的研究，18世纪在化学领域似乎没有产生很有创新性和有价值的成果。也许分别有“电学和热学康特·拉姆福德”之称的本杰明·富兰克林和本杰明·汤普森的研究是18世纪最杰出的贡献，也是美国所有科学研究中最突出的成就。

拉瓦锡和现代化学的诞生

拉瓦锡的成就在于发现物体的重量在化学变化中既不会增加也不会减少。拉瓦锡后来多次用越来越精确的检验方法对其加以验证，并在此基础上发展了化学研究的指导原则——质量守恒定律。拉瓦锡还引进了天平作为化学研究的主要工具。他之所以成功是因为选择了氧化还原反应（氧化反应的反过程）进行研究。如果考虑到化学反应的强度和多样性，氧气不仅是地球表面最常见且最活跃的化学元素，而且最重要的化学反应就是氧气的反应。

氧气以将碳氢酸中的碳分离，同时从水中分离出氢，这是植物形成有机质和动物将氧气与植物结合这一动物最主要的化学反应的第一步。拉瓦锡认识到了这一点和其他许多现象，由此揭示了自然界中又一个神奇现象的本质。拉瓦锡的这些研究后来也揭示了人类所利用的所有能源的主要来源。

植物体内储存的能量（阳光照射植物的绿叶，叶绿素再将能量转化为植物的能量）可在所有的能源中找到，如煤炭、木材、各种油（包括石油）和酒精。也只有将这些能源和氧气结合产生水和碳氢酸，能源才得以释放，正如人体中所发生的化学反应，并为人类所利用。产生的水和碳氢酸又可以被植物利用。拉瓦锡清楚地认识到了这种物质循环的本质。这也是人类所有工业和商业的基础。

光的波动理论

物理界公认的第二大成就是杨和菲涅耳的光的波动理论。在17世纪，惠更斯郑重提出光的波动理论，但多学科科学家胡克甚至在他之前已提出这个观点。惠更斯假设光以波浪形传播，并对反射和折射定律做出了令人满意的解释。他甚至成功地将这个理论运用到冰洲石双重折射这个难题中。然而惠更斯没有成功地建立起自己的假说。牛顿光的微粒说阻碍了光的波动理论的建立。

但牛顿自己从未反驳光的波动理论，而且事实上牛顿在自己的文章中似乎还多次表达对这一理论的强烈支持。但牛顿的追随者在牛顿一些设想的基础上提出了光的微粒说。18世纪伟大的数学家欧拉则相信光的波动理论。欧拉纯理论性的观点和牛顿的追随者们之间产生了巨大的分歧和争议。

19世纪伊始，光的波动理论再次被提出，不过这次是由托马斯·杨，英国最伟大的多学科科学家之一，在对薄板颜色精确观测的基础上提出的。杨的贡献注定会被人们广为接受，尽管他提出的理论严谨可信，他同时代的科学家却不屑一顾。该理论在被遗忘20年后终于被菲涅耳确立，重新进入人们的视野。菲涅耳进一步发展了光的波动说这一复杂的理论，并逐渐完善了与之相关的数学理论。在阿拉戈的支持下，他终于使当时的科学界相信了光波和以太的存在，以及它们奇特而诡秘的特点。

法拉第的研究

在所有科学实验成果中，法拉第的研究成果对认识能量不同表现形式之间的关联作用所做出的贡献是最大的。而认识这些关联是发现能量守恒定律的必要前提。但这只是迈克尔·法拉第的研究成果之一。法拉第被公认为是最伟大的科学实验家、最高尚并最有创见性的科学家之一。

法拉第涉猎广泛。他对物理学各个领域都有兴趣，但凡是他感兴趣的领域，就一定能有伟大的发现。他最早的研究是跟随他的老师大卫在化学领域的研究。他发现了新的碳化合物，并首次液化了几种气体，研究了气体的扩散、钢合金和无可计数的玻璃类型。他接着将目光转向了电，电也成为他后来主要的研究兴趣。他曾用伏打电堆分解了硫酸镁。在此基础上，他提出了电化学基本定理。他选择纯物理问题研究，首次发明了电线与磁铁围绕彼此连续旋转的方法。1831年，他又发现了感应电流。最权威的批评家克拉克·麦克斯韦对法拉第卓越的成就也不吝赞美之词：

“他的大脑飞速运转，一个新想法从提出到成熟只用了不到三个月的时间。追溯他接下来的发现史，才能评估他所取得的成就有多么伟大和富有原创性。不出所料，他提出的新想法很快成为整个科学界的研究对象。但即便是最有资历的物理学家，在使用他们自认为比法拉第更专业的语言时，也无法避免纰漏。到目前为止，那些曾认为法拉第表述科学原理的方式不够精确的数学家也还没能创造出任何与法拉第的表述有本质区别的公式。他们想要完整地表述两个没有物质存在性的物体相互作用的过程时，总免不了引用法拉第在这方面提出的假说，比如电流的产生不像水流那样从水源流出，但可沿着电缆流动，最后又归于无形。

“在近半个世纪以后，我们可以说，虽然法拉第科学发现的实际应用在数量和价值上仍在增长，人们还未发现有不符合法拉第科学原理的例外或是新的内容。到今天为止，法拉第提出的科学原理经受了所有的科学验证，他使用的语言是唯一以精确的数学公式但同时也是基本的阐述方式表述现象理论的语言。”

生物科学

劳伦斯·约瑟夫·亨德森

在生物和科学医学的核心问题中，《哈佛百年经典》完整呈现了其中巴斯德的细菌和病理研究。这部分是因为巴斯德在解释微生物生存条件及其活动的影响时，补上了生命科学缺失的环节，也统一了我们对生物彼此依存的看法。在整个科学领域，巴斯德研究的问题是牵涉面最广和最重要的问题之一。包括涉及发酵和腐败、自然发生及其繁殖的所有问题，感染性疾病的起因、传播方式，免疫的性质和机制（包括疫苗和抗毒素）以及许多其他同等重要的问题。在巴斯德成果的基础上，利斯特发明了现代外科手术。现代卫生的大部分内容也发源于巴斯德的研究，但在这个过程中，很多研究者献出了宝贵的生命。巴斯德还发明了化学工业和农业的新方法，其研究成果创造了无可估量的财富，也挽救了不计其数的生命。

自然发生的疑问

虽然亚里士多德对星鲛的胚胎学知识的阐述是很详尽和准确的，但他认为体型较大的动物如鳗鱼的自然发生[1]是常见现象。毫无疑问，即便在古代，稍有常识的人也不以为然。17世纪，人们被科学研究的新精神所鼓舞，很自然会去寻找这个最让人痴迷的问题的答案，博物学家的脑海中也总萦绕着这个问题。

在这个伟大的世纪，哈维、雷迪和斯瓦默丹对自然发生进行的研究最为重要。但哈维的胚胎观察比起他对血液循环的研究要逊色得多。如果说他作为一个胚胎学家在任何方面有超过亚里士多德的话，这是值得怀疑的。但可以肯定的是，哈维的胚胎研究引起了后来者对这个领域的关注。虽然他对低级生物自然发生的想法很不成熟，但他至少坚定地相信大部分生物属于卵生繁殖。

相比起来，雷迪的研究更有意义，也更重要。他精心设计方案研究鱼肉的腐败。他观察到苍蝇会在鱼肉里产卵，但如果将鱼用薄纱罩起来，苍蝇就会将卵产在薄纱上。他观察在没有受到薄纱保护的肉里如何长出蛆，但使用薄纱则可防止。他发现一种肉里可以长出几种苍蝇的蛆，而同一种苍蝇可来自不同种类的肉。他因此得出结论，苍蝇是卵生繁殖，且肉的腐败过程中没有出现自然发生。

斯瓦默丹是最伟大的博物学家之一，证实了雷迪的许多观察和结论。他一遍又一遍观察许多其他微小生物的正常卵生繁殖过程，动摇了人们将看似生物自然发生的现象当作自然发生的看法。

与此同时，列文虎克用显微镜观察到在腐败的流质里存在许多微生物。到18世纪，自然发生问题转变为微生物起源。斯帕兰扎尼的相关研究否定了自然发生论。他采用了一个新的研究方法。他将肉注入一个玻璃烧瓶中，并密封起来。然后将烧瓶放置在沸腾的水中，使烧瓶里的肉完全得到加热。最后观察肉的变化。经过彻底加热以后，肉眼看不到，鼻子也闻不到肉腐败的迹象。在显微镜下观察不到肉里有任何微生物。但一旦使空气进入烧瓶，

---

① 自然发生，亦称偶然发生。自然发生说是一种认为生物可以诞生于非生命物质的假说，是19世纪中期以前流传时间最长、影响最大的生命起源解释。

腐败就开始了。斯帕兰扎尼因此证明腐败发生并不在于受热对我们今天所称的培养基产生了影响，而是因为经过加热，原来存在的所有微生物都被杀死了，简称杀菌。

细胞理论和发酵

19世纪早期出现了对自然发生这个古老问题的两个重要的新贡献。第一是所有生物是以细胞为最基本构成单位的观点。第二是人们知道了诸如胃液中含有多种促进消化的酵素，现在已知是不含细胞的，但可以发生类似发酵的过程。后一发现后来使人们区分了有机发酵和无机发酵。

通过德国生物学家贝尔的努力，细胞理论得以发展为现代胚胎学以及现代病理学。鲁道夫·斐尔柯在病理学的地位也可与贝尔比肩。对酵素和发酵的研究以及对可产生类似变化的简单化学试剂的研究揭示了很多新问题，也发现了很多解决老问题的新方法。

发酵过程和化学的渊源有特殊历史意义，因为它和巴斯德的发现有密切联系。巴斯德是一个受过专业培训的化学家。他将自然科学的方法运用到生物领域，解决了许多人认为无法解决的难题。巴斯德的研究使科学界确信生物的起源绝不是自发的，且细菌等微生物远比人们想象的活跃。除了消化性酵素，这些微生物在所有发酵过程中是核心因素，使我们能产生酒精、酸奶和醋。因此在有机循环里，由单细胞构成的微生物扮演了很重要的角色。微生物无处不在，是借着风四处行走的真正食腐者，因为不管多小的东西都逃不出微生物的掌心。但微生物远不止是食腐者。微生物不管在哪里发现了可以维持生命的有机质，活的也好，死的也罢，都能落脚，也能将动物最主要的排泄物转变为植物的养料。微生物在体形较大的生物体内生存和繁殖，有的微生物还可能在这个过程中使寄主产生疾病。简而言之，微生物的活动虽用肉眼看不到，但无处不在，填充了有机循环中的空隙，使之形成完整的循环。

巴斯德研究成果的意义

微生物使地球上所有生物的化学过程得以统一。生物可形成一个群落，一个物质循环不息的天然实验室。巴斯德的发现和他发明的研究方法或许比拿破仑还要伟大。巴斯德是个淳朴但卓尔不凡的人，在19世纪的科学家中，他一人便可匹敌法拉第的天才和美德，在使20世纪产生了划时代变化的伟大人物中，他与法拉第并驾齐驱。

巴斯德的发现还解释了奥利弗·温德尔·福尔摩斯观察的结果，即接种疫苗的神秘过程。巴斯德追随者前仆后继，揭示了一个又一个疾病的神秘起因——皆因某种微生物而起。

毒素、抗毒素和免疫

然而这些发现只是疾病研究的开端。人们很快意识到还有一样东西比细菌在人体内的生长能力更为重要，即细菌所产生的有毒物质。否则伤寒症和肺结核便没有区别。因此人们开始研究这些有毒物质或毒素——医学研究一个富有成果的重要领域。但人体内的毒素会有怎样的命运——会对寄主产生什么样的影响？这方面的研究使人们发现了抗毒素，建立了免疫学。

微生物学在另一个方向的发展也相当重要。很显然，酵母并不是因为有毒素存在而能产生酒精，或使糖产生碳酸，而是因为有酶，或者说可溶解酵素的作用。酶和可溶解酵素位于细胞内部，这个特点很像胃蛋白酶。如果酵母细胞能在可溶解酵素的帮助下完成化学功能，为什么其他的细胞不可以？事实上其他细胞确实无法借助可溶解酵素发生相关化学反应。单细胞微生物化学过程的研究解释了发生在每种生物体内的大部分现象。简而言之，人类解决病理学和原生质物理化学组织的根本问题所取得的进步，很大程度上归功于对微生物的研究。微生物虽是单细胞结构，但生物体所有的生命活动都与之息息相关。

凯尔文论“光与潮汐”

W. D. 戴维斯教授

读者若是好学，可将凯尔文爵士的科学论文读好几遍，且每次都要从不同的视角来读。读第一遍是读作者提供的信息；读第二遍是审视作者获取信息的科学方法；读第三遍则关注作者的表述风格。在从不同的视角对凯尔文的文章进行细读之后，读者在思维方面定会有明显的提高。

展示科学研究成果

凯尔文有很多卓著的科学发现。比如光是波形的；光的振动频率可达数以千亿次每秒；光在行星间的传播速度接近20万英里每秒；但光要以这个速度在真空区（如太阳和地球之间的真空区）传播，需要有一个弥漫四处的、连续且极其稀薄的传播介质，即人们通常所称的以太。取得这些科学发现很不容易，当然在其他领域（诸如物理、几何和数学）也是如此。读凯尔文的文章，有些段落要细嚼慢咽，也有很多段落至少要读两遍。有些内容会难理解一些，因为讲座中无法再现原文中生动的实验。还有一些内容因浓缩成了精练的几句话，又没有附上解释，所以比较难懂。但在读完第一遍以后，读者会对文中许多关于光的性质的结论了然于心。读第二遍时要接触很多数学运算，所以会比读第一遍难。读者如果不理解日潮不等原理也情有可原，因为凯尔文对这个原理的表述非常精练。同样，不精通数学、不知道谐波分析的读者也很难读懂凯尔文对信息量密集的表述。

科学研究的方法

读第二遍时要审视作者运用的科学研究方法。第二遍读完时最大的收益是对“推理”的过程比一般人更为了解。自然现象——诸如光和潮汐等直接可观察到的现象是显而易见的“事实”。但聪明的人稍做探索就会知道观察所得的事实只是整个现象中很小的部分。比如，一定有些不可见的因素决定了我们头顶的天空是蓝色；在日出和日落时，地平线的天空则是黄色或红色。一些不可见的因素也决定了潮汐的力度以及潮汐每天发生的时间都在变化。光的传播速度为什么那么快？月亮如何能引起地球海平面的变化？只有知道了这些真正答案，我们才会明白这些可观察到的现象背后正发生的不可见的现象。这些不可见的现象被称作“推论事实”，以和“观测事实”区分。推理即是为了发现推论事实，并展示其和观测事实之间的关系。简而言之，理论就是对推理事实和观测事实之间的关系做出合理的结论。结论如何取得？取得结论之后又如何判别对错？只有一篇完整的关于科学方法的论文才能回答这些问题，单凭一个讲座是做不到的。我们的目的是让读者对科学方法有个入门级的了解。读者若是想探究科学发现的过程，将凯尔文和这个文集中其他科学论文细读第二遍，便可对科学方法有初步的了解。

思维活跃的人总不可避免有去推理的冲动。那些自称从不推理的、很现实的人，其实是在用不安全和不科学的方式推理。因为他们也和其他人一样，想了解的不仅仅是能看见的。我们不应抵制推理的冲动，但推理能力需小心培养，且推理的结果不能与观察的结果混淆。其次，在发现一些观测事实以后，刨根问底的人会马上构想这些观测事实背后不可见的现象，即推论事实，并用一些逻辑或检验方法来判断正确与否，最终才能确信自己的构想是否正确、能否经受任何检验。光的研究大部分都是实验性质的。而潮汐研究则大部分靠计算。再次，一个人要构想出观察事实和不可见现象之间的联系和不可见现象发生的整个过程，要达到很多要求：有聪慧的科学思维；思维的过程不仅仅是判定观测事实的过程；想象力要够活跃，能构想出不可见现象发生的过程；也要摆脱偏执，忠实于实验或计算过程，无论会得到怎样的结论。最重要的是，我们要知道大部分科学知识，正如凯尔文光和潮汐的论文所揭示的那样，由“推论事实”构成，而不仅仅是观测事实。

我们可以用一个寓言来说明潮汐问题。从前有一个热衷观察但想象力贫乏的人住在海边。他住的地方常年有一片乌云笼罩着天空，遮蔽日月，这个地方同时有随周期变化的潮汐。这个人对这些观察到的事实很了解，但对背后不可见的推论事实以及意义却一无所知。同时，一个隐居的哲学家住在一片四季阳光普照的内陆沙漠，不知道海洋和潮汐是怎么回事，但他熟悉太阳和月亮的移动以及与天体运行相关的地心引力。这个哲学家可能以此为据做出一系列推理或演绎，最后得出结论：“这些遥远的天体对地球肯定施加了不同的引力，但地球太硬，不会对这些引力做出反应。而如果地球的大部分地方都被水覆盖，太阳和月亮对水面的引力便能产生周期性的变化……”后来，那个住在海边的观察家去旅行，碰到了住在沙漠的哲学隐士。隐士问他：“你有没有见过大片水域的水平面产生周期性的变化？”观察家回答说：“见过，我正想告诉您呢，想让您解释一下为什么会这样。但您怎么知道会有这些变化？”隐士说：“我都不知道有这样的大片水域存在。但我确定如果有这样的大片水域存在，水面就一定会有周期性的变化，因为……”这个寓言告诉我们，一个训练有素的科学工作者会结合故事中敏锐的观察家和想象力丰富的隐士的特点。他像两个不同的人那样进行独立观察和解释，既是观察家又是哲学家。观察家通过观察获取事实，哲学家则通过想象和推理做出对这些事实的正确解释。

阐释的范例

读第三遍读的是作者陈述信息的方式，使读者与作者之间的关系更为密切。因此读第三遍不像是读第二遍那样读的是作者和他提出的问题之间的关系。但读第二遍和第三遍都与读第一遍有所不同，因为读第一遍时读者只会将作者当作一个读的对象。在这里我指出凯尔文关于光的论文中几个主要的表述特点，以便使读者可以依葫芦画瓢地分析他写的关于潮汐的论文。首先，文章在解释光时先用更容易理解的声音作类比。似乎和蔼可亲的作者正牵着读者的手，引领他走一条不费力的路线到达高山的山顶。其次，作者由浅入深，一步步从小数字过渡到大数字，并鼓励读者："这些你们都可以理解。"还有那个用茶壶来帮助读者理解宏观概念的朴素类比。在提到美国物理学家兰利的著名作品和牛顿划时代的光谱发现时，作者的个人风格依稀可辨。还有在用鞋匠的鞋蜡作类比时，作者很有意思地提到自己的出生地在苏格兰；在阐释乙醚的振动时，作者自己虽对复杂的数学公式了然于心，但很体谅读者，用了一碗果冻中的红色小球来打比方。

总之，读凯尔文关于光的论文，读第一遍能激起读者对光继续探索的兴趣；读第二遍是对科学方法有更深刻的了解；读第三遍则是为了解书后面伟大的作者。认真读一本书可以激起我们遨游书海的渴望，而这也是读任何书最大的教益。

哲学篇

Philosophy

总　论

拉尔夫·巴顿·佩里

神圣的哲学是何等讨人喜欢！
不像愚昧人所想的那样枯燥、艰涩，
它像阿波罗的箫管音乐一样悠扬，
又像是堆满佳果珍馐的不散筵席，
不是暴食者统治之地。[①]

从弥尔顿这样公开地赞同哲学起，哲学便成功地摆脱了“枯燥、艰涩”的恶名。私下里，熟悉经院哲学、中世纪哲学和弥尔顿时代既定哲学的人，都不可避免地赞同那些“愚昧人”的观点。但哲学在最近300年中形式变得越来越自由、越来越富有想象力、越来越表现自我，这一点在英国和法国的哲学上表现得尤为明显。因此，批评和贬低哲学的人如今已经

① 译者注：此处引用朱维之先生对弥尔顿《科马斯》的译文，参见《弥尔顿诗选》，第78页，人民文学出版社，1998年。

开始讨论新的主题，唉，由于人数实在太多，在此就不一一列出他们是谁了。这些人非难哲学的原因在于其不实际而非不悦耳。阿波罗的箫管音乐太不实际且太过遥远，无法迎合效率和常识时代的需求，所以其本身就值得怀疑。

哲学与效率

老实说，我特别想从效率和常识的角度向各位推荐哲学，若真如此，大家会倾听、理解并相信我，我可以迅速、巧妙地赢得读者的信任。如果我这样向你呼吁："现在请看！哲学就是平凡朴实、讲求实际的常识。"或者说："想要成功就试试哲学吧，它可以帮助你制造和销售，还能帮助你打败竞争对手，让你无论做什么事情都很有效率。"你凭直觉和一贯的看法就会同意的。但如果这样，我向你推荐的就不是哲学了，我就是在欺骗你。因为哲学既不平凡朴实，也不讲求实际；它也无法帮助实现人们普遍认为的那种成功。这是现实情况，绝非偶然，大体上就是这样。哲学就立足于常识的不可靠和庸俗成功标准的专横独断中。它的特点就是：只有在它的地盘上才能遇到它。你必须到它家里去找它，如果你坚持要它有所妥协，在半道上迎接你的话，那么你遇到的将根本就不是哲学，而是哲学的名号或外壳，其灵魂早已脱壳而去。如果不让哲学用自己的语言代表自己说话，那你绝对无法理解哲学。如果说哲学是有益的，那原因就在于它对生活贡献了某种不同的东西，某种它自己所特有的东西，而这种贡献只能用哲学本身所提供的标准来衡量。

哲学与常识

如果无法用常识来证明哲学，那我们至少可以把它跟常识进行比较，从而通过更为熟悉的常识来接近哲学这一领域。在无法否认哲学与常识不一致的情况下，我们不妨充分利用这种不一致。常识到底是什么呢？首先很明显的一点是：这不是一个常识问题。常识特有的属性之一就是：绝对不能质疑常识，它是理所当然的。它包含大量公认合理的确信事实，你要做的不是就它们提任何问题，而是借助它们来确定应该问什么样的问题。人们对这些保守的意见、坚固而统一的信念坚信不疑，因为它们是人类推理的无意识前提。我具备常识并把它用作生活或思考的依据，它是我和我的同胞们所共有的一种实际上的和理论上的成见，但我从来就不深究它。

假设我在某种异想天开的、毫无理性的精神状态下思考常识，那么会发生令人吃惊的事情：常识——人们从未质疑过的权威——将被证明是十分容易出错的。它将不再有魔力。比如说“常识具有历史性，会随着时间和地点的变化而改变”这一点将立即清楚地显现出来。昨天的谬论是今天的常识，昨天的常识如今已经变得过时、古怪。16世纪时说地球移动的人是异类，20世纪时说地球不动的人才是怪人。此外通过这样反思常识，我们至少可以部分地看出完全非理性力量的结果，比如习惯和模仿。人们一直相信或不断重复的事实变得更加权威可信；将来，它也会比最近的或新颖的东西更容易令人相信，更令人难以怀疑。我们自己的信念会无意识地反映我们周围其他人所相信的东西，就像我们的言谈会体现我们社交圈子中的特点和风格。而曾经广为传播的信念会成为既定权威，像任何平常的或正规的东西一样得到民意的支持。人们总是对那些不相信的人怀有敌意，猜疑并认为他们是不可靠、不可测度的人（绝对没人可以猜出他们下一步会做什么），或者认为他们对公共治安造成威胁而进行迫害。我把习惯和模仿称作“非理性的”力量，因为它们对真理没有特殊的尊重，同时证实和传播良好的和恶劣的思维方式。事实上，有很多理由可以证明常识确实是一位非常优秀的向导，如果不遵循有些常识，人必然会犯错。常识虽然是有道理的，但它本身并不是终审判决，有很多其他的理由可以证明这一点。常识是稳定而流行的，但可能正是因为如此，它也容易受到批评。我们无法确定常识的真假；它或许确实阻挡了真理的道路：毫无根据地把古老的和熟悉的东西当成权威，阻碍我们的头脑接受新的光亮。

于是，即使会被指责为想法古怪的人，哲学家也冒着危险去挑战常识；为了引导多数人反思由于惰性或盲目而被他们视为天经地义的东西，他坚决与他们为敌。他是不顾后果的批评者，是无法抑制、不知道该在哪里打住的提问者。哲学家有办法控制人类的智力，可以在思考时让智力陷入沉睡。每个时代都有哲学兴趣的蓬勃复兴和新的哲学运动，仿佛具有周期性一样。像苏格拉底、培根、笛卡儿、洛克和康德这样古怪的、十分喜欢思考的人，总是离开思想的轻车熟路，对他们而言，走老路或许更轻松，但开辟出一条新路则更有可能实现目标。像他们这样的思想者，总是会重新检查和审视古老的前提和方法，把自己定位于一个新的中心，并采用新的参考轴。

只要常识具有习惯性和模仿性，哲学就总是跟它相对。但真正的哲学天才无法认同常识的其他一些特征。那些从常识的角度被用来表示赞扬或责难的术语清楚地表达了这些特征。人们通常是怎么说那些被指责为违背常识的观念呢？我发现以下三个责难形式是最受青睐的：这些观念被宣布为“不实际的”“太一般的”或“无形的”。但凡有常识的人都会认为这些是责备之词。当然，它们也暗示了可以被常识接受的观念必须是“实际的”“特殊的”和“有形的”。哲学是对常识的矫正，它就是要证明：这些判断（不管是实际做出的还是语义暗示的）不可能作为最终裁决而被接受。

哲学与实际

通俗地讲，“实际”到底是什么？举个例子来说，假设一个人被困于一座正在燃烧的大楼屋顶上，他的朋友们在周围帮着出主意。一个朋友建议从隔壁拿一把梯子过来；另一个朋友建议这个人爬到邻居家的屋顶上，然后顺着雨水管下来。这些都是实际的建议。而另一方面，第三个朋友却想知道着火的原因以及此人为何试图逃离。因为他的询问不切实际、不着调，人们很快就让他闭嘴。另外举一个例子，向一个正在积极工作的人提出建议，很快就会发现这个建议到底是否实际。发明让手上的工作变得更便利的物理装置或工业机械之类的东西可以证明你是个实际的人，人们也将会倾听你所说的。但如果去问商人如此辛苦赚钱的原因并质疑这样做是否值得，那最好还是算了吧。他或许会“在工作时间之外”去看你，但几乎不可能重新信任你。由此看来，“实际”的意思似乎是跟手头的事情密切相关。“手头”有事、忙于干活、追求某个目标，对成年人来说都是有益的。任何有助于你实现目标的东西都是实际的；而除此之外的其他东西，尤其是对目标本身的思考，就是不切实际的。哲学家的建议通常是不实际的，人们也觉得它并不必要：对正在做的事情毫无益处，并且总是打算阻止你的行为。既然它不适用于工作场所或时间，那还有什么可取之处呢？这个问题的答案当然是：不仅要前进，更要在正确的方向上前进；不仅要把事情做好，更要做有价值的事情。但人们却容易忘记这个显然正确的答案，因此哲学家的职责就是提醒人们记住它、说服人们偶尔反思自己的目标并重新考量他们的整个生活方式。一旦有了生活哲学，你就有了理由：所选择手段的理由和通过这些手段打算实现的目标的理由。

哲学与一般化

常识同时还责难“太一般”的东西。据说我们在生活中所面对的是一种“情境”，而不是一种理论。有经验的人被人们信赖，而经验通常意味着熟悉某一组独特的事实。一个人在实际生活中所需要的是对具体环境的熟悉，而不是一般性的观念；一个人必须熟悉具体的人和办法，而不是抽象的人和原理。历史学家总是忽略重点是要知道究竟发生了什么，而非花费时间去怀疑含糊不清的文明和进步的观念。工业社会需要的是关于当下的成本、工资和物价的知识，而不是经济价值的理论。要想为生活做好准备，更重要的是要训练能够辨别和操作的眼睛和手，而不是因热爱广度和范围而模糊了细节或在探索终极时可能会忽视真正要紧的眼前之事的理性和想象力。常识当然不会完全责备一般化。它极其尊重知识，知道没有一般化就不会有知识，所以必须有规则和分类，甚至要有法则和理论。但必须抑制一般化的精神倾向，因为一旦超越临界点，它就变得荒谬、怪诞、脱离事实、“高蹈入云”。有常识的人非常实际，他们带着轻蔑和娱乐的心态，甚至茫然的惊愕，看待这样的思考。

所以，哲学不是因为常识的一般化而冒犯它，说到底，在完全缺乏一般化时，没人能够思考；真正的原因是它不知道该何时打住。哲学家注定要冒犯常识，因为如果他忠实于自己的使命——尽可能地一般化——他就一定不能打住。他这样做或许出于各种不同的动机：被“无所事事的好奇心”所推动，想要看看自己到底能走多远；认为探索和思考普遍原则才是最崇高的人类活动；被“灵魂能否得到拯救取决于他能不能跟事物的第一原因和终极理由建立起正确的关系”这样的观念所激励。但不管怎样，他的使命就是阐述事物的本性所容许的最一般的观念，不能服从权宜考量所强加的任何限制。如果他不能比其他人更全面、更综合或更深刻地思考，那么他就会完全失去身份特征。他的思想具有总体性，不代表任何事实或利益的有限群体。

哲学与明确

人们通常认为一般化的观念更空洞或更朦胧，而事实则具有常识的第三个标准所判断的优点，即“明确性”，因而事实是“坚实可靠的”，这一点非常重要。追根溯源，明确的当然是指可以触摸的。喜欢怀疑的托马斯是一个有常识的人。此时此刻，我们不得不触及人性中非常原始和根本的东西。触摸是人类最原始的感觉。审视生物体的整个历史可以发现，“接触”的经验或预期在意识中扮演了一个最重要、最不可或缺的角色。实体才能与生物体接触，因此实体或有形的东西是已知事物中最古老、最熟悉的案例。而其他所谓的事物，身份却非常可疑，头脑思维在接触它们时不觉得十分熟悉和有把握。物理科学能够享受常识的信任的原因在于它总是从实体出发，最终又回到实体，尽管它也可能偏离实体，并想象一些不可捉摸的以太和能量。而且即便是以太和能量，人类对世界与生俱来的好奇也能激发触觉想象，几乎可以感觉到它们。即便知道这是不合理的，人类的想象力也不可能停止做同样的事情。上帝和灵魂确实都是精神上的，因为只有这样，它们才有最高的权威。但它们在普通人的头脑里清楚地具有肉身，否则头脑思维就无法跟它们打交道。

哲学并不敌视有形的事物，它事实上还必须要承认所有真实的物质归根结底都是有形的这一可能性。但哲学也必定会指出人们对有形事物的偏爱当中存在着人类的偏见，而它的使命则是尽可能地抵消或减少这种偏见。哲学必须培养和保护那些旨在公正对待经验中的非有形方面的理论，让它们不至于被误读为“不可想象的”或内在不可能的东西。上一代人通常把哲学称作“精神的和道德的”哲学。这个说法一定程度上是对的，并不是说哲学把自己局限于精神和道德，而是只有依靠哲学家才能正确地认识这些东西，才能改正常识，才能改正在常识的基础上发展出来的科学不可避免地对有形事物的过分强调。

我们无意识的哲学化

哲学可以接受非难常识的意见，甚至会以哲学是不实际的、太一般的和无形的而自夸。如果这些责难是决定性的和最终的，那么哲学就只好认输。但哲学并不仅仅跟常识作对，它把人们的头脑从常识中解放出来并确立更权威的标准，同时它还用这些标准来证明其自身的正确性。

尽管我本该说服你相信：哲学是一种古怪的东西，你必须走出家门，到它自己家里去拜访它，但我现在更希望说服你相信：你曾经在不知不觉中接触过它。如果哲学眼下正要进来，你必须把你头脑里那些最熟悉的想法驱逐出去，但这一哲学或许曾经就存在于你的脑海里，只是当时你太年轻，而你的长辈又有太多的常识，以至于你不知道那就是哲学。一般的孩子一定会对那个所谓的“世界”非常好奇：很想知道究竟是谁创造了它、为什么要创造它、如何创造它、它为何被创造成现在这个样子以及在那些超出自己的感觉范围之外的遥远而模糊的地方它是什么样子。然后，你逐渐并且还在继续长大，慢慢获得了常识，或者更准确地说，是常识抓住了你。它像降落下来的一道帷幕，把暮光隔绝在外，让你看得更清楚，但同时也限制了你的视野。从此你会觉得自己童年时代的那些问题都相当愚蠢、过分，但凡忙碌的人都不可能沉湎于这样的问题。但是哲学比常识更天真，它是思维更自发的表达。一旦你恢复最初的这种无拘无束的对事物的好奇心，常识就不再像是成熟岁月的启蒙，反倒像是头脑思维的僵化，是事务缠身的世故和自满。公正地说，哲学的兴趣更自由，常识则具有某种职业特征。

但你在不知不觉中会接纳哲学另一个更重要的意义。它是各种毋庸置疑有分量的成年活动和兴趣的基础。你迟早肯定要反思这些活动或兴趣并认识到它们需要哲学的支持。宗教领域在这一点表现得最明显。我们所有人都参与了某种宗教传统，这些传统被视作天经地义、理所当然，而我们大多数人都是它的主要成分。我们假定存在某种无私、诚实、坚忍和友爱的生活，或者说是最高的和最好的生活。我们假定这种生活的价值高于世俗的成功，它预示了一种每个人都应该渴望并愿意为之牺牲所有的精神富足的状态。并且我们假定这种类型的生活是全世界最重要的东西。所以我们可以认为，是某个存在创造出了世界，并控制了世界的事务，而这种类型的生活在这个存在的身上得到了最完美的例证。那么上帝对我们来说就意味着宇宙中至高无上的无私、友爱等。或者我们可以认为上帝的存在确保了那些无私而正直的人将继承这个地球并体验到永恒的幸福。

怀　疑

我们现在来观察人产生怀疑时的情况。他可能会质疑理想的价值：维护自我难道不比牺牲自我更有价值？昧着良心、把力量置于公正之上难道不伟大？谁能裁决这样的问题？教条的民意或任何制度的权威都肯定不行。一旦产生怀疑，教条就不起作用了。真正需要的是对理想的思考比较，是对价值和生活意义的批评性审视。任何承担这样一项研究或希望解决自身问题而开始这样一项研究的人，本身就是道德哲学家。他正在追随柏拉图、康德、穆勒和尼采的脚步，至少在部分程度上他跟他们走一样的路。

或者可以假设这位怀疑者所质疑的是传统理想能否成功实现，而不是它是否正确。假设他像约伯那样对正直者的倒霉背运产生了深刻的印象，以至于想要询问事情的自然趋势是不是跟正直的事业全然无关。归根结底，这个世界是不是一个惊人的意外，是不是由盲目力量导演的一出残忍而笨拙的戏剧？理想究竟是不是毫无价值，或者，它们是不是无聊的梦想、错觉或纯粹是想象的游戏？精神究竟能不能推动物质，还是说它只是那些完全超出其控制力的事件的一个茫然无助的目击者？问这些问题，你就提出了哲学的难题；回答这些问题，你就创造了哲学。

当然也可以用麻醉术治疗怀疑，但事实上麻醉术对很多人根本不起作用，这样并不能治愈。他们要求用智力的办法来解决智力的问题，而他们的思想一旦被激发出来，在追根究底直到解决之前绝不会停止。上一代人遗忘的问题，还会再次出现、萦绕在下一代人的心头。即使可以完全麻痹或减退批评和怀疑的能力，人类也只会遭遇更加糟糕的灾难。因为宗教的优点必定在于它是真实的，必须能够随着文明的进步而得到修正。怯懦地抱持轻松舒适的幻想并不能实现拯救。

做什么来拯救我们的灵魂，应该取决于真实的而非想象的事态，因为在后者状态下是愿望促生了思考。拯救必须建立在事实而非虚构的基础上。总而言之，哲学的必要性源自构成宗教基础的那些问题的真实性。和在其他的活动和兴趣中一样，在宗教中永远不要假设事情本身就是如此，要不时地带着开放的头脑近距离地研究它们，这一点非常重要。哲学就是这样研究生活的理想和希望的基础。

哲学与艺术

接下来看一下对艺术的兴趣，我们对此或许更为熟悉。鉴赏家有时候会捍卫最伟大的艺术品必须表现一般或普遍的东西这一模糊的观念，但更多的时候则忽视或拒绝它。因此人们觉得希腊雕塑比当代雕塑伟大，因为前者表现抽象的人，而后者却表现具体的人；文艺复兴时期的意大利绘画比印象派风景画更高明，因为前者表达了基督徒对生命的诠释，而后者只是捕捉光与色彩的瞬间表现。但现在我一点都不想把这样的考量硬说成是决定艺术优劣的决定性因素。它们根本不应该影响我们的纯艺术判断，不过它们却清楚地表明了一个关于艺术家思想和观赏者思想的重要事实。希腊雕塑家和意大利画家明显都有某种可能在完全无意识的情况下产生的观念。但希腊雕塑家不知为何必定有一种观念，它不仅是关于它的模特儿的，而且是关于人类本性以及一种与之相适应的完美观念。而意大利画家除了美感之外，必定拥有他那个时代人们所共有的关于事物比较价值的一种观念，大概还有内在生命对肉体生命或者天国对尘世的优越性。观赏者必定也有理解这些观念的能力，否则就会失去艺术家试图传达给他的某些东西。诗歌的情况大概更清楚一些。史诗或叙事诗，以及入于情人之眼或出于情人之口的爱情诗，明显是关于某个具体的情境或某个罕见的、稍纵即逝的特征，暂时使人的头脑变得更狭隘，并把世界关在了外面。另一方面，像丁尼生的《更高的泛神论》和《莫德》、勃朗宁的《拉比·本·以斯拉》、华兹华斯的《丁登寺》、马修·阿诺德的《多佛海滩》这些作品，诗人努力通过自己独特的媒介，表达对生活的某种一般化，以其更宽广的视野，揭示出人在整个事物格局中真正的位置。这样一种视野很少或大概从来不能完全清楚地被表达出来；但它预示了一种奋力争取光亮的精神，不满于任何现成的计划，力图把自己从庸俗的标准中解放出来。

阅读这样的诗歌，人必定会对它的精神状态有所反应，并把自己的思维拓展到它的范围。

要实现我们的目的，用不着坚持认为诗歌的优劣跟其观念的宽广度成正比，只要认识到很多公认的伟大诗歌都有一个实实在在的特征，即观念的宽广度。伟大的诗人的想象力都敢于源于并高于真实情况，上升到能够以全球视野来看待事物的高度。这就是哲学的想象力，它所源自的推动力，跟导致哲学产生的那种推动力是一样的，同样需要跟常识决裂，本质上对生活做出了同样的贡献。但存在这样一个差异，诗人的想象力要么大胆地预示了未来论证的结果，要么无意识地使用了已得到论证的结果，而哲学就是论证。诗歌作为艺术必须诉诸感官来呈现最终完成的东西；但哲学是理论，所以必须呈现它正在谈论的东西的定义和理由。诗人和哲学家都是必要的，因为每一个论证都有构想，而每一个构想也都有论证。

哲学与科学

“科学”这一术语如今通常指一组专门的知识，这组知识由物理学领头，正迅速向迄今未知的领域推进，首先把未知转变为知识，然后转变为发明，最终转变为文明。在常识的关照和资助下，科学是一项有利可图的投资。尽管科学经常像彼得那样拒绝接受哲学并否认对它有任何了解，但它有哲学的血统和无法隐藏的哲学联系。在生存的必须要求将束缚强加给我们头脑的自然运行之前，大家都是哲学家，人类的知识也是如此，它首先是哲学的，然后才是“科学的”，此后又被分为高度专门化的分支，每个分支都有它自己的技术和计划。在很多方面，科学暴露出了它的哲学根源和联系纽带。例如，不同的科学全都处理同样的世界，它们的结论必须取得一致。物理学、化学、生理学和心理学全都在人性中相遇了，不得不协调一致。人在某种意义上就是机械、生命和意识的统一体，这是可能的吗？很明显，任何一门单独的科学都不能回答这个哲学而非科学的问题，但它把科学工作跟对其结论进行的评估密不可分地联系了起来。

而且科学使用了很多没有彻底审视其意义的概念。科学的大多数（即便不是全部）基本概念都是这样的情况。比如，力学并没有说明空间和时间的准确性质；物理学只是敷衍了事、徒有形式地描述了物质的性质；生物学和生理学的绝大部分都没有尝试小心地辨别和定义生命的意义，便着手研究它们；而心理学研究意识的实例，却没有准确地定义意识的本质。所有科学都使用规律和因果关系的概念，但它们没有给出关于这些东西的理论。总而言之，一些专门科学的某些粗糙的工作观念，只能满足实验和描述的目的，对于批评性反思的目的来说则远远不够。我刚才提到的所有概念，只要思考被引导到它们那里，它们就为思考提供养料。它们充满了困难，而且没有一个人敢说在专家所使用的有限意义上科学能够成功地消除这些困难。即使不解决这些困难，科学依然能够继续发展、取得惊人的进步、为成功的物质文明提供必要的工具。但假如有人问："归根结底，我究竟站在什么地方？我所生活的究竟是怎样的一个世界？我自己是什么？我必须害怕什么？我可以希望什么？"如果不面对这些困难，是没有办法回答他的。只有哲学家才会试着回答这样的问题。

伦理学的问题

在着手进行工作时，哲学证明了有必要把问题分开。哲学的分支没有明确界限，其问题更加基础和根本，它们往往互相融为一体，一个问题的解决依赖于其余问题的解决。但就像在其他事务中一样，在哲学中不能一心二用，一次只能做一件事。哲学在满足完全不同的领域的需要时，发展出不同的分支和重点。

伦理学大概是哲学当中最容易就其本身来考量的部分，上一代人通常称之为"道德哲学"。柏拉图那篇著名的对话录《申辩篇》（*The Apology*）大概是对伦理学最好的引介。苏格拉底在这篇对话中面对他的责难者为自己辩护，描述并证明了道德家的职责。苏格拉底说，作为道德家，他以质问人们各自职业的原因和理由为己任。他发现人们确实都很忙，但奇怪的是，他们不知道自己在忙什么；他们明确知道自己正在去某个地方，却不知道它在何方。苏格拉底并没有自称要指引他们，但他非常肯定有必要提出这个问题，至少他在这方面比其他人更明智。苏格拉底的道德观是：人为了"善"而生活，如果对"善"没有一个明确的概念，那么生活是不可能合理化的。因此善的问题成了伦理学的中心问题。它究竟是享乐，是知识，还是世俗的成功？它究竟是个人的还是社会的？它究竟在于某种内在的状态，还是在于外在的功业？应该在此世还是在来生去寻找它？这些只是同一个问题的不同变种，后来柏拉图、亚里士多德、基督教神学家、霍布斯、卢梭、康德、穆勒及其他道德哲学家先后都提出这样的问题。另外一些与之并肩的特殊的问题也相应出现，比如，道德品行与世俗法律的关系是什么？在柏拉图的《克利陀篇》（*Crito*）中，苏格拉底教导我们，善人的首要职责就是服从法律，即使他是无辜的，也要接受惩罚；因为善的生活本质上是一种有序的生活，在这样的生活里，个人应该顺应他生来就属于的那个政治共同体。霍布斯从不同的立场，得出了同样的结论：权威和法律是道德存在的前提，如果想要免于承担与生俱来的自私自利和肆无忌惮的后果，人类必须把自己永远交给国家，除了国家所强加的之外，根本不存在权利或责任。一个人要么服从法律，要么堕入那种原始的无法无天，这种状态下每个人都是为了自己，不管是猎手还是猎物。卢梭的学说则非常不同，他预言了一个这样的时代——人们在这个时代里因为轭具的擦伤而疼痛难忍，渴望挣脱束缚，奔向牧场。卢梭宣扬说应该是法律为人而定，而不是人为法律而造。人被自己创造的发明物所奴役，所以必须努力回到自然的善和幸福，那是他的合法遗产。这些问题如今依然是政治哲学的基础，即使今天的政治党派并不了解这一学说，他们仍然因此而四分五裂。

康德带给道德哲学的转向与此不同，大家可能也更熟悉。道德生活的核心观念在他看来是“职责”。意志的状态比结果或偏好更加重要。道德远比人类创立的法规更加深刻，因为它建立在自身法律的基础之上。这一法律通过他的“实践理性”（practical reason）而被提交给了个人，在所有影响行为规则的事务当中，它是最后的定论。因此，康德把重点放在了新教、清教和基督教所强调的地方；而柏拉图是世俗异教的代言人，他要求我们寻求生活的圆满和完美，这种世俗异教如今就像在基督教出现之前一样充满活力。

宗教哲学

那些与道德哲学密切相关的问题构成了“宗教哲学”的核心。假设伦理学的问题暂时得到了一个答案，善得到了定义，人的责任得以阐明，那善的实现究竟有多大的希望？我们是否可以有把握履行职责所规定的任务？这究竟是不是人力所能及？因此，人的身份问题首先被提了出来。他是否纯粹是动物自然因果链中的一环，充其量只能思考自己的无助？他是否被赋予了与其理想相适应的力量，一种可以控制自己的命运、促进他所服务的事业的力量？这就是古老的、众所周知的“自由”问题。康德讨论了该如何为人的特权辩护，霍布斯阐述了人被赋予纯粹的动物身份时他是用什么造就而成的。人是否有机会在身体消亡之后继续存在，并进入另一种生活而不再受自然力量的摆弄？关于这一点该说些什么呢？在柏拉图的《斐多篇》（*Phaedo*）和康德的《实践理性批判》（*Critique of Practical Reason*）中对人的永生提出了最精微、最雄辩的论证。是神的问题，而不是人的问题，是所有问题当中最关键的。到底是盲目的、机械的力量，还是那确保善的胜利、确保恪尽职守的人得到拯救的道德力量在主宰这个世界？这是人们所能提出的最深远、最重大的问题，它把我们带向了另一个哲学分支，即后来的“形而上学”。

形而上学

稍不留神，我们就会被“形而上学”这个术语的通俗意义所误导。它通常指的是关于神秘或玄妙事物的理论。这种说法有一定的道理，因为形而上学是思辨哲学，使我们超越了事物的最初表象，而不完全是经验哲学。但这只是一个方法问题，而不是学说问题。形而上学哲学家必须把自己的思考推到最极端的边界，不能满足于任何最初的表象、任何常识或约定俗成的结论。但还是有必要在形而上学与下面这种学说之间建立起某种联系：现实是神秘的、超验的、超自然的或诸如此类的任何东西。形而上学到头来很可能得出这样的结论：事物恰恰就是它们看上去的那种东西，或者说，自然且只有自然是真实的。作为一次试图追根究底的努力，形而上学只不过试图弄清楚现实的构成究竟可能是什么，以及它最初和最后的原因是什么。其两大主要选择是证明信仰上帝有理的理论以及怀疑这一信仰的理论。后者把对上帝的信仰贬低为想象力的杰作、绝对信念的作用、教会的无中生有，在霍布斯的研究中可以找到其经典例证，它们通常被称作唯物主义。在贝克莱主教的著作中则可以找到前者的一个绝佳实例。霍布斯试图证明唯一的本质是实体，而贝克莱则试图证明唯一的本质是精神。据贝克莱说，精神的本性是每个人对自身最早的直接认知。接下来，为了说明独立而卓越的自然秩序，你必须假设导致并维持这一秩序的普遍精神，或曰神的精神，这种精神在种类上跟我们自己的精神是一样的，但却有无穷的力量和善。

认识论

在哲学文献中，尤其重要的第四组问题被称作“认识论”。尽管乍看之下这一理论在所有哲学研究中似乎是最矫揉造作、最不切实际的，但稍加思考便可以揭示出它至关重要的意义。例如，假设它是一个科学终结或信仰合法性的问题，那就只能通过审视科学方法来回答，以便发现这些方法中是否有任何独断专横的东西限制了结论的范围。你必须追问，究竟是什么构成了真正的知识，一件事物何时得到最终的解释，是否存在必然超出人类认识能力之外的事物，允许愿望和理想影响一个人的结论是否恰当。现代哲学的奠基人培根和笛卡儿主要关注和研究的就是这些问题，而他们之后的一切哲学思考都以这些问题作为出发点。更有甚者，哲学开始关注一个非常独特的困境，人类的思想者就是在这一困境中找到了自己。他似乎被迫首先从自己开始。当笛卡儿试图把知识还原为首要的、不容置疑的确然之事时，他发现每个思想者对自身存在和自己观念的存在的认识是能够确定的。如果一个思想者从这一核心出发，他如何在此基础上增加任何别的东西？除了自身和自己的观念之外，他如何肯定其他任何东西的存在？另一方面，尽管我的知识肯定是对我自己和自我内心的认识，然而如果它不能使我超越我自己，它就几乎不是什么知识。这个问题成了哲学的核心难题。然而，除了哲学家之外，每个人都对这个名副其实的难题视而不见。贝克莱审视这个难题得出了这样的结论：如果假定实在是可知的，那么，它只能由思想者和他们的观念所构成。就这个结论而言，贝克莱被整个唯心主义者学派所仿效，这个学派启发了德国文学和英国文学中引人注目的运动，成员包括后来各个时代最杰出的思想家。而另外一些学派对这一难题的研究却得出了完全不同的结论。不过，如果不面对这个现代思想一直以来的关键难题，人们无法讨论任何基本问题。

当从根本上来思考的时候，这些就是你马上要加以讨论的一些问题。哲学被带向了这些以及诸如此类的问题，因为它表达了人类思想最深刻的躁动，表达了对现成的、习惯性的或约定俗成的观点的不满，表达了自由而无限的好奇心，以及圆满地解释世界、为了生活的目的而对它做出判断的需要。

苏格拉底、柏拉图与罗马斯多噶学派

查尔斯·波默罗伊·帕克

苏格拉底属于波斯战争之后的那一代人，当他长大成人的时候，不论多么贫穷，任何一个雅典公民都可以按照自己的意愿来自由地安排生活。苏格拉底决心要把自己的时间自由地花费在思考真理上，他认为挣钱跟这种自由相比毫无价值。希腊世界当时有很多鲜活的思想，在伯里克利的统治下，雅典正逐步变成庞大帝国，而一些伟大的思想家，或者说至少是他们的思想，则纷纷来到雅典。那时候，毕达哥拉斯学派的哲学家广泛活跃于各个领域：他们不断发现关于治疗技术的真理、他们在天文学上做了大量富有成效的工作、他们在音乐上取得了长足的进步、他们研究数学尤其是几何学。另外一些学派的哲学家则在研究火、风、水、土，声称它们互相演变，就同固体融化成液体、液体分解为气体一样，也像某些思想家认为气体原子是由电单位组成的一样。另外一些哲学家则专注于天空的辽阔无垠，认为发现真理的唯一方式是把宇宙设想为一个巨大的不变球体。还有一些人信奉原子理论，所谓的原子，是一种极小的、看得见的坚硬物质的球体，它们通过结合或分离，创造了这个不断变化的世界。

苏格拉底与阿那克萨哥拉

苏格拉底积极地研究所有这些理论，后来他听人说起阿那克萨哥拉这位宣称思想创造世界的哲学家，但他认为阿那克萨哥拉似乎并没有显示思想赖以发挥作用的理性方式。苏格拉底认为理性的思维总是试图获得某种实际的善。仅仅显示一个有形的事物如何变为另一事物，或者使另一事物进入运动状态，并不能理性地说明这个世界。尽管阿那克萨哥拉在谈论思想，但在苏格拉底看来，他似乎没有触及理性活动的核心。而苏格拉底一旦捕捉到了思想是一个原因这样的暗示，就绝不会把它搁置一旁。研究理性活动的本性，就意味着仔细研究人及其思维。

苏格拉底与毕达哥拉斯学派

在伯里克利时代，对人以及人类生活有关的一切都有着极大的兴趣。苏格拉底喜欢与人交谈，而毕达哥拉斯学派看重人的灵魂，并说人是永恒的，因此他和这一学派尤其有共鸣。上个世纪[1]毕达哥拉斯创立了该学派，把成员们组织起来成立了一个兄弟会，成员们通过宗教信仰、简朴生活和高尚思想的纽带互相联系在一起。这个兄弟会试图影响并改造他们所生活的那些城邦的政治生活。到了苏格拉底那个时代，他们已经放弃了政治，但从未失去对宗教和人类的兴趣。他们不仅在医学、天文学、音乐和几何学领域有所研究，还想发现正义、美、生命和健康的本质，因为它们似乎赋予了人类生活以全部现实。毕达哥拉斯学派的设想非常奇怪地把这些本质以某种方式和几何学混在了一起。事实上，我们也倾向于把正义说成正方形的东西；但我们的这种隐喻多半被他们当作现实。他们似乎认为立方体、球体、棱锥体、三角形、圆和正方形等不同的形式或形状就是世界的本质。他们用希腊文单词Tδεα（这个单词

---

① 公元前6世纪。

当时的意思就是“形”）来表达它们的本质概念，然后试图从这一点上找出美、节制或健康的理念。苏格拉底对这一思路很有兴趣，下定决心要找出这些“理念”。但他并不满意毕达哥拉斯学派所抱持的那种对事物的几何概念。他想与人交谈，想按照人类思想中所反映出来的那个样子来研究生活，并希望因此更清楚地理清现实的概念，这将会给他自己和别人带来实际的帮助。一件东西因为其本身的美而被认为是美的。什么是美？对一位希腊思想者来说，这是一个很重要的问题；发现完美的生活可能也值得我们努力。一个行为因为其本身的正义而被认为是正义的。什么是正义的本质？我们和苏格拉底一样想知道。这样的探究让苏格拉底迷惑并陷入绝望之中。

苏格拉底的使命

“特尔斐神谕”（被一些对当时的生活高度敏感的势力所控制）在大概这一时期的某一天，对询问者说苏格拉底是最聪明的人。苏格拉底本人十分困惑于这一宣告，因为他能敏锐地感觉到自己的无知。他热切地向各种各样的人请教，想看看他们能否给他带来智慧，但很快发现他们关于事物真正本质的观念混乱而矛盾。这让他认识到了自己的使命，即理清人们的思想。清楚地界定我们的思想，并就我们的言辞所指称的事物的本质属性取得一致的意见，这是理性思考的第一步。

苏格拉底与柏拉图

柏拉图的《申辩篇》《克利陀篇》和《斐多篇》戏剧性地（用柏拉图的话来说）向我们呈现了苏格拉底的思想。它们全都是关于苏格拉底生命中最后的岁月，那时候，他的思想可能正处于最成熟的阶段。柏拉图很有可能发展了苏格拉底的某些思想，推向了其逻辑结果，从而超越了他老师实际上所说过的话，并赋予他的思考以趋向。但除了阅读这些对话录之外，我们几乎没有更好的途径进一步了解苏格拉底的真正本质。例如，他看上去似乎觉得灵魂是永久性的事物；灵魂的本质就是活着并赋予生命；正义、克制、虔诚、美，以及诸如此类的理念，是赋予人类世界以实在的永恒本质。《斐多篇》中想象力的更高飞翔，以及整个理论的完善，大概属于柏拉图；很多人认为，这部对话录中的哲学全都是柏拉图的。但我们很难把他的思想从他老师的思想中分离出来；两者实际上是一场伟大的、对整个世界产生深远影响的人类思想运动。亚里士多德的思想是受其影响的一条路线，尽管有种种不同，但他受到了真实本质学说的强烈影响。斯多噶学派的哲学则是苏格拉底影响的另一条路线。

芝诺与斯多噶学派

斯多噶学派的创立者芝诺是塞浦路斯人，可能是个商人，貌似因为在某次航行中遇上了海难，转而研究哲学。那年头，想成为哲学家的人都喜欢去雅典。传说中距离苏格拉底两三代人之后的某一天，当时正在雅典的芝诺在一位书商的摊位旁坐下来，听到书商正在大声地朗读色诺芬的《回忆苏格拉底》（*Memorabilia*），这本书讲述了苏格拉底的一些谈话。芝诺非常感兴趣，于是向书商打听，像苏格拉底这样的人生活在什么地方。就在此时，一个名叫克拉底的人从旁边经过，克拉底是个好人，也是个穷人，仿照苏格拉底的生平塑造自己的生活。书商指着他说："跟着此人。"芝诺于是站起身跟着克拉底而去。结果芝诺的学说深受苏格拉底对最高理性、人类灵魂、人生价值和自由的信仰所影响。如今，我们还可以从斯多噶学派的哲学中找出其他的影响。这一学派的科学、宗教和逻辑学说都非常重要，它们的发展饶有趣味。但毫无疑问，你可以强烈地感觉到苏格拉底的思想对这个著名学派的影响。

罗马的斯多噶学派

苏格拉底的思想影响深远，历经数代。四五个世纪之后，爱比克泰德（一个奴隶，后来成了自由人）和马库斯·奥勒留（罗马皇帝）在思考或讨论人类生活时，也传承了他的思想。斯多噶学派常被认为是群怪人，他们压制了自己的所有情感，带着严肃的面孔和悲伤的心灵在这个世间行走，尽自己的力量承受烦恼。但古往今来最优秀的斯多噶学派哲学家都非常关心人的本性和自由。他们研究人，并发现人的本性本质上是理性的。根据他们的学说，最可怕的事情是看到这一理性精神失去自我控制，迷惑于徒然的奋斗，试图通过屈从于外部世界来找到幸福，为那些不在自己能力范围之内的事情激动不安，从而陷入混乱。但他们总是尽自己全力、认真处理力所能及的事情。因为他们觉得，人的理性精神类似于善的力量，而正是这种善的力量，创造并推动了宇宙。他们在这一点上与苏格拉底殊途同归，奴隶与皇帝跟雅典的自由人不谋而合。

现代哲学的兴起

拉尔夫·巴顿·佩里

我们曾经认为，欧洲在整个“黑暗时代”都处于沉睡状态，直到1453年时才突然因为君士坦丁堡的陷落而惊醒。但现在则普遍认为欧洲其实一直未曾安眠，至少可以说，它始终处在非常活跃的梦游状态。众所周知，1453年之前的很多个世纪里，人民一直生活得很热忱、很高贵；其思想则可能是前所未有的严肃和崇高。这个时代创造了哥特式艺术，梦想着实现辉煌的神圣罗马帝国，它绝对不缺乏想象和启蒙。

但再怎么离经叛道的学者都不至于否认在15世纪前后欧洲人的头脑里确实发生了某些重要的事情。它更多的是一次方向的改变，而并不是思想的觉醒，这次改变后来也被证明惊人地富有成果。或许更确切地从它所有显著表现的典型特征来说，这是一次“向源头回归”，比如对古代的追溯，对典章制度的重新审视，以及更直接地对自然的观察。思考因为这次转向回到了事物的起始和根源，这次普遍的焕然一新混合了新的经验，影响了人的每一项兴趣和工作。尤其是文艺复兴时期哲学的出现首先意味着对某种古代哲学进行研究。米兰多拉的皮科创立了新的柏拉图崇拜；针对阿维罗伊学派的解释或正统解释，滂波那齐捍卫了希腊人或亚历山大学派对亚里士多德的解释；蒙田复活了古代的怀疑论。但对于哲学的未来而言，更重要的是时代精神对哲学的间接影响而非直接影响，先是影响科学，然后再通过科学影响哲学。从哲学的未来这个角度来说，这一时代的伟大人物是哥白尼和伽利略，而不是皮科和滂波那齐。

哥白尼的发现

哥白尼敢于宣称地球是运动的，由此给人们带来的惊讶和烦恼恐怕比他实际上让地球动起来更大。一直以来，人们相信地球是不可撼动的创造中心，被太阳和月亮所照亮，被天体所环绕，为人类堕落和救赎的大戏提供了背景——这一信念本身就是一切人类信念的坚实核心。不彻底摧毁事情的整个宏大格局，似乎是不可能让地球动起来的，毕竟人类为适应这一格局已经准备了许多个世纪，而这一格局终于让人觉得就像在家里一样自在。在一个既没有开始也没有结束、既没有中心也没有边界的茫茫宇宙里，一个人该如何找到一个地方安顿上帝，找到一个地方安顿人，他们又该如何互相找到对方呢？这就是伟大的殉道者布鲁诺致力于解答的问题，1600年，他的去世完全可以充当一座纪念碑，标志现代哲学的开始。

在布鲁诺看来，不能再以远处的苍穹把世界分为人间和天上两个区域。因为自然本身是无穷的，上帝不可能高踞自然之上或在自然之前或之后。宇宙是一个由无数世界组成的系统，任何一个世界都不比其他世界更神圣。因此，上帝不是局部的，而是普遍的，他是整个宇宙的生命和美。布鲁诺从斯多噶派哲学和新柏拉图主义那里重新找回这一观念，满足了这个被哥白尼剥夺了古老地标的时代之需要，笛卡儿潜在的泛神论和斯宾诺莎公认的泛神论都坚持了这一观念。它在18世纪经历了一次衰落，后来再一次被莱辛和赫尔德复活，并在19世纪成为德国浪漫主义运动和黑格尔运动的核心观念之一。

伽利略的贡献

同哥白尼为人类思想贡献了一个划时代的假说相比，伽利略所贡献的一种新方法不那么明确，但更有开创性。更确切地说，他提出了两种方法：发现的方法，以及精确描述或数学描述的方法。虽然他既不是他那个时代唯一的发现者，也不是唯一的数学物理学家，但他是这些运动观念最杰出的化身。

伽利略于1610年，也就是在他的望远镜制造成功约一年之后，出版了他的《恒星使者》（*The Sidereal Messenger*），引用扉页上的话说：它“宣布了伟大而非凡的奇观，把它们呈现给每一个人，但尤其是哲学家和天文学家，供他们考量；这些奇观是伽利略……借助他最近发明的望远镜观察到的；即在月亮的表面，在银河系数不清的恒星中，在星云中，但尤其是在以惊人的速度围绕木星旋转的四大行星中，观察到的奇观”。伽利略因为发明望远镜而成为现代力学的创立者。他不把自由落体归因于含糊的万有引力，而是阐述了明确的时间与距离的数学比，因此能够以数量上的精确性来推导、预测和证明。也就是说，他为物理事件的领域引入了数学的清晰性和确定性。

现代经验主义

伽利略的这种双重影响如今是现代哲学中新观念最重要的来源。哲学观察者培根和洛克都对感觉的信任超过理性，并受到了发现精神的激励；数理哲学家笛卡儿、霍布斯和斯宾诺莎都是理性的倡导者，起初更多地关注使知识更加确定，而非拓展知识。

培根（1561—1626年）是现代“经验主义”（或称感官经验的哲学）的创立者，他批评所处时代咬文嚼字、拟人化或过分地尊重传统和权威这些他认为妨碍了清晰视觉的缺陷。他阐述了一种新的“工具论”（《新工具》，*Novum Organum*），这套逻辑学和方法论旨在改正和补充亚里士多德的工具论，并为科学过程提供了一个基础。但培根之所以重要的原因在于他预言了什么，而非他阐述了什么。他是第一个梦到了那个19世纪在很大程度上实现了的宏大梦想的人，这个梦想就是：通过富有耐心的、克己忘我的对自然的研究，逐步控制自然。人间王国（《新亚特兰蒂斯》，*New Atlantis*）将建立在知识的基础之上。“人类知识和人类权力归于一；因为凡不知原因时即不能产生结果。要支配自然就必须服从自然；而凡在思辨中为原因者在动作中则为法则。”观察自然是为了利用自然，把它转变为人的居所、工具和财富。这里有我们现代世界的最高准则，有其特有的信心和希望的主要理由。

现代理性主义

笛卡儿和霍布斯各自以不同的方式创立了现代理性主义。笛卡儿（1596—1650）发现数学是一个过程的模型，即人们应该仿照数学的方式来进行哲学探讨。他并不相信数学连同它在物理学上的应用本身就是最高的知识。他宁愿阐述一种逻辑，它应该像数学一样精确，但更基本、更普遍；因此为证明关于上帝和灵魂的更高真理提供了一个基础。《方法论》（*Discovery Method*）记录了作者对数学的深刻尊重，以及他自己对哲学中一种类似确定性的探寻。

从另一个角度来看，霍布斯（1588—1679年）是伽利略的追随者。他更主张采用和扩展数学，而不是模仿数学。他代表了拉普拉斯在一个世纪之后如此雄辩地宣布的、使牛顿的工作似乎如此接近于现实的那种——普遍机械论的观念，在这一观念中，物体运动的定律甚至应该应用于自然的起源，应用于人。人们因此希望一切事物都应该像行星的速度和轨道一样确然已知，可以被有把握地预见。为了实现这个目的，《利维坦》（*The Leviathan*）的作者把人和社会（由小人物和大人物组合而成）仅仅看作微妙而复杂的机器，被追逐私利的冲动所驱动。

伽利略所体现的文艺复兴时期的科学就是通过以上三种形式传达给现

代哲学的。培根、笛卡儿和霍布斯先后成为构成17世纪和18世纪的哲学新趋势的来源。洛克重新发展了培根的经验主义，把“朴实无华的历史方法”应用于人类思维的研究；贝克莱接续了这一发展，甚至把这一学说简化为“存在就是被感知”（拉丁文：esseest，percipi）；休谟则将它带向了怀疑的危机；但它作为英国的自然哲学坚持了下来。大陆哲学伟大的形而上学体系、斯宾诺莎的一元论和莱布尼茨的多元论都建立在笛卡儿的理性主义的基础之上；沃尔夫则把它变成了纯粹的形式主义和教条主义；但康德所启迪的新理想主义德国哲学中依然把它坚持了下来。霍布斯的物理哲学，混合了从洛克和笛卡儿那里汲取来的类似成分，发展成了法国的与大革命相伴而生的唯物主义运动，并为所有试图从物理学中构建形而上学的哲学家留下了一个模型。这三种趋势在18世纪所采取的形式，尤其是它们对事实和必然性的过分强调，激起了巨大的反作用，这一反应在19世纪结出了果实，但从帕斯卡的信仰哲学、卢梭的情感哲学以及莱辛的发展哲学中早已看出端倪。

康德导论

拉尔夫·巴顿·佩里

康德通常被认为和苏格拉底和笛卡儿一样，是划时代的伟大哲学家之一。划时代的知识分子一般有两个共同点：第一，他们身上体现了他们所处时代的某些普遍趋势，而这些趋势通常归因于对上一个时代的更明显趋势的反作用；第二，他们的思想特别具有开创性，在他们的追随者中表现出了更成熟的形式，而他们几乎认不出它源于自己的思想。接下来我们将从这两个方面审视一下康德哲学。

对纯经验主义和纯理性主义的反叛

我们将特别强调17世纪和18世纪以下两种明显趋势。第一，孤立并过分强调人类知识的两大来源中的某一个来源是这两个世纪的典型特征，而两个来源指的就是感觉和理性。洛克及其追随者试图把理性转变为感觉的纯粹回声；而笛卡儿及其追随者则始终带着怀疑的态度看待感觉，认为它扰乱了智力，或者仅仅提供了一种次要的知识，因而必须把优先权让给

“理性科学”。休谟似乎把极端的感觉论或经验主义带入了绝境；而沃尔夫则将理性主义变为形式主义和雕词琢句。因此，康德最伟大的作品《纯粹理性批判》（*Critique of Pure Reason*，1789）试图通过对感觉和理性做出必要的规定，来修正这些极端观点。他认为没有观念的感觉是盲目的，而没有感觉的观念是空洞的。康德首先批判了对感觉的过分强调。他证明了赤裸裸的感官印象序列，绝不可能产生科学所需要的联系、必然性、统一、规律等，相反，智力必须自己提供这些。它们构成了康德所说的“范畴”（category），当人的头脑以那种被称作“认知”的独特方式工作时，它就必须使用这些工具。但是，对于认知来说，光有它们还不够。它们本身不能以平常的方式被人们所认识，因为它们是我们用来认知的东西。既然它们是工具，那么必然的结论是：它们需要加工某种材料，而不能无中生有地杜撰知识。所以感官的材料也是必不可少的。总而言之，认知就是借助头脑所熟悉的手段以及感官所传达的内容来进行系统化。康德就这样提出了第一批判和技术哲学，如今的思想者很多都是他的忠实信徒。

重申精神性

第二，相对忽视一种大致上可以称之为“精神”需要的特殊需要，是17世纪和18世纪哲学更为普遍的趋势。人们普遍认为这两个世纪本身是对更早时期被认为过分拟人化的反动。以前的人错误地从自身的角度解读他自己的世界，那么现在应该客观冷静地看待他自己的世界。他可以记录感觉的发现或理性的必然，但他无论如何都应该抑制自己的兴趣与渴望。当然此时应该满怀信心地期待道德和宗教在这方面能够发挥最好的作用。“自然宗教”是没有神秘、教条和权威的理性道德，是一种既没有启示也没有信仰的可论证的神学，人们相信它的可能性，却逐渐感到挫败。人把太多外在的东西留给了自己，因而感觉到无家可归、没有保护。帕斯卡在17世纪早期宣布了笛卡儿的数学理性主义在宗教上的破产，自然宗教轻而易举地转变成了无神论。卢梭对整个时代提出来最有力、最激动的抗议，他坚持认为人们应该相信自己的感情，体谅心灵的要求，并回归人性中基本的和自发的东西。雅可比和赫尔德也是同样的想法。莱辛则最终在他的《论人类的教育》中，把注意力从这些转到了文化史上，转到了人类生活在历史展开中的意义上。虽然奇怪，但康德这个体弱多病的书呆子事实上竟然代表了这场正在兴起的观点和信仰的反叛。我们接下来将从这个角度来审视他的思想。

康德革命

康德得到的最著名的评论之一是：他打算在思想领域实现一次哥白尼式的革命。哥白尼为行星体系建立了一个新的中心，康德也打算那样为人类知识建立一个新的中心，即思维本身。在他看来，早期的错误很大程度上是由试图在客体身上建立知识中心的努力而造成的，人们期望思维应该反映（要么通过感觉，要么通过理性）一个外部的、独立存在的事物的本性。这种方法在康德看来会不可避免地导致怀疑论或教条主义，而这两者都对哲学的目的毫无益处。他提出的新方法认为客体应该与思想相一致。因此早期的观点把自然解释为外部秩序，人的思维受到它的影响，或者思维根据它自己的推理来再现它；而如今自然则被解释为思维的原创。它所有的安排和联系，甚至它在时间和空间里的分布，都要归功于认知者的素质。通过把条件强加给客体，思维摆脱了它已经被纳入其中的自然。这一点对人的精神要求的意义是显而易见的。这样一来，自然成了被造物；人由于具有智慧而成了创造者。事实和必然性的终极世界对精神来说似乎十分陌生，但到头来也不过就表达了精神的智力部分。

意志的范围

但卢梭可能依然认为，因为物质的这次胜利，精神付出了极高的代价，其他部分严格服从于智力部分。有什么能够保证，这样披上权威外衣的智力一定会体谅情感和良心的要求？康德在他的著名学说中回答了这一问题："实践理性的首要地位。"他认为自然确实是理论能力的产物；而理论能力只能通过事实和规律来认识。但理论能力只不过表达了意志这个更深刻的东西。作为一种行为，思考通常有自己的规律，在良心中揭示出来，并优先于主宰认知等任何特定行为的法则。这并不意味着良心高于理解力或者说意志可以违背自然；而是意味着良心揭示出了另一个比自然更深刻、更真实的世界，它是意志发挥作用的恰当范围。这就是上帝、自由和不朽的世界。严格地说，它是不可知的，只有自然是可以认知的；但因为它是一切行为的先决条件，它可以且必须相信。一个人只要生活，就必须要求生活在这样一个世界里。因此，康德始于为科学辩护，终于为信仰辩护。

康德的追随者

上文曾经提到，划时代者的宿命就是：他们的观念很快就转变为他们从未打算表达的东西。康德是一个谨慎的思考者，或者用他自己的话来说，是一个"批评的"思想者。他尽可能避免对世界做出肯定的断言；关注的问题涉及知识的可能性和信仰的合理性。但因为被思辨的激情所点燃，他的追随者立即从"批评"过渡到了形而上学。

19世纪哲学思想的主流——伟大的浪漫主义和理想主义运动——就是因此而开始的。

康德的知识论在理性主义运动中跟泛神论联合了起来，这种泛神论甚至可以连续不断地追溯到柏拉图本人。这种泛神论认为，从不同的方面看，自然和上帝是一回事。如果人用自己受到地球限制的智慧按照透视的方法来看待上帝，并把它纳入到一个有限的透视图中加以界定，那么上帝就是自然；而如果自然是圆满的、丰富的、和谐的，那么自然就是上帝。

康德认为自然是智力的产物，而智力反过来服从于某个更深刻的精神法则。而柏拉图泛神论的传统解释在表明这一法则是整体的完美。整体的完美这一观点有很多可能的变种：康德暗示说它可以被视为道德的完美、道德意志的理性，费希特更肯定和更具建设性地坚持认为是这样；黑格尔及其追随者坚持视其为理性的理想；感伤主义者和浪漫主义者则宣称应该视为一切精神价值的普遍实现，一种超越于道德标准和理性标准的完美，更接近于美的表达，或神秘洞察力的闪现。通俗文学在表达这一观点时有时交替使用这些变化，有时则不加区分地混在一起。一些英国诗人和散文家正是从这一观念的某种形式获得了灵感，它们深刻地影响了柯勒律治、华兹华斯、卡莱尔、爱默生、丁尼生和勃朗宁等上一代人。由此，从康尼格斯伯格时代最接近于哲学的思想，演变到如今受欢迎的激励和安慰，这一股思想流从未间断。

爱默生

切斯特·诺伊斯·格里诺

马修·阿诺德在谈到爱默生时曾经说：“他是崇尚精神生活的人的良朋益友。”这句名言恰好揭示了爱默生大胆却不连贯的哲学思想的启迪作用，这种作用虽然略显模糊，但影响极大。

爱默生——世俗传道者

爱默生出生于新英格兰，其家族是牧师世家，即使是当时最为自由的牧师职位，他也觉得是一种羁绊，所以他从容无畏地辞去了神职，成了当时最伟大的世俗传道者，并保持了自己一贯的兴趣和文辞风格。大学时期他写出了《伦理哲学之现状》一文，此后就专注于探究行为问题。不管关注的对象是古代诗人、科学细节，还是晨报热点，他都会试着从中提炼出生活教益，用他明快而华丽的语言风格向世人讲解，规劝他们追求更高尚、更自由的生活。

爱默生与加尔文主义

尽管其祖辈都信奉加尔文主义，爱默生却是它历史上最主要的反对者之一。加尔文教的严苛教义宣扬说人已经堕落，不借助神的力量而自然变得完美是不可能的，必须靠充满渴求而持久的努力才能成为上帝的选民，得到原本不配的恩赐。其教徒认为人越自我完美便会越远离其本性，因此要变得完美只能依靠神恩。与之相反，爱默生则一开始就假设只要拥有天生的美德，人就可以成为近乎神的完人，而且人越自我完美便越接近其本性。当人们被庄严的音乐或感人的演讲打动时，常常会听到感叹说“这几乎使我超越了自我”，爱默生却很可能说“这种影响可以使我们回归自我”。

超　灵

因为，爱默生频繁提及的一个基本概念是“超灵”，即“我们像大地卧于大气温柔怀抱中那样存在于一个伟大的‘自然’”，“超灵”不仅“把每个人独特地自我都包容其中并使之相互融合”，而且“往往会浸入我们的思想和行为之中，形成我们的智慧、德行、力量和美”。这便是爱默生在要求我们顺从自我并接受一切有益影响时所说的那种动机——那种追求上天赐予的、与生俱来的完美的崇高动机。

爱默生所说的有益影响主要是指自然、过去和社会。要注意他是如何规劝我们接受这些有益影响来帮助实现更高自我。

自　然

爱默生所说的“被人类至善至美之心所爱的”自然就在我们周围，它常用我们身边较为简单的形式引导我们去感知其最为幽远而恢宏的法则。“人往往会从系鞋带这样的小事中发现与大自然最遥远之处相联系的规律。”人就是以这样的方式“把天地万物置于脑中”。科学家通过发现普遍自然规律来证明其拥有可驾驭宇宙的创造意识，诗人将树木视为“尚未完善之人”并认为它们“似乎在哀叹其被囚禁于土地的命运”，二者都会因为感知到“有机或无机的世间万物对心灵巨大而深刻的影响”而回归自我。

过　去

爱默生能在笔下快速地穿越时空，把常人难以联系到一起的名物彼此相连，用“过去”来证明必须自信自立、始终服从直觉。在他看来，独立自主对学生尤为重要，因为学生很容易震慑于“过去”的名流大家之名，从而“尽信书中之言”。但只要记住我们的身份，这种盲从就不应该也不可能会发生。“图书馆里长大的年轻人，顺从权威，以接受西塞罗、洛克和培根的观点为己任，却忘了这么一个事实：西塞罗、洛克和培根写这些书时，也不过是图书馆里的年轻人。”因此爱默生认为当发现真的不能认同“过去”时，我们必须与之决裂，坚持自己的看法，而不必在意其代言人的声望有多高。但“过去”通常不会令我们失望，且往往有助于我们追求自我完美。因为“过去”有许多天才人物，而天才人物几乎都能不断意识到自己与“超灵”之间的关系。由此可见，天才实际上比我们更接近我们的自我。所以我们时常得靠那些更具天赋的人替我们说出我们想说却不知从何说起的思想。因此，不管面对什么极致完美的言论，我们都不应该自卑，更不应该沮丧，而应该重新认识“作者、读者天性相通”。当我们以游历或其他方式接触“过去”时，必须记住“天地甚小，唯人乃大”，否则便不能从中受益或发觉新知。

社　会

社交的益处也是如此。同对自然的观照和对过去的反思相较，在与某些人的交往中，我们更能看清这种与我们自己的相似之处，并从对这种相似性的感知中领悟到真正的朋友“堪称大自然的杰作”。不过在其他篇章里，爱默生又多次告诫我们交友切莫“过从甚密”。与人来往可以礼尚往来、兴趣相投，但绝不能曲意附和、盲目顺从。我们必须通过社交关系来加深“对我们天命高贵的记忆”，而绝不可将其淡忘。

无所不及

如果归纳起来，以上便是爱默生最常提到的一些理念，无论文章涉及什么主题，这些理念都会在字里行间一再出现。虽说爱默生或多或少卷入过当时各种对后世影响甚微或毫无影响的运动，但如今拜读他的作品，却几乎感觉不到那个时代和地域的局限。他文中往往会有这样一些段落，如果读希腊语文本，很可能会以为是希腊人所写的。他当初之所以避开布鲁克农场，是因为他认为傅立叶“虽然面面俱到，但确忽略了一个细节，那就是活生生的人”，正是这一点使他避开了许多与此相似的歧途，没去探讨那些也许到21世纪就会被人遗忘的问题。这可以说是爱默生散文的为文之道，即依循先例，从友谊、真理、迷信和荣誉等世间永恒的事物中提炼其“遐想幽思”的主题。由此可以看出，思想无所不及是爱默生文笔的源泉之一。

爱默生的文体风格

文体异常简练、论证阐释旁征博引和出人意料则是爱默生文笔的另一源泉。他确实把自己妙语连珠的天赋发挥得淋漓尽致，以至于读者有时会希望读到一段悠然平缓的寻常话语。不过他总能使我们享受到阅读的趣味，这不仅是因为他令人惊叹的阐述习惯，还因为他令人难忘的凝练风格。他喜欢在明快的单句中从现在跃到遥远的过去，把通常彼此无关联的姓氏和名号相连，使异教徒和基督教徒比肩，让凡夫俗子和神祇相聚，譬如他那个关于“西庇阿、熙德、锡德尼、华盛顿以及所有对美的崇尚都言行一致的纯洁勇者”的句子。

除了思想无所不及、文体异常简练、论列阐释敏捷迅速且旁征博引外，爱默生令人愉悦的语调也是同样引人注目的。世上再没人像他一样，即使反对和拒绝别人也显得宽宏大量、温文尔雅，他的善意和友好也总是显而易见。要通过他最著名的肖像和他的作品来体会和了解他美好的面孔。

有些人忽视以上这些值得称赞的特点，仍然认为爱默生的思想过于含糊、不成体系，因而难以使其信服。他们觉得要是有几则明确的信条可以让人认同遵循，那么或许他们就会成为爱默生的追随者。这些人务必记住以下两点：一、爱默生希望弘扬的是独立精神，而非盲目顺从；二、当人们认为某个体系僵化得令人窒息而对其心生厌恶时，他们很可能会走向另一个极端。爱默生大步走向极端的原因是他所处的年代以思想热情张扬著称。他没有把自己的思想体系化或者对其设定限制，说明他遵从了这样的理念：用精准的术语、巧妙的手法及细致的推论来建构一种因为缜密严谨而被人接受认可的哲学体系并不重要，真正重要的是说服每个人都套上自己那辆独特的马车，驶向他心目中最明亮的那颗星星。

传记篇

Biography

概　述

威廉·罗斯科·泰勒

传记被喻为世界现存的打开社会精英之门的钥匙。我所说的社会精英，并非那些排外的精英圈子，他们拥有财富，享受特权或传承世袭的优越，这种圈子稳固而封闭，并不鲜见。我说的圈子是那些通过个人才华的施展而大放异彩的人，那些通过职业生涯精心规划而腾达的人，那些由于特立独行而知名的人，以及那些从默默无闻到声名鹊起的人。我们内心深处最强烈的本能就是对单调乏味的深恶痛绝。而文学却独辟蹊径，让我们彼此承认了过去4 000年选择的智慧，我们要从各种各样的可能性中寻得娱乐精神。生活不仅限于娱乐，它不是生活的全部，而是生活的甜味剂和助力器。

为了人生的美好提高技能，塑造自我品性，像航行的船一样调整自我以适应社会，去面对并克服我们人生海洋航行中可能遇到的波浪，为人生树立一个崇高远大的目标，矢志不移地乘风破浪，向自己人生的真正目标挺进。为了实现这一点，传记就是这一方法鲜活的例子。

当试图远离自己时，我们多数人都会产生间歇的烦闷与沮丧感，或者是其他的不幸：如遭受莫名厄运的打击，陷入道德沦丧的境地，濒临绝望的错误边缘，还可能坠入暗无天日的地牢。接着，传记拯救我们于水火之中，我们迷失在不断重复他人痛苦救赎的人生旅程中。悲伤在孤独中变得不再那么尖利，犯错的人因罪过而深感痛苦与孤独，就像有些人忍受没有学问的苦恼折磨一样，终于有力量来承受并归还这一切。

其实，伟大的作品，形式上不论是喜剧、悲剧还是小说，都是为了同样一个目的，就是通过故事人物极富想象力的计划与行动刻画，让读者脱离自我、身临其境，随着故事人物感受喜怒哀乐，一起迎接成功与失败。我无意贬低任何小说，小说都是通过丰富的故事情节以及象征性寓意体现其价值；而我后续会讨论小说与传记的部分关系，小说将以其贴近生活的特点而完全配得上最高的褒奖。比如帐篷里生闷气的阿基里斯、因嫉妒而失常的奥赛罗、错把风车当巨兽的空想家堂·吉诃德、名利场之中靡菲斯特、新来的上校、织工马南，以及其他世界名著中栩栩如生的经典角色，不胜枚举。

但生活的小说画像并非传记的源泉，生活本身才是。

传记并非简单的葬礼悼词

说到受欢迎程度，传记在与小说的竞争中败下阵来的原因是，许多人都理所当然地认为传记作者只能参照主人公悼词内容来书写。传记作品中满是各种奇迹与美好——我们的主人公也成为几乎没有任何瑕疵的道德巨人。我们多数人的性格都有好有坏，每当读到圣洁而光辉的人物形象时，我们都觉得难以置信。我们阅读那些刻在墓志铭上的誓词时，都能宽容上面微不足道的谎言——正如约翰逊博士所言，宝石在庄严的誓词下熠熠生辉，因为我们已经把颂词人恭维的话考虑在内；但当这些原本微不足道的谎言或颂词充斥于一两册厚厚的传记中时，我们就会不由自主地把书扔在一边。

现如今，此类生活谎言已经很少出现在书中。因为这样太过于失真，让读者有受骗的感觉，政治及其他公共事务竞选人更纵容人物特写作品夸大其词：将自己描绘成阿波罗一样的美男子；当然这些作品就像卡通人物一样很快被人遗忘。

早年，甚至在英文读物中，低等人对高等人的赞美恭维也是被人乐见的礼物。在君主、主教、贵族、将军、诗人、艺术家等少数权贵阶层中，谦逊并不能被称为没落的艺术，因为谦逊作为一种艺术就从未出现过。而近期就有一位既愤世嫉俗又阿谀奉承的首相透露说，他甚至都无法满足君主的虚荣心。不过一般而言，现在人们普遍的想法是，那些原来对谦逊不屑一顾而好于逢迎的人，越来越没有市场了。当然我们只需稍加留意那些流传至今的传记，就会发现这些传记都偏好于艺术表现与演讲手法，都是忠于写实，但总有一些无意的记录，与那特定时代的表现手法以及写作语调相抵触。于是，很少有自作聪明的作者能够在他们自己生活的整个时代蒙混过关。

没有人会因为害怕少数自以为是的作家，而放弃传记本身难以估量的价值。这不需要人们专门训练去伪存真的本领，这种训练是需要具有对未知充满好奇心的侦探工作，满是惊奇，而且可以发生在自己身边。

因此不可避免地，传记中会流露出主人公脾气性情的方面，很多人认为传记的作者会带有个人主观的目的，描绘出来的形象与他们本人相比过于精明、过于善良、过于勇敢。尽管本韦努托·切利尼描述的任何事件都还未得到证实，但他的“一生”向我们描述了一个传奇的切利尼：一个文艺复兴衰落时期的完美典型，一个多才多艺、才华横溢、玩世不恭、谨小慎微、离经叛道、优雅迷人的形象，宁可殚精竭虑地追求奖牌的完美无缺，甚至会为了昙花一现的念头而杀害自己的邻居。他还书写出最具艺术特色的传记《歌德》，重组了自己童年和青年时期的故事，以让事件先后顺序及侧重更适合编撰成一部著作；即使是他自己，作为奥林匹斯山的装腔作势的人，并不能因此如己所愿向我们掩饰真实的自己。

我们也可以因此打消对传记的疑虑。最好的生活位居我们拥有的最珍贵财富之列；即使是平凡的乃至默默无闻的生活也能给我们带来很多乐趣，这里充满了传记作品所需要呈现给读者的各式素材，是一座可以不断开采的生活富矿。

传记的乐趣

传记带来的乐趣是人类最高境界的交流，范围几乎没有边界，简直是人类难以寻觅的享受。即使你对生活在各个时代的重要而有趣的人物熟稔于心，个个历历在目，如若没有传记这一充满魅力的艺术形式将过去重新搬上舞台、让逝去的生活再次鲜活，你与过去的相知相识只能永远停留在记忆中了。现在因为有了传记，你只需伸手从书架取下一本书，就能走进拿破仑、俾斯麦、林肯或者加富尔的世界，与他们交谈。你不必急匆匆地找到一个凑巧的机会，花上大把的时间与客户做访谈。他们一直在那里愉悦地等着你，也不会因为任何工作日程而推迟；他们娓娓道来，你静静聆听；他们敞开心扉，分享自己内心深处的秘密。托马斯·卡莱尔可能从未这么暴躁过，马丁·路德也从未这么坦率，乔纳森·斯威夫特的愤世嫉俗也从未这么强烈，但他们必须宽容你，他们每个人面前都立着一面镜子，你可以通过其中最薄弱的镜面看到他们的内心。你将比他们的同龄人更了解他们，甚至比你对自己的密友了解得还深入，或者你如果是一个善于自省的人，这将比你对自己的了解更深刻。

这些我们几乎无法从自身行为揣摩的复杂动机一被放在他们身上，很快就迎刃而解了。从他们身上我们看到了性格的真正本质，可爱的、可憎的，我们也因此梳理出自己的性格特质；当然尽管他们在才华和财富方面远远超过我们，但我们清楚这不过是程度不同而已，性质上彼此并无差异。人类之间的联系让我们所有人都成为一体。如若不是如此，他们的生活故事就不会那么吸引我们，就像我们对蜥蜴蛇怪、狮鹫或其他幻化生物没有任何兴趣一样。

刚才我随机提到的几位宗教界以及文学方面的政治家领袖，直接进入他们内心世界还是有些不现实，但平凡的我们终归通过传记多个角度走近了他们。我们经常会被自己一些不经意的想法、感觉或经验吓一跳，但这些想法、感觉或经验在被那些伟人分享时，突然就变得很正式、很受欢迎。当然，检验传记优秀与否的“试金石”并不仅因其伟大，还在其趣味性以及意义；从这个意义上说，传记与同根相连的肖像画是一脉相传的。最完美的画像与传记都采用同样的技巧，画的并不是国王或王公贵族的肖像，而是他们身上的性格与品质。列奥纳多·达·芬奇尽管也画过维多利亚女王的肖像，但它永远也无法比蒙娜丽莎的微笑更能吸引世界的目光，让世人如此着迷。第一幅画人们不到十分钟就能读懂，并不复杂，毫无内涵；而400年过去了，我们仍然对第二幅画神秘莫测、若隐若现的微笑神往不已。

因此，用国际标准或不朽的名气来衡量普通的小人物，的确毫不显眼，但有时却又别具独特的个性魅力。例如理查德·杰弗里斯创作的《我心灵的故事》就是如此。你或许不喜欢它，比如我推荐阅读的一位朋友觉得这本书太令人气愤，一气之下扔进火炉烧掉了。但你不可否认，如果你是一位充满同情心的人，就会发现这是一个对真人真事最原生态的描述。所罗门的传记也属于这种类型，描述了一个残忍的等级制度束缚下不同寻常的性格。约翰·斯特林富有才华，但因为去世太早，没有留下什么著作；多亏卡莱尔那部充满生机的重要著作，让我想起伦布兰特的一幅画——让其流传至今，历历在目。

传记写作的难度

这些事例足以证明，一部伟大的传记不一定要有一个伟大的人物原型，但一定要有一个伟大的传记作者。因为传记是一门艺术，一门相当高超的艺术；如果我们对传记群著里面最杰出的一小部分进行判断，就会得出结论：优秀的传记作家与同样水平的诗人、小说作家或历史作家相比，更加稀缺。

人们普遍存在一种错误的想法，就是任何人都能拿起笔写上两句生活记事文章。就像任何人都能作一幅肖像画或谱上一曲奏鸣曲一样。所有去世的名人里面，仅有十分之一名人的妻子或姐妹、儿子或女儿会拿起笔，写出他们的回忆录。而这最好的结果就是呈现出家庭角度的形象，可信度不如国王或王后的正式传记。

而这个人物也是因其公众的社会关系而值得书写；若站在妻子的角度，可能过多偏爱，站在孩子的角度，可能重于崇拜，我们或看或听到的都是丈夫或父亲的角色。

掺杂着私人的情感，甚至是深爱，可能而且往往也是一种障碍，这是家庭成员作者无法克服的。在对自己的至亲动手术时，再高明的医生也无法相信自己，传记亦是如此。

知识、同理心以及想象力是传记作者必备的素质；还有对艺术的拆分，部分直觉、部分道德情感，这些要求在私人情感面前都不能发挥作用。因此，即便是英文传记作家中的佼佼者博斯韦尔，面对仰慕的约翰逊从不缺少个人的崇拜。当他写作时，他就能做到努力还原一幅真实的人物画卷，而不是一个满是恭维与巴结的粉丝角色。乔治·特里维廉先生是麦考利先生的侄子，也就是说写作时容易被家庭的观念所束缚；但迄今为止，同是传记作家的他完成叔叔的传记的成就，超越了自己作为侄子这一角色，传记中描绘的麦考利与博斯韦尔对约翰逊的描写一样出色。

这一例外证明了一个朴素的道理：超然是不可或缺的，但需要公平、知识、同理心以及想象力，并融入分化能力中。

培养传记的品位

人们对传记的喜爱，即使不是天生的，后天也能很快培养。许多人童年时代因为读了《富兰克林的自传》而对传记产生了兴趣。这本令人称奇的著作，在人生的每个阶段都让人为之倾倒——年轻的时候痴迷于其简洁而变化多样的故事；年老的时候，又对它的睿智机敏与积极乐观，它的坦白、智慧与幽默醉心不已。富兰克林为自己写的自传就像笛福写的小说

《鲁滨孙漂流记》一样，但其境界与《鲁滨孙漂流记》不相上下，跟随他的足迹，你很容易走进历史上发生的重大事件中，不仅在费城和殖民地，还有欧洲。你很轻松自然地阅读完富兰克林的著作，然后对书中充满的人情味留恋不已，比如他对婚姻的观点：说到道德水平时，他承认与想象中相比，真实的自己有很大的瑕疵；他承认自己给人们留下谦逊的形象，但骨子里自己又缺乏现实性；要说到他报告中对布拉多克谈话的嘲讽，就不能不提几个极富个性的段落，这是本书的摘要所在。每个读者都有自己的最爱，而每当读完整本书，仅剩只言片语时，他就不忍心与这个知识丰富的良师益友告别。正因为富兰克林去世前描绘了1775—1785年自己所经历的一切，整个世界才会怀念这部饕餮盛宴，我们发自内心地认为，如果华盛顿是国父的话，那富兰克林就是国家教父。

或许你通过其他著作了解传记。比如《拿破仑的一生》或《恺撒大帝的传奇一生》，以及其他一些诸如画家、诗人、作家、发明家以及探险家的一生，或许是这些人的第一次触动了你；但结果都是一样的。你会发现自己结识了一个新伙伴，就像现实中的朋友一样真实，但这个伙伴比现实的朋友更幽默风趣、更聪明伶俐，或者更栩栩如生；他静静期待你打开锁链走进他的世界，他会在你想要时滔滔不绝，不会抛弃你，甚至在你毫无兴趣时也不会表现出丝毫的厌烦或冷漠，更不会因你的冷落而有一丝不满。这是因为你们俩的关系完全是单向的。他的精神思想完全融入书中，就像酒瓶里珍稀的美酒，只会随着你的心境，或者享受其中，或者游离于心门之外。

他把自己的一切都倾注其中，前提是你也能给予他完美的同理心，才能够完全读懂他。

逝者将自己的永恒注入作品中，读者通过阅读与其产生共鸣，这种关系绝对是独一无二的。在其他作品中，读者与作者的关系都是相互的，性情上相互影响，道德责任上也相互渗透；而传记读者与作者的关系中，作者倾其所有，读者尽己所能照单全收，作者不求任何回报，读者也不必背上吸附海绵或寄生虫的恶名。如果你身心自由，没有人横亘在你与作者之间，作者就会通过一种微妙的亲和的力量拉近你或推开你。非同寻常地，生活中这种理想伴侣就应运而生了。

传记的多样性

由于作者与读者之间存在的特殊关系，引起我们联想的罪人与圣徒一样多，而且都不会因他们的所作所为而受累于责任感。生活中的我们没有人乐意亲身面对堕落或犯罪；但透过他人的传记就不同了：如果愿意，我们尽可以通过恺撒·博尔吉亚及其父亲的一生来衡量人性黑暗的边界；或者从埃泽里诺和阿尔瓦身上感受残暴；以及从犹大、贝内迪克特·阿诺德以及亚瑟夫身上了解背叛者、间谍以及告密者；还可以从乔治·劳、卡里奥斯特以及近代的推销商身上见见奸商与恶棍，以及让人反感的职业骗子们。

但从长远来看，我们是在结交一生的朋友，他们普通但不平凡，他们把身上的某些优点做到极致，常人难以企及；或者具备我们缺乏但很羡慕的特质。不同之处仍然在于他们所展示的魅力各异而已。我想起了一个瘦弱的老妇人，她是和平的象征，甚至不忍心看到苍蝇被打死，她竭尽全力毁掉有关拿破仑的每一本书，而且极度蔑视拿破仑发起战争的行为。不同的是，伟大的领袖们，不止一位，都是将精力集中在阅读与自己所信奉宗教相关的一两本书上。

通过充满艺术气息的传记进入那些主人公的世界，但如若久不能寻得实际生活的关联点，从传记中发现朋友，我们就不能在那里待太久。通过寻找他们，我们能发现最好的自己。他们让我们紧张的情绪平复下来，帮我们澄清疑惑，帮我们树立清晰的目标，向我们注入旺盛的动力；他们还向我们口述玄机，揭示人生的意义；总之，他们授之以活生生的实例，让我们学会生活。但除非能激励我们奋力迎头赶上，否则我们心里的感激就变得贫瘠而不堪。他对古老世界顶礼膜拜的行为，确实不值得羡慕。

逝去的王者，仍在通过深埋骨灰里的精神引导着我们。

不论他的人生信条为何，没有人能够如此自信且富有创新精神，他们不受任何影响；不管自己是否承认，作为逝去的国王，传记拉近了他们与读者之间的关系，并让他们的形象鲜活起来，从此让教育意义更有针对性。这些是传记献给我们的超级福利，但由于任何健康的心灵都无法一直兴奋下去，因此与传记主人公的发言人相比，这里会有其他角色带来的多种情绪。我们需要放松。我们的智力就像精神世界一样如饥似渴。诚实的娱乐自有其理由。传记为我们的每一项爱好都提供了多样的选择。

约翰逊博士和他的圈子

要想获得持久的乐趣，其中确定无疑的方法就是让自己成为重要团体中的一员。比如，博斯威尔为大家讲述了这样一位永恒的博士——约翰逊以及他的圈子。他有这样一种能力：不论伟大的领袖还是平凡的众生，只要出现在他的传记里，都能让读者对此人的生平产生浓厚的兴趣。你就会迫切地想要了解约书亚·雷诺兹爵士、盖瑞克、戈德·史密斯以及伯克；然后你就会发觉，与以上任何人泛泛而交还远远不够，都不能满足自己继续阅读的冲动。当吉本出场时，你就会情不自禁地进入他的传记中。

查塔姆以及福克斯、诺斯以及谢里丹都是必须细细品读的对象。你将会好奇为何俱乐部的其他成员会联合起来宣布亨利一世是他那个时代最富有才华的国王，再经过深入的挖掘，你就会获得结论，原来是因为缺少证据，自己才不得不接受亨利一世是那个时代最强者的观点。

随着交际圈的扩大，你现在就会理解范妮·伯尼，他的回忆录远比《埃维莉娜》更容易阅读；斯瑞尔女士——永恒的女性类型，她们的使命就是尊崇她们所依赖的男人；蒙塔古夫人——专制而又才华出众的女文学家，完成了一部分文学作品；还有很多其他人，从科西嘉岛被征服的爱国者帕奥里，到乔治亚州的殖民者奥格尔索普。

约翰逊圈子的素材是非常丰富的。不仅包括正式的文献，比如传记和历史记录，还有书信、回忆录、日记、奇闻逸事以及席间漫谈——经常摘引历史记录和传记精髓的记录方式。不假以时日，你是无法读完这些资料的。单单霍勒斯·沃波尔，就能超越所有潮流。逐渐地，你就会从各个角度认识到主人公年轻与年老的场景。你会看到他们发展的轨迹，或追踪出各人之间的关系。悲伤的小调也会在你身边变成现实，比如洛维特——值得信赖的仆人，比如与博士一起喝茶的老妇人，以及咖啡馆难得见到的对文学作品以及政治话题大加评论的常客，还有靠养老金艰难度日的可怜遗弃者。你会体验到剧中角色以及舞台场景下弥补缺失角色的乐趣，或者发现隐藏在证据之间的联系，而最终能够轻易融入那个群体。不论白天你遇到怎样的优待，或遭受什么折磨，傍晚降临，你都能进入一个神奇的城市，忘记自己的现在，展开想象的翅膀，进入久远时代主人公的经历中，生活在永恒的充满想象力的光明之中。历经这一神奇的探索之旅，你对人性有了更深入的认识——隐藏在你内心深处神秘而原始的人性光辉。

除了约翰逊博士的圈子之外，你还可以选择其他很多人。比如湖畔派的诗人们——拜伦、雪莱还有济慈，比如维多利亚王朝中期的政治家和作家，再比如共和国的建立者——爱默生和他们的同伴们。

利用相同的方法，你就会发现自己的兴趣获得极大的发展。我们获得的并不是生活表面，还会达到生活的深度与高度，我们可以通过多种途径获得这种知识，既可以飙升至最高的峰顶，也可以潜入深不可测的水底。

自传的价值

自传是传记的一个重要分支，重要而且非常珍贵。偏见的共同点，因其自我本位而势必冗长乏味，终归是站不住脚的。自我表达的冲动超越所有其他方式，这也是人类自我保全的本能。伟大的艺术家通过才华表达自己，无论是绘画还是雕塑、文学抑或口才。他这样超乎寻常地努力，想要做到完全客观绝非易事，虽然工作还是那份工作，但他的思想会为作品着色。纯粹的科学家尽可能对被污染的材料消毒后进行试验，用来发现抽象的规律，这只是个人倾向而已；但这并不会减少我们作为人类对他们的兴趣。

远离它。我们都更急切地想了解人类是怎样成功的；想知道在激情、矛盾以及各种缺陷限制下，怎么样成功探索出冰冷死寂的太空世界，以及难以计数的细微原子和电子世界。

我们兴奋地发现，达尔文成为全新自然生态法则的先知——这样一个强壮、安静、谦逊的人，在病痛的折磨下疲惫不堪，但仍然耐心地忍受并坚守着真理，直到被认可的那一天，最终获得世人的褒奖。

如果有人在自传中表现得过于自命不凡、自负或盛气凌人，你都要学会宽容，前提是你认为这是一个天才成长的必要条件，就像牡蛎产出珍珠必须有分泌物一样。只要产出了珍珠，就能弥补分泌物的过错。当然自负还是太过公开，无法欺骗我们，就像小孩子一样年幼无知。正是这些试图引诱我们相信他们实际比我们所知道的更伟大，这种想法让我们很反感，更让我认为他们是多么自负、多么可怜。但由于自负的男性向来又很优秀，甚至堪称伟大，虽然他们身上的瑕疵冒犯了我们，但我们不应因此无视他们其他方面所取得的积极成就！对这些潜意识的幽默大师，我们也应该少一些嘲笑！当维克多·雨果隆重地宣布："法国是文明的引领者，巴黎是法国文明的核心，而我是巴黎的大脑。"我们会因此去驳斥他吗？几乎不会。我们会心地笑了，并被感染着，发自内心地满足。因此罗斯金在《普雷特利塔》中表现得过度虚荣并无妨于这本鸿篇巨制所洋溢的美感；这似乎更可以看作是对真理的守护。

不论你偏好什么，如果意欲探寻自传的价值，就不会在传记领域偏离太远，即使你对浩如烟海的英语自传文学世界并不感冒。相对于我刚才提到的富兰克林的自传，吉本的传记可称为其姊妹篇。这部著作讲述了18世纪一位在某个方向卓有成就的、温和而理性、勤劳而完美的天才，他感情方面一直不温不火，并在父亲命令下违背婚约，"我在爱情方面无所作为，就是一个乖乖娃"。

还有，约翰·斯图尔特·密尔一方面像富兰克林与吉本一样是纯粹的知识分子，另一方面又是一个感情充沛的人。他早年即形成的伟大思想并未浇灭自己对宗教的渴望以及对生活的感悟。纽曼的《我的辩护》的绝大多数笔墨都化作泡影，比如试图向冷冰冰的《忏悔录》的另一端神学教义大动脉注入热情的血液的努力，最终都变成徒劳。

与之相比，《约翰·伍尔曼日记》，精简而求实的心灵鸡汤，未赘述中世纪神学家提出的诡辩谬论，而是有意识地面对神永生的存在。

我们关于伍尔曼唯一的争论在于其完全另类的物质欲，他不屑于向我们分享他自己以及所处时代的故事，而这些正是我们所感兴趣的。

在其他方面，都和其他自传一样丰富多彩。许多士兵都写过回忆录，不厌其烦地引用格兰特将军的自传，就像都回到了恺撒的《高卢战记》中一样。作家、诗人、政客、小说家以及名人们主动向我们敞开一扇窗。从维多利亚女王的《杂志里的叶子》到布克·华盛顿的《超越奴役》，相互对照，内容丰富，跨越历史。

而且在其他地方，也能从自传中发现人类才能的精要事例。比如我已经提到的《本韦努托·切利尼》的生活。艾法利、佩利科、达泽里奥、加里波第等其他经历过“自我启示”的意大利人。还有法国人，这里的每一个人似乎都比其他民族的人更把自己视为戏剧中的角色，产生了丰富的自传作品。其中的翘楚就是卢梭的巨著《忏悔录》，内容翔实易懂，一副极其卑鄙的小人物嘴脸跃然纸上。

传记与历史的关系

站在大文学领域来说，传记介于史学与小说之间。作为历史学的一个分支，传记无意于把想象束缚在一个时代或世纪的狭小空间，而是以千年为纪元，结果丧失了对生命个体的关注。

他们致力于探索解释宇宙发展的一般规律；历经时日，探寻群体性集体行为，观察组织机构的演变过程。在他们眼中，拿破仑也不过是历史中的沧海一粟。

我无意贬低这些学者的努力。我们多数人都体会到往返于浩如烟海的时间空间的魅力，就像航天员穿梭于太空中一样。

这是一趟让人欢呼雀跃的旅程。这趟旅程没有任何风险，安坐家中，随时启程，随地降落，不附带任何责任。即使是日常生活中最微不足道的事情，也能因归纳而让我们心满意足；但我们一定不要重视从过程乐趣中得出的概括总结的价值。历经数十万年，人类个体被放在最强大的显微镜下，变得渺小。因此我们无法在渐新世与新石器时代之间推测人类进程时，忽视一个或两个无法计量的年代。但人类缓步走出地质时代创造自己的历史的时候，没有比由一个个人类个体推动的群体所起的先驱作用更为巨大的了。只要有两个人在场，我们就可以证明这一点，不可避免会有一个领导者。

由于人类生长于荒蛮之地，人类个体开始增加，并愈加多样性。总体来说人类具有很大的可塑性，或者说易于适应变化的环境，就像是储藏巨大能量的水池，总有那么一个领袖施展自己的才华、开创自己的事业。很多时候，伟大的人并非规划出现在的自己，但他们总有些内在的让其同辈人难以模仿的能力，比如影响力、控制力，还有让人着迷的魅力。那些认为拿破仑是他自己同代成百上千普通法国人的集合体的理论是站不住脚的。他的一些性格特点与普通人一样，就像自己的身体器官与别人一模一样，胃口也与常人无异；倒是那些他人所不具备的特质才成就了传奇的拿破仑。

我们安心学好了传记，就不仅仅是作为历史的附属物，而是成为汇聚渊远历史长河的一个支流。传记素材与特定历史时期或大量的事件相关，我们就很容易探寻导演历史事件的伟人的重大意义，毫不费力且乐在其中，因为在这场探索之旅中我们发现了历史发展的影子。我们知道那些伟人的生活琐事——博罗季诺严寒下拿破仑的疲惫不堪、腓特烈二世在十字军东征发起时晕船的场景、公牛跑第一场战役中麦克道尔感染霍乱等历史人物命悬一线的种种危险经历。我们进一步发现，男人们、女人们都是实实在在的人，人类有规律地进化发展其实都是自身动机与行为促成的；当然单个人的异常或变故可能会中断历史发展的进程，或让历史进入人们意料之外的轨道。

这些历史人物的生活——共和国的缔造者们、共和国的守护者们，以及先驱，他们的生活拥有双重的魅力：一方面向我们展现那个时代的历史概貌，鲜活而原貌地展现，通过这些杰出人士的内心世界与思想动态，我们能够认识到人类世界的特征和工作状态。当单个历史人物影响力如此巨大以至于他们身上融入了一个群体的特征，从他们的传记可以看得更加真切。

传记与小说的关系

另一方面，传记在很多方面都与小说存在交集。小说家们很早就很钟情于当代以外的其他年代，这是因为“当代”总是被当作时间的替罪羊，人们对“当代”已经没有了想象。这个三条腿板凳对于清教徒的祖先而言也不过就是一个板凳，但现在已经成为古普利茅斯或古塞勒姆的一部分，因其充满想象力的联想，甚至连布拉德福德市长或普里西拉·马伦斯也许都曾经坐在上面。那里刻着历史作家写下的话语，现在仍在发挥着巨大的作用；此景此情，他们再次将亲历者还原。

作为职业小说家，他可以根据自己的喜好接纳或拒绝；因此如果他碰到难解头疼的历史事件，可能就变更或忽略掉了。或者因兴趣使然，小说家会像传记作家一样，重于人物以及内在的性格，最终写成原貌的人物作品。不过，历史人物如果出现在小说中，就不可避免难逃被小说家修改变更的嫌疑，他们已经不是本来的自己。

当然，从更大的层面看待小说与传记的相对价值，我们尚妄下定论了。我们不能再褒传记、贬小说，如果可能的话，也不能刻意放大雕像的功用，而矮化绘画的作用。当然，如果那些才华横溢的传记作家的小说水平同样了得，至少说明在文学素养较高的读者群眼中，传记与小说这两个文学分支的地位就会出现交集。正如我所说，小说的最高成就在于创造出一幅完美的画卷，使得故事里面的人物情节就像真实发生过一样。

换句话说，关于对现实的关注，小说家与传记作家的出发点是不同的。尤其在小说家善于驾驭棘手故事情节的明显优势下，他在选择故事人物过程中会受到极大的牵绊。不得不面对的现实是，如果18世纪除小说之外的文字记录全部被销毁，自此往后500年的那个时代的后人就会对认识我们这个时代人类真实生活的途径不屑一顾。没有任何文学形式比小说更能加速这一粗俗化进程。当今的小说不敢再标榜善良与伟大，做得最好也只能达到平庸，做得不好就会归于堕落，而且小说正在越来越深入地接近堕落的底线。

这种试图反映生活的艺术，宣扬以小说自身的各种样式就能展现人类生活个性百态，却对最高境界的表现形式置若罔闻，因此本能地与生活更为广阔的一面相隔离，没有资格进入真正的通用艺术之列，比如绘画、雕像、伊丽莎白时代的戏剧以及传记。

自1850年至今层出不穷的英文小说，都未能创作出一个能够与亚伯拉罕·林肯或加富尔比肩的角色，甚至没有与加里波第媲美的英雄浪漫气息。或者拿当代小说举例，即使是虚构的想象场景，哪一部小说敢说自己创作出了西奥多·罗斯福或J. P. 摩根这样的人物？就我自己而言，如果可能的话，让我在失事的船骸上选择营救乔治王时代的小说家还是博斯韦尔的《约翰逊传》，我会毫不犹豫地选择后者。

传记的艺术性

下结论之前，请允许我再次回到“传记是一门艺术”这一话题上来，如果你不能为传记作者千差万别的能力所惊叹，那也就无法在这个领域走得够远。有人把一个活灵活现的话题写得索然无趣，有人把一个耐人寻味的话题写得枯燥无味，而水平高超的传记作家能让你把一个毫不起眼的普通人的生活故事看得津津有味。你们逐渐开始研究艺术的写作规律，自己来决定传记有多少是依赖传记作者，还有多少是依赖传记主人公；总之，就是要对给定主人公生活的那些部分进行描述。请记住，如果生活有一百个片段，那没有哪一个片段是不能描述的。因此传记作家必须精挑细选。

但是，这些意义重大的、个人的、引人入胜的故事情节，要怎样组织呢？这都是出自传记作家之手。素材选择和观点是所有艺术形态的太阳与月亮，除非他们能够为作者服务，否则作品就无从落笔。比如，当哈夫洛克的作家倾其所有致力于自己的军事成就时，你就懂得了选择的能力；或者当另一位作家描绘格兰特将军晚年的不幸遭遇，就像描绘上当者对金融骗子的痛恨一样描绘他笔下的维克斯堡战役时，你就找到了表述厌恨之类观点的最好实例。经过训练，你就能学会怎样从这样经受折磨的受害者身上挖掘出一些真实特征。

作为批评之母，比较将会帮助你充实开心。我已经提议将约翰·伍尔曼、富兰克林自传以及弥尔顿的自传进行对比；但这个过程可以从多个方面推进。对于传记作家来说，只要觉得重要，你可以搜寻任何时期的资料作为传记素材。比如普卢塔克，为古代政治家和士兵们留下长长一道人物肖像画廊。其中，一个现代的普卢塔克的方法与结果和他的会有什么不同？如果是博斯威尔而不是色诺芬编写了苏格拉底的著作，他会加上一些什么呢？对于聪明机智的艾萨克·沃尔顿生活中的沃顿、多恩和赫伯特，你们最留恋的是什么？

由于这数百本关于拿破仑的书，我们是否真的对拿破仑认识得比恺撒更多一些？《瓦萨里的生活》千篇一律的共性在多大程度上模糊了他们的个性？这些以及其他许多问题都将会激发你阅读传记的热情，都指向三类深层次问题：传记作家的写作技巧，对公众人物兴趣视觉的变化，以及最后一项人类自身缓慢变化带来的性格变迁。

传记的前景从来没有明朗过。其从业者将会一如既往地精雕细琢，不断精进。他们对写实的要求也从未放松。而读者随着辨识能力的提高，阅读传记时也更加享受其中。

同时，传记作家所描述的人物与事件也将因其真实性而越发增加读者的兴趣。生活、生活中的第一次冲动，以及连续不断追求胜利的冲动，都会显示在个体的生活中。从一开始就没有什么时候（甚至是一刻一秒的工夫）会出现宇宙哪怕是其最微小的部分变得抽象的情况。在这个物质世界，至少在动物和植物的有机生物世界中，现在以及将来，这里以及那里都是一个一个个体形式的存在，小到原子大到天狼星，没有一个例外。即使在万物千奇百怪的相互转化变迁中，生命止于死亡，死亡诞生生命，个体一直随着时代的脚步前进。

由于个性化的历程都是从低等到高等、从简单到复杂，历史上公认的伟人，或者是某个群体出类拔萃的杰出人物，他们要么具备某种非凡的品质，要么将一些普通的品质磨炼到了极致，最终让他们有更多向外界展示的机会、更强大的能量、更广泛的兴趣、更深邃的魅力。这是传记成就其永生的根本所在。小说家的创作源于大师的头脑，而传记的主题来自上帝自己：上帝创造的现实世界必须永远超越人类的想象。

普卢塔克

W. S. 弗格森

普卢塔克亲切而和蔼，在哲学与修辞学方面受过良好的教育。他于公元46—125年生活在古希腊皮奥夏地区凯洛尼亚的偏远小城。他一生致力于演讲事业，同时与许多希腊和罗马同时代志同道合的人保持着通信与交流。他很幸运生活在那个时代。吉本在《普卢塔克》里说过，“如果让人去关注人类幸福繁荣的历史阶段，他会毫不犹豫地投身进去”。那是普卢塔克著作中所描述的中古世纪破晓之时，清晰地反映了其中的魅力与疲倦、急匆匆的游走闲逛、微醺的视线、日落前万物暗将下来时的特殊时刻。

普卢塔克的迷信

他精通多方面才艺，能够对任何情况的未知做出及时的预测，但他的多才多艺又让他没有重心，所学并没有与自己需要的关键能力相匹配。关于普卢塔克的思维方式以及他的自然科学的缩影，在其著作《伯里克利的逸事》下文的段落中有所体现：故事讲述的是伯里克利从他的一个农场带来一头独角公羊，而当预言家看到那头独角的羊脑门中间坚硬无比后，就判断说当时城里分两大派系或利益团体，一派是修昔底德，另一派是伯里克利，而政府只会偏向这只命运之神所象征代表的一派。但是这位阿那克萨哥拉裂开的头骨在旁观者面前表明，大脑还有未被填满的空间，就像长方形的鸡蛋，把各个部分装进这个容器里面，羊角指向自己起源的地方。而阿那克萨哥拉对预言家提出的这个解释赞叹不已；修昔底德权势膨胀后，这个地方也今非昔比，国家政府各部门均归入伯里克利手中。依我看，说他们都有道理也是行得通的，两者都是自然科学家与预言家，一个通过事件产生的方式来判断其原因，另一个是根据事情结果推断发生的初衷。因为这是人的职责所在，应该找到事情发生的起因、发生的方式以及发展的方向；另外就是预言最终的结局以及它最终预示的结果。

那些声称要探寻奇迹发生的原因的人，实际上是要竭力毁掉这个奇迹原本的意义，但却没有意识到挖掘奇迹发生原因的时候，他们同时也断送了人类艺术发展的前路，例如，铁环的碰撞、火灯塔以及沙漏。以上现象都有其成因，然而这些原因或发明的初衷又是另一回事。但这些都是研究的议题，或许会让其他地方受益。

他的好奇心与爱国热情

普卢塔克博览群书。他所生活的世界与其说是他眼睛看到的样子，不如说是他通过想象描绘出来的样子。换句话说，他更多的时候是生活在过去的回忆中，而不是现在。对于他身边发生的每一件事，他都有着持久的好奇心，就像对异性一样。随着时间推移而神化了的风俗习惯诱发出他最深沉的亲切感；但他本性中却没有一丝的盲从。他年轻时热情而奔放，充满了狂热地保护古旧历史的热情，对像他一样的创新者提出苛刻的要求，这些让他看起来更像是一个不务正业的小混混，而令人生出一份讨厌。但这些感觉肯定会因他博大的慈悲心怀而改变——他是一个极富忠诚感的人，忠诚于自己哪怕渺小但神圣的公民责任，忠诚于自己对家庭的责任，忠诚于自己的朋友，忠诚于自己的声誉，忠诚于自己的种族。

普卢塔克是一名传记作家，以兴趣、职业感以及实用的道德意识而著称，又因自己对自己关心的人的忠诚而成就了传世名著《希腊罗马名人传》。

在创作中，他尝试将罗马伟人和希腊伟人分组立传，实现了罗马人的荣光与希腊人的智慧的奇妙对比。

古代的科学与哲学传记

传记在古代是科学以及哲学各自的分支学科。科学传记着眼于这样一些事情：人们各种才艺信息的组合。它宣称客观描述细节，但又为个人展示自己提供了可选的空间。选择的原则可能是色欲的、政治的、阶级的、哲学对立的，或者是单纯的爱情丑闻。这样的传记写作形式上可有可无，投入的精力可多可少，都无批判的手法而言。许多久已失传的科学传记再次出现在我们面前，出现在普卢塔克同时代的苏维托尼乌斯所著的《罗马十二帝王传》中。

另一方面，我们又在普卢塔克的《希腊罗马名人传》中看到失传的哲学传记。他在漫长的发展过程的末期逐渐取代我们，许多同时代或相近时代的作家出现在这个过程，传记开始创作，每一本著作又被后来者的著作替代，最终这些著作都被普卢塔克的传记所替代。《希腊罗马名人传》中记载道，数不胜数的书籍、画册、剧本以及回忆录均被洗劫一空，文山书海中那些奇闻逸事以及警句名言被挑选出，收录至普卢塔克的著作中。他搜集了绝大多数著作，许多原本由佚名前辈编写的资料都为他所用。他毫无职业的责任感可言，未对引用的素材进行考证核实——他一直都没有注意到这一点。因此普卢塔克的《希腊罗马名人传》错漏百出。但即便如此，历史学家都认为这是情有可原的，因为与书中内容相关联的资料都是经由比普卢塔克更耐心、时间更充裕的人们的努力，这其中的很多素材甚至出自几个世纪前古希腊最早期的文学内容，现在都已失传。

普卢塔克对《希腊罗马名人传》的贡献

普卢塔克的《希腊罗马名人传》也因此在一定意义上是集不同时代传记大成、融百家思想之争鸣之作。正如中世纪大教堂一样，这些传记格式统一，风格相似。当然这并不完全是这些哲学传记作家创作的结果。很大程度上应该是普卢塔克自身知识体系的结晶。他完全不是一个平淡无味、毫无立场的编撰者。他的《希腊罗马名人传》几乎没有出现风格不一的情况。全书贯穿始终，无时无刻不彰显作者奇巧精致的个性特点。他的哲学观点几乎在书中每一处的批判语句中都得以渗透，而且他也从不缺少娴熟的文学写作技巧。那些无声幽默的描写，不动声色而又独具匠心，毫无疑问是他的风格。尖刻的用语是希腊人的用语特点，而普卢塔克就是一个希腊人。他一向举止得体，就像同时代的人一样，但他又从未忽略人类在男女亲密关系中自然而然的性趣；更不用提他的戏剧风格：他的《尤利乌斯·恺撒大帝》中，普卢塔克更胜莎士比亚一筹，科里奥兰纳斯、安东尼以及克里奥佩特拉更有十足的戏剧风味。

当然，除了赞扬他作品精良的品质外，也不能否认，与那些水平高于他的哲学传记作家相比，他的思想相形见绌，让这位攻于技巧的传记作家来传承这些伟人的生平便是一个不幸的选择。运用道德解读，这些就显得极为苍白无力。活生生的人们，在性格各异、才能卓越、坚定信念的激励下，就会变得像木偶一样，大举颂扬美德，威慑罪恶。人们只有在与自己社会隔离的环境下所完成的著作中，才会显露出自己的本性，而且他们的性格也只在那些不起眼场合下的言行中才有所体现。书中对琐事的描写就是普卢塔克个人的伦理肖像画，甚至比他对历史英雄胜败得失的描绘更加真切。老套的道德问题考量对政策和最终决议的形成具有决定意义，而并不会决定每一个历史场合。

因此现代历史学家和史学传记作家最主要的职责之一就是杀掉“普卢

塔克的主人公”，取而代之的是古代真正的政治家与军事家。然而他们接下来的任务就不可以甚至不允许尝试去掉普卢塔克为每一个主人公身上添加的素材。至于第一个职责的难处，在于很容易揭露出由爱尔兰文盲农民玛哈菲讲故事时所说的那一点：从前有一个富裕的邻居，“他像普卢塔克一样长寿”。

本韦努托·切利尼

钱德勒·拉芬

意大利文艺复兴期间（参见波特教授关于历史上文艺复兴进程的演讲）产生了许多著作，比如关于人文主义辩证法，这些主题现在已失去意义，他们更多是表现在文化条件的阐释说明上，而非其内涵价值。那个时期的文艺作品，比如雅各布浪漫主义气息的田园诗歌，源于塞涅卡、普劳图斯或者特伦斯风格的作品，因其重要地位而成为古代文学复兴的典范，并成为后期传世巨著创作的萌芽。正如米开朗琪罗的十四行诗所言，“这时期的著作数量不多，但历史价值却超越以往任何时代”。数量更少的还有马基雅维利的著作，区别在于其同样专注于考古及其自身，以及这一类的《本韦努托·切利尼的自传》（他生于1500年，卒于1571年，自传最早出版于1568年）。那个时期没有比这本书更能代表文艺复兴的发展趋势，或者说更受到广大读者喜爱的了。我们可以把本书广受好评的原因归结于以下两个方面。

切利尼成为文艺复兴时期的个人主义的代表

显而易见，这是读者研究文艺复兴时期意大利生活的重要文献，但其著作特征与当时灵性运动密切相关。文艺复兴中有两个决定性特征，人文主义即投身于古代文化，个人主义即专注于个人发展，而本韦努托强调的是后者。人们关注研究的焦点从自我逐渐转移向他人个性特点上，这一自然的过渡最终导致传记文体的产生，其中最杰出的范例就是《传记集》，而来自乔尔乔·瓦萨里的《艺苑名人传》更负盛名。然而自传更加注重宣扬个人主义，作为现代文学史上此类文学作品中第一部巨著的作者，本韦努托是自己所处时代的一面旗帜。作者在其自传中不显露自己的个性特点，这是可能的，也是确信无疑的，像特罗洛普那样极度地限制自己，向人解释自己书中的人与事，并进行讨论；但这并不是16世纪的精神，而本韦努托甚至超越了自己的时代。他对自己的心灵无比坦诚。他赤裸裸地将自己的优点与恶习表露无遗，不管是公开的事情还是最隐私的行为，还包括自己喜欢什么、讨厌什么。他似乎并未意识到谦虚的必要性，自己喜形于色，依靠自己的魅力，引导读者研究他的热情，解读他的正常行为和过失错误。其中最典型同时差异比较大的例子，是关于西西里岛女孩安吉莉卡的。

他对自身估计的正确性

他凭借自己的魅力，大张声势地表达自己的观点，态度也同样地张扬，超凡脱俗并富有艺术气息。由于他的自负（这个缺陷是以一种英雄主义气概来展示的），他体现的不仅仅是个人主义，更是人文主义并行发生的现象，这种从古罗马复兴的自我欣赏观念，在西塞罗那里并没有显得那么和谐。由于他对自己艺术的过高估计，现代批判主义并不认同。作为铁匠，他的劳动毫不起眼却很真实，现存的主要实例有法兰西斯一世的盐瓶，现在摆放于维也纳的皇家宫廷，创作上并不喜人，文风也过于华丽。

他的海量作品中，有一座是宾多奥托维特的半身铜像。美国有幸拥有波士顿的约翰·L. 加德纳女士的众多著作，她并未像自己的众多对手那样受到过多影响，并在16世纪上半叶随着意大利艺术的衰落而没落。相对于早期的文艺复兴或她同期的米开朗琪罗，加德纳女士具有广泛的影响力和魅力，具有可贵的品质，她也结束了依赖古代文化的传统，更趋向于关注细节和精心布局，其作为珠宝商进行训练，但作品又不同于更广泛意义上永恒的雕像艺术，趋向招摇而奢华的装饰风格以及致命的偏好，结果在创作过程中牺牲了美学展示的考虑，所有这些关注细节和布局的特征在她书中余下的部分都被放大，也可以从其自传的字里行间略知一二。技巧展示在珀尔修斯著作的描述中以及阅读学习中格外引人注目。整体统观其艺术形式，几乎涵盖16世纪晚期的主要艺术，却显露出一种死寂且敷衍马虎的感觉，同时与他笔下的自发性相映衬。这种感觉与他对自己这个时期活动的自吹自擂显得很不合时宜，让人不禁对这个以他的勇气及其成就为主题的故事的真实性产生怀疑。其中一些细节，比如他因长期恶心而突出蠕虫的部分，或者在罗马圆形大剧场看到恶魔的场景，都简直让人难以置信。但我们又必须清楚面前的这个人：紧张而敏感，神经质，想象力极易让他的思想成为现实。还有其他插曲，比如他毫无预兆地争吵，并被怀疑为杀人犯，以及从圣天使堡逃走，这些在我们看来都不可能发生。多数自传作品都得到那个时代其他著作文献的印证，文章主要结构都是可信的，尽管存在过度渲染，但的确提升了艺术价值，并充分利用了作品的中心人物。

我提到本韦努托也是一名多产作家，这方面他也是文艺复兴思潮下个人主义迅速发展的结果。他的多才多艺让自己仅位列以下诸位天才大家之后，如阿尔贝蒂、列奥纳多·达·芬奇以及米开朗琪罗。他同样是一位才华横溢的音乐家、金匠以及雕塑家，他还是一名出色的剑客和神枪手；他的外交手段就像自己作为小丑逗观众开心的方法一样多；他今天是一名含情脉脉的情圣，明天又变成了一个冷酷的刺客；他在囚禁期间精心策划了一起惊天的逃亡；他还着迷于神秘的宗教；他甚至能向你呈现一首人们争相传诵的十四行诗以及相当数量的艺术研究文章；最后就是他留给世人的这本现存最伟大的自传著作。

切利尼的品行

他离成为一名基督教徒相去甚远。本韦努托与阿雷蒂诺竞相成为异教徒的反面典型，一方面的结果是他全盘接受了所有古代的东西，甚至包括颓废的古罗马遗迹。另一方面不可避免地造成从自我发展到自我满足的退化。这些作家过于夸大了文艺复兴的道德沦丧，如约翰·阿丁顿·西蒙兹，他们的结论过于武断，仅是基于对北方新教徒的认识以及那时的中短篇小说，夸大并滥用了幽默手段。

15世纪时，意大利的伦理道德环境仍然很健康，直到16世纪，贬低人文主义和个人主义的思潮愈演愈烈，最终贻害无穷，当然仍未发展到人们现在普遍认为的不可收拾的程度。然而，这本自传几乎所有的页面都有违背当时任何一条道德标准的现实。切利尼既可以抚养一个非婚生下的孩子，又可以像外出打猎一样随意杀掉一个敌人。他并没有道德感，或者是未意识到此为何物，他也信奉宗教，但这种强烈的宗教信仰与道德无关，主要来自一种情感神秘主义，以及他自己偏爱并念念不忘的习惯仪式罢了。他已经狂热地摆脱了宗教的羁绊，模仿异教徒的行为，他完全释放了自己，不再有古代的辉煌岁月，只剩下希腊与罗马没落的影子。

自传的价值

这本自传的历史意义不仅在于其刻画了那个时期的生活万象，还有其对个人主义、多种才艺以及文艺复兴后期异教的介绍；因其独特的内在价值而风靡16世纪整个意大利文学领域，为领域专家所熟知。本韦努托将自身魅力成功地发挥并传播了下去。他在我们眼中举止优雅亲切，不仅仅是读者，他的一众朋友也乐意听这些有趣的故事，其中至少有一半的魅力与吸引力来自这位讲述者和蔼的性格。故事很多时候只能以这种形式在社会传播，他的演讲风格鲜明，托斯卡纳习语信手拈来，口头语鲜活跳跃、洋洋洒洒，熟练运用各种语法，俨然一个健谈者。这一技巧背后是他对叙事技巧的熟稔，他深知怎样选择活泼有趣的故事插曲和细节，剔除不相关部分；巧妙地避免高潮与阴影细节千篇一律的对比。他的伟大之处在于运用各种技巧于无形之中，精于随心所欲地表演。

富兰克林和伍尔曼

切斯特·诺伊斯·格里诺

在所有的文学领域中，作为其中最杰出的代表，没有哪类作品能有传记这样的号召力来吸引并引导观众。它兼具小说的悬念迭出与历史纪实的原汁原味。它对细节的刻画不像历史纪实那样不食人间烟火，它完全不像我们自己，只是根据自己的生活制定生活规则，同时生活规则还要根据环境的变化而调整。

自传尤其如此，我们很高兴看到，自传的文字既真实又亲切。最优秀的传记作家，既要博学多才、生动活泼，又要富有哲理，能留给我们关于历史的遐想空间，这就是一个优秀自传作品的精华所在。这样的自传如果又与当时的历史事件密切相关，那就具有了极高的历史价值，也就能摸透历史事件的起因与结果。但是如果作家热忱地专注于自己的生涯，摆脱了自我意识，且偏好于散文风格，即使他的生活历史意义没有那么重要，我们也有足够的理由看到他自己生活记录的价值。比如像本杰明·富兰克林的自传就具有永久的价值（《哈佛百年经典》丛书，第一部58页（1706—1790年），还有约翰·伍尔曼（1702—1772年）的。

清教主义的瓦解

富兰克林和伍尔曼都没有像那些文学作家那样待在家里创作，他们提前走进美国最重要的时代。后者是一名贵格会教徒，前者通过自己的口头评论表明了自己的立场：自己平时太忙无暇去教堂，将会受到大多数新英格兰地区的惩罚甚至驱逐，他们甚至默许将部分人流放，对部分人处以鞭刑，将其他人都处死，从而让所有人都顺从创立者的神权政治理想。

但到了18世纪，出现了一些变化。人们对科学的兴趣逐渐增强，其中比较有影响力的作家有约翰·洛克，其他行业地位愈加比牧师重要，商人也日益崛起，对与母国政治关系的关注与日俱增，其他宗教教堂的建设也超过了公理教会。所有这些影响使得18世纪美国人的生活与文学跟殖民地时期显著不同。富兰克林与伍尔曼之间在主要方面都存在显著的不同，他们同意代表美国思想的各个方面，但这些思想直到18世纪文学从新英格兰及其偏狭的教堂中迁出后，才真正繁荣起来。

富兰克林在文学与科学上的研究方法

富兰克林的经历很好地诠释了这一点。他发现自己在波士顿受到极大的约束，于是搬到费城。他认为很值得为读者提供便利，于是将很大的精力都用在了写作上。

他写作中运用了世俗的幽默与讽刺艺术，并特别注意包容来自不同方面的情感冲突，只关注积极的评论；他也通过多样化的途径来完善机械性能；他在特定公共服务部门更好地组织工作，为民众谋得便利；他在科学领域的试验使得自己的耐心、洞察力以及逻辑性达到无以复加的程度，但他将自己在商业、科学以及公共服务方面的精力都用在能够即时利用的地方。

政治上的富兰克林

富兰克林在政治上获得极大的成功，即使可能无法做到尽善尽美。他处理政治事务时，以娴熟谋划、沉着应对而著称，这在他向国外披露殖民地的实际情况、传播美国民众的言论上大有用武之地。他的果敢坚毅与灵活处事使自己在法国广受欢迎，因此作为殖民地的特使，这为工作的开展提供了极大的便利。尽管由于自己未能秉公慎用特权，他的声誉受到了一些影响，但富兰克林退休回到美国多年后仍然受到拥戴，且并不比华盛顿逊色多少。

富兰克林的道德观与宗教信仰

如果没有良好的管理水平，他不可能取得如此卓越的成就。的确如此，富兰克林的自传能够如此深入人心，就在于他通过一种系统的思路方法约束自己的行为、培养自己的性格，用今天的一个管理学术语，我们称其为“科学管理”。例如，他像很多其他人做的那样，草拟了一份美德与格言清单。即使别人质疑他的行为多么可笑，他也不会受到干扰，他保持着每周运用表格记录的习惯，时刻提醒着自己在道德生活的重大事项上得到多少分。

他的人生观一直谨慎而严谨地进行着。那些让清教徒深陷地狱的罪恶对于富兰克林来说也是一件憾事，其代价以及对他的身心伤害都让人遗憾不已。他拥有的优点成为使自己获得支持的主要途径。清教徒在禁食和守夜期间获得上帝的恩赐，富兰克林平静地期盼审慎和美德下收获的生活成果。他在写给耶鲁大学主席斯泰尔斯的信中说道，“我在长久的生活中经历了生活的美好，虽然从未奢求，但毫无疑问这种美好会延续到下个阶段”。

约翰·伍尔曼的宗教信仰

约翰·伍尔曼的生活及其目标的各个方面几乎都与众不同。他写道，“我一直坚持这样一种想法：我的一生要这样度过，没有什么能阻止我持续关注真正牧羊人的声音”。这项生活指导原则在其生活环境以及获得的奖项中无足轻重，因此我们不能世俗而疑虑地称其为“事业”，水到渠成，他理应获得我们最诚挚的尊重。

年轻的时候，伍尔曼就开始为自己的罪恶以及身边许多人放荡不羁的生活而烦恼。他有时候也想跟别人分享他们的生活方式，他经常关注自己的缺点，还发现尽管“自然是渺小的”，但“每一次尝试都是让自己全心服务上帝的激励”。通过伍尔曼的谦卑言语，人们几乎不会怀疑，他实际的错误只会比他自我感受到的要轻很多，或者他对别人的警告不会让人感到虚伪，而是真真切切出于他对人们的良苦用心。

伍尔曼与奴隶制度

他做过裁缝学徒，还认识到大量财富既是诱惑又是烦恼，都是身外之物。于是伍尔曼开始踏上旅程，相比于追求世俗的生意，他更愿意探寻前方真理的道路。他当下开始担忧奴隶制度的罪恶，当时该制度还是在贵格会信徒中间实行，他就开始无声地抵制奴隶制度，还坚信奴隶制度是对后代的残忍。依照这件事给他定罪并非易事，也无利可图，而我们从他的拒绝理由就可以写出某个贵格会教徒奴隶主。伍尔曼对这种雇佣关系以及必然冒犯他人的可能性感到十分遗憾。但从深层次上说，他更认为“出于神圣之爱的愿望以及真理与正义的名义，这是一种与当前外在利益格格不入的伎俩，还因此招致人们的怨恨——虽然奴隶制度开通了一条白银财富之道，以及超过人类友谊之间的主仆关系”。

伍尔曼的这种观点表现出来的习性在整个纪事日志中十分典型，他让人相信像伍尔曼所说的如此沉醉的宁静与端庄极为少见，这是因为比起单纯地拒绝罪恶，这样他们会更加快乐。伍尔曼的关怀与常人不同，仅是出于“通往心灵深处的纯粹精神真谛”。正如他那样，人们被教育着安静地等待，有时候一起等待许多星期，直到倾听到上帝的声音，这样就不会被个人主义或自我吹嘘的表象所冒犯。

当然对于这两本有趣且富教育意义的自传，如果让人们认为，一本是纯粹与崇高精神，另一本是单纯利己主义的故事，这种感觉就是错误的。伍尔曼尽管在行为与态度上高出这个世界一大截，但仍然无法让这个伟大改革实践往前挪动哪怕一小步。如果富兰克林的生活相对更质朴的话，就应该谨记不论他动机如何，都确实为这个国家带来各种益处，比如科学领域、文学领域、外交领域、实用工艺以及公共福利等方面，因此即使我们不接受他在艺术生活中定下的规则，也应该给予他应有的尊重。如果我们身边有富兰克林这样一个人，需要时刻避免他的一些优点，才能确保引导约翰·伍尔曼心中的内心之光不会熄灭。

约翰·斯图尔特·密尔

O. M. W. 斯普拉格

《约翰·斯图尔特·密尔自传》的前三章是这本书中最有趣的部分，内容是关于他非凡的教育方法与结果的。在其父亲的教育下，他从3岁就开始正式学习希腊语；12岁时已经达到英语大学毕业所需的数学及古典音乐水平，而在历史和哲学方面已经远远超过那些学科的要求。此后他孜孜以求地继续他的学业，更加专业，并要求更加独立，比相应学历毕业生达到同等程度早出10年。他在20岁以前就编撰了一部法律专著，这对任何成年的研究学者来说都是不可思议的事情。他当时20岁，比他那个年代完成正常教育早出了5~10年，现在人们正常接受教育都能达到他当时的水平，很习以为常了。

所谓早熟的优势

对密尔自己来说，勤奋的童年和青年时代被视为是一种纯粹的幸福。他在自传的开篇就阐述了这样的观点：他的经验表明自己人生的早期仅仅是比浪费时间稍好一些。尽管没有人会怀疑父亲对年幼的密尔实施的严格智力训练成效显著，更庆幸的是，在这个敏感的时期，教育方法并未受到影响。相比于常规的教育方法，他的教育仅在一方面优越，即节约时间。他让密尔在年幼的时候就开始运用成熟的思维写作。即便如此，他的人生也未取得本应早点取得的成就。正常生活之外5~10年那些特定的时间，对于整体的成就并不起唯一作用。我们在得出结论以前需要确定，身体优势与精神敏锐性并不会在早期学习训练中弱化。毕竟经过持续建设性的智力开发工作，保持思想开放是最重要的一件事，当然在此方面，密尔比世界上许多优秀的思想家都突出很多，这一特质似乎与他的教育本质并无特别关系。

密尔教育的缺陷

密尔没有像其他孩子一样享受到儿童时代的游戏玩乐，他的青年时代似乎倒没有什么遗憾。作为一名哲学家和心理学家，他可能意识到早年所接受的专业性知识学习必定减少了对生活知识的学习，同时影响了自己日常行为能力以及领导能力的培养。密尔的生活态度，在大多数情况下，尤其是人生的早期显得过于自作聪明，他夸大了推理性结论在个体行为上所起的作用，同时也放大了其带来社会变革的影响。人们会认为密尔所节省下来的、从书本学习知识的那几年，也让自己丧失了对男女间正常的冲动以及动机方面知识的学习。

另外一个密尔教育的缺陷有待商榷，尽管他幸运地避免了其威胁性的后果。他的父亲是当时最有名的功利主义哲学家之一，他热忱地将这一学科分支的原则应用于个体以及社会发展的各类问题研究中，当然也存在教条主义倾向。他在孩子太小、尚不具备批判分析态度的时候，就将自己的观点传授给孩子，以至于孩子尚未对比其他思想观点，也无个人人生经历，无法对此形成独立的判断。密尔早期的作品也因此更自然，并稍超出他父亲对这个具有超高智商孩子的期望。

情感的期望

在功利主义哲学发展的历程中，父亲向孩子传授功利主义哲学时所采用的形式，都无法满足这个情感极为丰富的孩子的需求。他因这套哲学枯燥无味的内容而大失所望，失去了工作的乐趣，也没了建设性创作努力的能力。或许自传最有价值的部分就是对这段压抑而焦虑的时代的解释，并在扩展视野、人性化思维及其重要性方面给他带来的多样化影响。作为一名作家，他只能在自己阅读个性的变化上寻求慰藉。

其中华兹华斯的诗歌对他的影响最大。人出生时，在天赋并不突出的条件下，也是完全有可能通过提早接触、学习哲学某一分支而获得思想上的满足，并指导其工作生活的。

密尔对功利主义以及自由主义的贡献

这一贡献具体体现在密尔对功利主义伦理理论的贡献。由于坚持“幸福就是乐趣简单相加”的立场，他对高质量乐趣与低品质乐趣做了区分，认为高质量的乐趣远比低品质的乐趣更重要。不过密尔对不同乐趣的分类标准并不完整，也不充分。知识的多种分支，特别是心理学和社会学，并未因其目的而发展得更为充分。关于本话题以及许多其他话题，由于主要研究方法途径比额外的数据还多，密尔的工作目前都已经被后人取代。进化假说以及其他提到的意义深远的学说，如科学心理学，都与密尔时期的知识分析心理学不同。

密尔影响最深远的著作是出版于1848年的“政治经济学原则”。密尔撰写这部著作是出于两个目的。一方面，他希望将公元1776年自亚当·斯密的《国富论》以来，人们所做出的关于各个主题的原则融合在一起，在亚当·斯密基础上继续解释他们的实际应用技巧，在这方面他获得了极大的成功。近年的许多作家都树立了这个目标，但都未成功。另一方面，他希望将经济原则和现象，与自己的社会理想及社会哲学联系起来。这些社会理想的特征以及社会哲学的本质在其自传中有大量的论述。需要特别关注的是，他的思想对自己妻子以及科学社会学之父奥古斯特·孔德的影响。当然几乎不能说密尔的努力获得了完全成功。该著作的经济部分以及社会哲学部分并未很好地融合在一起，反倒有很多不一致的地方。不论如何，自亚当·斯密时期以来，在以自身兴趣努力完成著作以及寻求更多办法解决社会及经济问题上，与其他经济学家一样，一切都在按部就班地进行。

自传中体现的个性特点是人需要获得尊重与羡慕。人们对社会以及个人进步最热切的期望，在于对人类自身思想进步的分析，以及对自己著作的评论。他在著作中宣扬的各种改革细节，仅仅通过单一的演讲是不可能实现的。从一般意义上需要指出的是，期待从以下方面获得比实际更理想的结果：移除思想、行动以及教育自由的障碍。现在更明确的是，限制的解除只是积极改善方法必不可少的前提，而提供的机会又不可能被利用。不过在获得各项资格后，19世纪自由主义运动促使人类又向前迈下了完整的一大步。约翰·斯图尔特·密尔的著作是这场运动发起的强力推动剂。

小说篇

Prose Fiction

总　论

威廉·艾伦·尼尔森

当文学史家力图找出一个时代最受人喜爱的文学形式时，会发现在我们这个时代是最容易的时期。正如中世纪的人们偏爱长篇浪漫叙事诗、伊丽莎白时代的人青睐戏剧、安妮女王和早期乔治王朝的人喜爱强调道德说教的讽刺诗一样，我们这个时代的读者则倾心于小说。虽然所有的文学类型几乎都不断有新作产生，但不管是在出版社的图书目录中，还是在公共图书馆的数据里，又或是普通人的交谈中，都有大量的证据说明小说这种文学消遣形式在大众喜好中占据了绝对的优势。

早期小说形式

尽管人们对好故事与生俱来的喜爱可以追溯至远古，很有可能和人类语言一样古老，人们对小说的兴趣也正是基于这种古老的本能，但我们所理解的小说却是一个比较现代的概念。以《格林兄弟》作品集为代表的单纯的民间故事，情节和人物都缺乏生动性，而且范围过于局限，只能看成是古代小说的雏形。类似《伊索寓言》的寓言集不过是一些有着道德寓意的逸事趣闻。而地中海和北欧国家的神话[①]大都和人类生活毫不相干。史诗虽因其韵文带来了情感上的不断升华，但其核心往往不是人物性格或是爱的激情，而是关于国家或民族的某种宏大主题。虽然中世纪的传奇通常以个人命运为中心，也涉及爱情，不过手法粗浅、结构松散，主要以不可思议的冒险故事来吸引人的兴趣。同期的讽刺性寓言诗[②]，连同中世纪的中短篇小说[③]，大都关注单一情境，不曾尝试去表现整个生活的微妙与复杂，因此只能说是现代杂志短篇故事的最初形式。所有这些文学形式的素材都具有想象性，这是它们和小说的一个共同点，不过也有人否认这种共性，说它们落后或超前于现代散文体小说。

小说的兴起

虽然这些想象性叙述作品早期的各种形式与现代小说有着重要的、而且经常是根本性的不同，但它们在很多方面为今天主流小说文学形式的形成做出了贡献。例如，16世纪首先在西班牙、随后在英国出现的所谓流浪汉体裁小说[④]，这类小说通常是一个无赖仆从以第一人称口吻来讲述故事，他换了一个又一个主人，他的故事不仅暴露出本人的流氓习性，也揭示了所处时代的阴暗面。类似情节也可以在讽刺性寓言诗和中短篇小说中找到，只是流氓主人公的经历将这些情节串联起来构成一部作品。这种类型被延续了下来，不过有了些改变，尤其是剔除了原来仆从的元素。到了我们这一时代，撒克里的《巴里·林登》（*Barry Lyndon*）使这种类型达到了其在英语文学中的艺术顶峰。

以菲利普·西德尼爵士的《阿卡狄亚》（*Arcadia*）为代表的伊丽莎

---

① 比如《哈佛百年经典》第22卷中收录的《奥德赛》，以及第49卷的《沃尔松之歌》。

② 比如米勒的小说和乔叟的《坎特伯雷故事集》。

③ 比如薄伽丘《十日谈》中的故事。

④ 最早的英语小说的例子有纳什的《杰克·威尔顿》（*Jack Wilton*）。

白时代的传奇故事，在现实性方面，相较流浪汉体裁小说和我们所说的小说距离更远，但就感情的丰富性和道德主题的频繁性而言，它又具备流浪汉小说缺乏的一些要素。除了戏剧，任何形式的早期小说都很少以人物塑造为主要特点。人物塑造是从17世纪一种特殊的文学作品“人物速写”（Character[①]）中发展而来的，原本并不属于小说范畴。人物速写是一种勾画当时典型人物的短篇速写，主要用于社会讽刺，其刻画的人物形象虽然具有明显的普遍性，但也不乏着眼于个人的作品。

阿狄森和斯蒂尔为《旁观者》杂志（*Spectator*）所撰写的作品塑造了德·柯弗利爵士的形象，在他身上，我们发现这种形式在细微场景设置和叙述中被变得更为精细；当现代意义的小说在下一代兴起的时候，人物速写所使用的人物分析和典型人物描绘方式起了相当大的作用。

小说和戏剧

相比浪漫历险故事或人物速写，戏剧的贡献或许更为突出。17世纪的戏剧，尤其是喜剧，从王公贵族的英雄主题转为对当代普通人社会生活的描述。当时的戏剧虽然并不像我们今天所理解的那样具有高度的现实性，不过确实在很大的程度上再现了当时作者所处的生活氛围。它营造出严密合理的情节、令人印象深刻的情景，以及人物和情节之间的互动——所有这些都是散文叙事体作品的要素。我们看到，在18世纪中期，小说开始取代戏剧成为主要的文艺消遣形式，不难看出，新形式从老形式那里获益颇多。一直以来，这两种文学类型的素材都在互相转换。在莎士比亚时代，或者更早，剧作家们就大大方方地将历史、传奇和小说中为人熟知的故事改编为戏剧，有时流行的戏剧故事也会以散文叙事体的形式来讲述。这两种方法今天的人们都很熟悉，很多成功的小说被搬上了舞台，也有相当多的流行戏剧被改编成小说。当然，哪类故事最好是用小说来叙述、哪类故

① 其中最著名的有奥弗伯利所著的《人物速写集》。

事最好是用戏剧来表现，这当中存在着显著的差异，没有意识到这种差异往往会导致转换的失败。不过即便是充分考虑了这一点，我们还是会发现，好的戏剧和小说还是具备很多共同的要素。

笛福和理查森

现代英语小说的最终形成应该归功于丹尼尔·笛福和塞缪尔·理查森两人。笛福的故事统一于其主人公的性格，它们通常以男女主人公的生活为主线，将一系列故事串联起来。笛福的很多作品专注于罪犯，在这方面接近于流浪汉小说；就连最为脍炙人口的《鲁滨孙漂流记》（*Robinson Crusoe*）也更像是历险故事而非小说。他的作品最突出的特征是独特的现实主义，他通过巧妙地选择符合事实的细节来实现这种特点，创造出一种类似于现代新闻报道的情境效果。这种现实主义特点尽管机智，却主要是外在的；他的大部分作品都比较欠缺对人物或动机的深刻洞察。

理查森的三部伟大作品《帕米拉》（*Pamela*）、《克拉丽莎》（*Clarissa Harlowe*）和《查尔斯·格兰蒂森爵士》（*Sir Charles Grandison*）无疑都算得上小说。他实现了情节的高度统一，纷繁的人物、动机和社会条件，围绕着中心形成了一个和谐的整体结构。不仅如此，他还详细地刻画出人物的内心世界，使作品中处处都充满了激情和情感，如今这已成为这种文学形式的传统。他笔下的情感事实上已经变质沦为多愁善感，他的叙述虽然从容不迫、重点突出，但为了尽可能产生催人泪下的效果，作者过多着墨于那些煽情和引人怜悯的元素。

菲尔丁、斯莫利特、斯特恩、戈德史密斯

正是这种对感伤的夸张表现，以及为了营造悲伤的效果而将主人公理想化，在很大程度上促使菲尔丁开始创作他的第一部小说《约瑟夫·安德鲁斯传》（*Joseph Andrews*），以效仿理查森的《帕米拉》。帕米拉被塑造

成一位品德高尚的女仆，为了贞洁拒绝了年轻男主人的追求；而菲尔丁构思了有关帕米拉的哥哥约瑟夫的故事，与帕米拉的形象相呼应，他是一个对女主人抱有同样执着情感的男仆，这样的安排旨在讽刺理查森处理手法的荒谬。但是作者很快对男主角本身产生了兴趣，在这部小说，尤其是在其杰作《汤姆·琼斯》（*Tom Jones*）中，他以极其坦白的态度处理人性。正因如此，他的弟子萨克雷称赞他为最后一位敢于真实刻画人物的英语小说家。

从托拜厄斯·斯莫利特的那些下流故事中，可以看到些许菲尔丁的影子，或者更多的是笛福的影子；在劳伦斯·斯特恩的作品中，我们可以看到理查森式的多愁善感被发挥到了极致，但同时又以一种特别的方式混合了刻意的幽默，最后又回归伤感的情绪，整体风格凸显出卓尔不凡的个性和才华横溢的机智，浑然一体。同一时期出现了奥利弗·戈德史密斯的小说《韦克菲尔德的牧师》（*The Vicar of Wakefield*），它细腻地描绘了当时社会的一个侧面，刻画出一群典型人物，作者的笔触充满了温柔的同情和友善的幽默。

浪漫主义运动中的小说

与此同时，英国和其他地方一样开始了一场针对18世纪理性主义的复杂的反作用，人们称之为“浪漫主义运动”。这一运动最突出的特点是复苏了对遥远地方和时代、特别是中世纪的兴趣。这种兴趣仅仅是以情感，而不是以事实为基础，最能说明这一点的是所谓“哥特式传奇小说”的兴起。人们通常认为这类小说始于《奥特朗托城堡》（*The Castle of Otranto*），作者贺瑞斯·沃波尔是辉格党大臣罗伯特·沃波尔爵士之子，属于当时伦敦赶时髦的业余艺术爱好者之流。沃波尔并没有真正理解中世纪精神，与其也没有任何共鸣，但他热衷于中世纪的盔甲、家具和建筑，并因此萌发出一些好奇心，并不十分认真地尝试着写起小说来。然而，这类“惊险小说”创作的真正领头人是拉德克利夫夫人[①]、克拉拉·里夫斯[②]和追随其后的许多不太重要的模仿者们。这些夫人们的小说，故事都发生在朦胧悠远的骑士时代，地点是古老的城堡，那里有隐蔽的隔板、密道、家族鬼魂；情节多是缺德的叔伯或邪恶的邻居侵夺家族财产，失踪的继承人和“敏感”的女主人公经历磨难得到补偿；故事中的人物都是普通情节剧中老套的角色。这一类型的一次特殊的发展出现在以马修·刘易斯为首的“恐怖派”中，刘易斯绰号“修士”，这源自他的小说《安布罗西奥或修士》（*Ambrosio or the Monk*），这部小说把哥特式传奇小说的恐怖和放肆推向了极致。

总体而言，这种文学类型基本上没有什么价值，它曾伴随着对原本属于历史类小说的无力尝试，然而这种尝试令人惊异地在沃尔特·斯科特的传奇故事中达到巅峰。训练以及广泛的阅读为斯科特奠定了历史和传奇小说写作的基础，他摒弃了哥特式传奇小说的伤感和荒谬，他在历史和传说方面丰富的积累增强了故事的力量，他的明智和幽默使它有了稳定性，他创作的一系列生动活泼、栩栩如生的人物使它有趣。斯科特时代以后，小说艺术在技巧上取得长足的进步，如今的小说，故事情节的开始和展开更迅速，人物对话更贴近生活，生活的不幸更加恰如其分；但斯科特那令人着迷的叙述，尽管节奏缓慢，依然具有相当的魅力，他塑造的男男女女血管中都流动着真正的生命的血液。他创造的历史小说不仅属于英国，也属于欧洲，所有的欧洲作家都以追随他为荣。

优雅现实主义——社会风俗小说

在约翰逊博士的时代，范尼·伯尼，这位著名音乐家之女、女王的侍女，从她在伦敦上流社会的经历中收集素材，写成了《伊芙琳娜》

---

① 例如《奥多芙的神秘故事》（*The Mysteries of Udolpho*）。

② 例如《英国老男爵》（*The Old English Baron*）。

（*Evelina*），这部社会风俗小说观察敏锐、叙述深刻，它的作者成为简·奥斯汀[1]的主要前辈。奥斯汀与斯科特生活在同一时代，同时也是他的主要竞争对手。她是一位乡村牧师的女儿，对世界的了解几乎仅限于她所生活的那个郡以及类似于巴斯这样的她偶然去度假的温泉疗养地。但她足够老练，其作品都是有关她熟悉的生活；她以几乎无人能与之媲美的细腻和忠实的笔触描绘出这种生活的画卷，刻画出生活中的各种人物——乡绅、牧师、老妇人、节俭的妈妈和待嫁的女儿。她行文流畅，独特的讽刺中带着一种模棱两可，这使她的性格难以琢磨，但同时也避免了作者的个性介入到画卷和观众之间。有限的范围、普通的事件、刻意塑造的平凡人物，使她的小说成为一幅美妙完美、无懈可击的微雕作品。

在某些方面能够与奥斯汀小姐所描绘的英国乡村生活相媲美的作品有：埃奇沃斯小姐有关爱尔兰生活的小说[2]，费瑞尔小姐[3]描写苏格兰乡间生活的小说。这些女士们共同引领着一个生机勃勃的小说流派，这一流派在现在依旧以不同地域的小说反映出整个美国的生活，比如新英格兰的朱厄特小姐、威尔金斯小姐、瑞格斯夫人，南方的詹姆士·莱恩·艾伦、乔治·W. 凯布尔和托马斯·尼尔森·佩奇，中西部的梅瑞迪斯·尼克尔森和布斯·塔金顿。

维多利亚时代伟大的小说家

50年前，世界上的读者可以分为两类，他们分别支持两位伟大的小说家，这两位作家各有局限，而且小说在欧洲大陆的发展使得这种局限更加突出，但他们依然是最优秀的小说家。威廉·梅克皮斯·萨克雷，有人说他以菲尔丁的作品为原型，主要致力于刻画英国社会，更准确地说，是从

---

① 例如《傲慢与偏见》《理智与情感》以及《艾玛》。有关哥特式传奇小说的讽刺作品，可参看她的《诺桑觉寺》（*Northanger Abbey*）。

② 例如《拉克伦特堡》（*Castle Rackrent*）和《缺席者》（*The Absentee*）。

③ 例如《婚姻》（*Marriage*）。

安妮女王到维多利亚女王时代的英国社会。他的人生观是纯粹的英国式的人生观，这或许也是他的一种局限，所以他对人类活动的看法也具有某种狭隘性。他对人性卑劣成分的敏锐洞察，使他的自然情感在很大程度上得到调和，甚至使他的作品带有一种强烈的讽刺，有人甚至因此误把他当作一位典型的愤世嫉俗的人。他的文风庄严华丽，对人的感情有着深刻的同情和理解，他具有一种能够栩栩如生地描绘社会方方面面的能力。萨克雷从来都是一位大师级的作家。

同一时代的查尔斯·狄更斯，甚至更为大众所喜爱。因为早年的经历，狄更斯了解一个比萨克雷笔下的那个阶层更为卑微的社会阶层，这同时也让他对那些更加不幸的社会成员所遭受的不公待遇有了更加清晰鲜明的认识。这促使他在很多作品中致力于为社会的不平击鼓鸣冤，这也使得人们经常把他和现代的人道主义运动联系起来。虽然狄更斯对当时的改革有着重要的影响，然而清楚的是，他所抨击的社会弊病的特定性质必然会损害其作品的永恒性，同时也会削弱其艺术价值。尽管如此，我们仍旧喜爱他那种轻松活泼的幽默与亲切，依然享受他那复杂甚至有时混乱的情节带来的趣味，以及他所创造的众多人物的巨大魅力，他们像漫画一样典型，而其背景依然至关重要，引人入胜，令人印象深刻。

小说中的科学和哲学

尽管萨克雷和狄更斯的作品都具有丰富幽默元素，但小说在他们那里变成了一种严肃的形式，一种传达重要道德寓意和反映社会现实的手段。在更为优秀的大师们手中，它一直都是严肃的。随着达尔文理论的传播，科学的观点盛行在小说的发展历史上留下了清晰的痕迹。乔治·艾略特的作品强调了规律对个体性格的支配作用，同时也反映出她的哲学和科学学识；尽管她也幽默风趣，但她对艺术和生活的责任的近乎自命不凡的认识，取代了她的前辈们曾经纵情享受的迷人戏谑。我们在托马斯·哈代身上也能清楚地感受到科学的影响，环境和境遇的力量以一种势不可当的气势呈现出来，让读者们深感个体的无助，而且也没有任何对仁慈的信仰作为补偿，来控制那些吞没他们的外部力量。然而，这些作家们都展现出深邃的心理洞察力，为小说艺术越来越完整和敏锐地描写人类生活的全貌做出了不可磨灭的贡献。

乔治·梅瑞狄斯的小说其色调不那么阴郁，但有着同样卓越的技法。他那让人眼花缭乱又模糊晦涩的风格，让他的作品无法在更广大的读者中流传，不过他的同行们都尊他为大师。尽管梅瑞狄斯在创作之初深受狄更斯的影响，但他最终赢得了属于自己的显赫地位，成为最有智慧的英语小说家——至少是最关注人物思想过程的小说家。同时，他在感情表现方面也不差，就悲剧情景而言，很少有小说比《理查德·法弗尔的考验》（*The Ordeal of Richard Feverel*）的结局更让人动容。

除了现代科学的影响，英语小说后来还受到了国外创作范式的很大影响，尤其是法国和俄国。如果追根溯源，我们的注意力会被带到那些依旧还在写作的人身上，这会让我们卷入大量的作品中，而在这里我们无法描绘其特征，而且我们至今也不能奢望找到一种适当的审视这些作品的视角。英语小说领域的杰出作品数量众多、不胜枚举，即便是从现在这篇对小说历史的仓促概览里也可以窥见一斑，所以这一巨大数量告诉了读者为什么在《哈佛百年经典》系列中完整呈现英语小说的方方面面是不可能的。不过找到这些作家的作品并不难，而且文学的这个方面是当代读者最难忽视的一点。但它同时也是最容易被人们粗枝大叶解读的一个方面，完全不顾其方法和目的；所以现在尝试着去理解其目标以及其卓越成就的条件，是非常值得去做的一件事。

小说的目的

要考量小说作品应该达到的目的，留心观察一些杰出的作家说过的关于从事这门艺术创作的原因会很有意思，也很有价值。那些利己的个人动机就姑且略过。金钱和名誉固然是多数作家渴望和欢迎的，但对我们理解文学的目的并没有什么帮助。然而，有些人写作并非为了名利，比如简·奥斯汀，她去世时留有很多未曾发表的作品，很显然她生前也没有想过要发表它们。人的动机通常很复杂，我们完全可以认为，即便是那些坦言为了谋生写作的人，或者是承认受野心诱惑的人，也必然有其他的考虑，名利和更深层、更利他的目标并非不能兼得。

最后提到的那类目标中，最常见的是提高读者的道德修养。在这一点上，理查森最为直截了当，他在《帕米拉》的序言中所说的一番话十分典型，这里详细引用如下：

如果是为了消遣和娱乐，同时也是为了教导年轻男女，提高他们的思想境界；

如果是为了以一种轻松愉快的方式来灌输宗教和道德观念，好让它们在使人受益的同时，也给人带来快乐；

如果是为了以举例的方式来说明父母、子女和社会责任；

如果是为了以适当的色调描绘罪恶，让它理所当然地被人们唾弃；如果是为了以一种亲切的方式描述美德，让它看上去美丽动人；

如果是为了公正地刻画人物形象，清楚明白地给予他们支持；

如果是为了以一种如此可信、自然和活泼的方式来实现以上所有这些美好的目的，并因此激发每一位敏感的读者的激情，将他们吸引到故事中来；

如果所有这些都值得赞赏或推荐，那么本书的编辑可以冒昧地说，所有的这些目的在这里都同时得以实现。

他的《克拉丽莎》以同样的风格“被奉为女性的典范”，她的形象完美，却又“与人类的弱点相符”，女性的缺点被写了进去，这主要是为了避免“神的仁慈和纯洁”没有用武之地。

菲尔丁的作品没有那么冗长，但却同样坦率。他声称，在《汤姆·琼斯》一书中，他是“在努力地、真诚地宣扬善良和清白”，并且“竭力通过笑声，使人们摆脱他们特别钟爱的荒唐和罪恶”。谈到《阿米利亚》（*Amelia*），他说：“作者真诚地希望这部作品能够促进美德的事业。”

萨克雷惯用的讽刺，以及他对人类动机分析的本质都说明，他和菲尔丁一样，都渴望通过嘲讽和贬斥使人们彻底摆脱荒唐和罪恶。

狄更斯的特点是将个人的进步和社会制度的改革结合起来。关于《马丁·朱泽尔维特》（*Martin Chuzzlewit*），他说："我写这个故事的主要目的是从不同的方面来展示所有恶行都具有的最普遍的东西，告诉人们自私是如何自我繁衍的，可怕的罪恶是怎样从最初的小恶发展而来的。"他还说道："我尽可能利用每一个可能的机会告诉人们，那些被人忽视的贫民的居住地，其卫生条件是多么需要改进。"

与这样的道德主张不同，斯科特坦言："我写的东西就是为了娱乐大众。"这样的目标听上去十分卑微，但他却时常重复这种观点。他希望"减轻人们心灵的焦虑"，"抚平因为日日辛劳而紧锁的眉头"。有时他的道德目标也类似于那些更为严肃的同行们，倡导"用好思想取代坏思想""引导那些游手好闲的人学习本国的历史"。

带有特定目的的小说

更严肃的现代小说家中流行着的一种关于小说目的的假设，与刚才提到的那些老式的观点形成对照，这种假设是：小说主要关注的是呈现生活的图景。这个目标的提出是为了解释他们本人的作品，同时也是作为衡量他人作品的一个标准，这无关意图。这一假设揭示出了带有目的的小说特有的危害，不论这个目的是有关道德的还是社会的。他们指出理查森的"塑造典型"的方法，不管他塑造的典型是值得仿效的美德，还是应该避免的罪恶，都容易造成过于黑白分明的效果，有违事实，因为人性是善与恶的结合体，就算是最善和最恶的人也是如此；这种方式同时也缺乏效力，因为读者的经验无法为其提供佐证，所以也就无法相信其真实性。同样，如果小说家刻意想要去证明糟糕的济贫法、肮脏的监狱、官僚作风和法律延误所有这一切的愚蠢或残忍，就如同狄更斯那样，如果想要证明妇女应当享有的权利、加尔文主义的谎言、婚姻交易的邪恶，就像很多现代作家一样，那么他很可能为了达到目的而夸大其词、打破平衡，干预世界的自然之道。通过展示“诗意的公正”来宣扬高尚的行为，这一目标也会招致同样的反对。无论哪种情况，都会造成真实性和效力的损失。对于讽刺和单纯的娱乐这两种目的也是一样：首先，对要讽刺的特征的过分强调有可能使作者逾越正常的界限；其次，刻意标新立异，追求神秘，或搞笑逗趣，都有可能以损害自然为代价。结果是，读者心生怀疑，无法心甘情愿接受对现实的幻想，而这种幻想对于享受乐趣或从想象艺术中受益来说是不可或缺的。

现实主义的种类

出于对真实生活图景的热情，摒弃了古老的“寓教于乐”理论，这是现实主义在现代的一种倾向，它和科学观点的胜利有着紧密联系。实际上，这一趋势最极端的支持者们有时非常坦率，左拉说：“我们应该像医生和化学家对待无机物、心理学家研究活的有机体一样，来对待人物、激情、人类和社会的事实。”他以为自己的小说就是秉着这样的信念写成的，虽然他也没有十分严格按照自己的设想来写，但其效果很明显，他的作品中充斥着大量的近乎统计学的事实，完全不讲究品位、习俗甚至体面。

不过不是所有当代的现实主义者都如此机械地诠释他们的信条，很多人坚持反映真实生活图景的原则，但他们并不极端，并不认为忠实的记录不应该带有任何作者的个性色彩。事实上，现在人们已经普遍认为，这种绝对的客观既不可能，也不可取。之所以不可能，有诸多原因。关于任何人类经历（更不用说整个人类生活）的一切事实，不可能完全记录在书中，因为它们数不胜数且纷繁复杂，与其他事实又有着千丝万缕的联系，要完整陈述，必然牵扯到其他成千上万的事实，而且它们本身还涉及整个生活的历史和久远的先祖。因此，即便是对最严格意义上的现实主义小说而言，选择也是必要的，选择什么对作者来说有着重大的意义；有选择，就必然会有个人因素参与其中。再者，作者的同情在不知不觉中决定了问题的侧重点；他的性情和想象力也会影响到那些报道详尽的事件赖以存在的氛围。

艺术真实与原本真实

所以，我们现在应该讨论一下艺术真实和原本真实之间的重要区别。这是每个人在日常交往中习以为常的一种区别，但专业的批评家们在艺术探讨中却时常将它们混淆。我们知道，就算只讲述一种行为的基本事实或一次交谈实际使用的词句，也会造成听众的误解，给他们留下错误的印象。从另一方面来看，对言行的准确看法，连同对人物、动机、语气的正确含义的理解，都可以完全不依赖任何狭义的事实再现而得以充分地表达。无疑，第二种方法应该是艺术家们追求的目标。他们的本职工作是有关典型的东西，而不是有关个别的；是反映永久性的特征，而不是一时的事实；是精神，而不是语言。

大多数人都听过人们这样议论一部作品，一位批评家竭力主张说书中某个事件不真实，而作者的一位朋友无不得意地反驳说，作品中的事确实发生过。设想这个批评是公正的，那么我们马上可以看到，其缘由无外乎下列两种情况之一：要么是作者没有理解真实生活中发生的事件，没能看透事情的前因后果、来龙去脉，因而也就没能看清真正的事实；要么是他没有把真实的关系说明白，读者也就无法得知实际的情况。还有第三种明显的可能性，就是他们所讨论的事件是所谓的“反常”之事，就像一头八条腿的牛犊的出生，虽然历史上确有其事，但并非自然常态，所以不适合作为真实生活图景呈现出的一系列事件中的一环出现。当然，这种反常的出现是有原因的，然而这原因模糊不清，使得这种可能性成为一种特例，需要我们必须首先解释清楚，而要根据真实的原因来解释并非易事。

作者的人生观

显然，只孤立地记录事实，而不掺杂作者的个性因素是不可能的，而且如果刻意为之，可能会违背事情的真实性。因此，在材料的选择、把握和表达上，艺术判断力大有可为。而这种判断的背景，可以说是作者个人对人性及整个世界的总体看法。这种看法是他毕生观察和思考的结果；结论影响着他对自己观察的一切事物的解释；对他的艺术的影响，首先表现在对所选主题的处理上。个别的人和事会吸引他的注意，如果它们正好是他所理解的普遍真理的理想例证，就会让他想到对之加以艺术处理；在处理过程中，为了让它们更加恰当，他会毫不犹豫地对其加以修改。他会选择白芝浩所说的“文学性”主题，也就是适合铺展成文的主题，这就像他所说的适合入画的绘画性主题一样。他对这两者的定义是从单个例子上总结出某些特征的，而这些特征是它所属的那个群体的标志。

为有目的的小说辩护

现在，让我们来比较一下关于小说合理目的的结论与理查森的道德目标。事实上，两者的区别更多地在于他对其理论的表述方式，而不是在于他的创作实践。根据对生活的观察，他相信，帕米拉和克拉丽莎这类人的所作所为应该和这两位女主人的行为基本上一致，他所表现的主人公的性格和社会情况决定了她们的命运，从这个意义上来说，他只是在合理地利用他们，来证明生活经验使他信服的那种人生观。然而，他并非是根据世界的本来面目来调整人物的性格或经历，而是根据他希望人们相信的那个世界，他在艺术上是虚假的，他呈现的图景并不符合事实，所以现代读者往往不感兴趣，也不愿意相信。整个问题变成了作者把什么放在首位——是艺术真实，还是效果。如果他更关心的是具体的效果而不是真实，那么他的“有目的的小说”理应受到人们使用这个词时想要表达的轻视。如果他主要关注的是真实，而其“目的”只是表现真实的一个例证，那么不论这样的真实会在人们心灵中造成怎样的实际效果，都不会有什么坏处，相反会极大地增加他描绘生活图景的热情。

小说的价值

如果“小说家的天职就是描绘真实的生活图景”的观点正确，那么我们就会面临这样一个问题：这一结果有何价值？答案有两个——知识价值和情感价值。

普通人的经历，其数量和范围必然有限。我们中的大多数人都被局限在某个特定的地方，在一个只代表少数人类类型的社交圈子里活动，醒着的时候大部分时间都花在或多或少有些枯燥的必须要做的事上，或者享受为数不多的几种娱乐消遣。这样的生活中，往往没多少机会；那些最刺激的冒险经历毕竟只涉及生活这个无限复杂的存在体中的极小的一部分。但我们拥有想象力，艺术家依赖的也正是这一手段。小说家为读者提供了新视野，熟悉了它们将会大大拓宽那些有鉴赏能力的读者们的人生经验；尽管这种经验是间接的，但作家们往往能够妙笔生花，将人和景生动地呈现给我们的心灵之眼，使我们对它们的理解和认识甚至比我们通过自己感官直接感知到的还要彻底详尽。这样一来，用来理解人和生活的材料就大大增加了，同时，我们可以归纳概括的材料也大大地增加，而我们的人生哲学，正是由这些概括共同构成。

所有合理的利他行为都建立在同情的基础上，而同情又依赖于想象力。当我们设身处地地想象别人的境遇时，我们就能得体而有效地行动起来，以减轻他人的苦痛。熟悉小说塑造的那些生动的人物形象，不但能够让我们认识和理解各色人等，还可以锻炼我们的情感，增强我们全心全意、头脑清醒地为他人设身处地着想的能力。这种熟悉通过想象力的发展，开阔了我们的视野，拓展了我们的情感范围，从而对狭隘和自私起到修正的作用。这里会产生一种道德伦理效果，它比“塑造典型”、警告和诗意的公正这些老一套办法更为有效，而且它并没有通过强迫的办法来让人们相信这是真理。

小说的方法

在前文中提到小说应当是生活图景的呈现时，就涉及一些可以使用的方法，但在这里还有一些重要的技术性问题需要再简要提及。

无论一个作家描绘的图景是多么逼真，如果不能给读者留下深刻印象，也就不会有什么价值。效果的问题因而十分重要，时常会看见某些作家为了效果甚至不惜牺牲真实性。

结构是最具综合性的要素。一个没有很好地组织起来的故事，情节松散，支离破碎，缺乏明显的线索，没有高潮和结局，是不太可能吸引人把它读完的，即便读者勉力读完一遍，不论是在理性还是在感情层面，都不会产生浓厚的兴趣，也不会在记忆中留下清晰的印象。它欠缺的，是将结构统一起来的因素。从这个角度来看，小说家要做的，是尽可能地罗织结构严密紧凑、组织严丝合缝的情节，同时在表面或事实性上都不违反自然的可能性。这是作者们要解决的最大的技术问题，因为粗心的读者不太可能具有对结构的批判性评价能力——如果不能把作品作为一个整体来看待，这样的读者可能会缺乏良好的判断或欣赏小说的能力。

如果要在一个较小的范围内处理类似的情景和事件，也需要有些类似的能力。很多作家能够孤立地把这些东西描绘得很生动，但伟大的作家会将它们当成一幢大楼的砖石，而不是将它们作为一根线上的珠子来处理。

与此相应，情节和故事应该和人物紧密联系。人物形象不仅要鲜明突出，看起来就像我们的熟人，而且所发生的事情与这些事情涉及的人，必须能够相互解释。是否应当对小说中的人物进行明确的人物分析，有关的讨论已经有过很多。一些作家认为，只能让人物的言行来解释人物，就如同戏剧一样；而另外一些作家则不拘于此，他们愿意亲自站出来，明明白白地解释其笔下人物的动机和感受。因而很多事情便自然取决于做这件事的方式。萨克雷站在剧中人身后，与读者友好地进行闲谈，这种方式非常讨人喜欢，令人不忍掩卷；作者清楚的陈述省去了我们不少工夫，也避免了严重的误解。另一方面，靠自己推断来理解无疑会带来巨大的满足，如果让演员们自己来展示他们的特点，不劳多嘴的主持人帮忙，那么必然会从中得到许多真实的幻觉。

有人曾尝试不带任何派性态度概括出小说艺术的主要原则。这些原则可以容纳各种类型的作品，比如现实的和浪漫主义的、平凡事物的记录和传奇历险的历史、激动人心的情节故事和微妙的心理分析。多姿多彩的人类生活为创作提供了丰富的主题；而不同的主题类型会带来不同的侧重点，有的强调外在，有的注重内在，有的关注寻常之事，有的重视非凡之事，相应地采用的技术手段也形形色色。尽管有着这诸多变化，但仍旧要求忠实人类本性和人类生活最永恒、最基本的特征，并以充满活力和趣味的方式来呈现它们。

然而读者可能会问：既然给读者带来乐趣通常被认为是小说的主要目的，那么从小说中可以得到什么样的乐趣呢？在很大程度上，乐趣取决于想要从中得到乐趣的人，有的读者想要得到的不过是张扬个性、扩展经验和同情的感觉，这被认定是小说的主要价值。也有人会说，小说应该给人以生动逼真的印象，牢牢地吸引读者的兴趣，我们为乐趣的追求者提供的东西就在这样的要求中。最大的乐趣，在于广阔而深刻的生活，在于在一个时时刻刻都很重要并因我们的活动而不停悸动的世界里感受自己，这样的乐趣想必是最伟大的小说要带给人们的东西。亨利·詹姆斯，一位最杰出的现代艺术大师，用一个实在又聪明的警句概括了这个问题：小说家款待了我们，正是因为他们的付出，才有了我们在小说中的生活。

大众小说

弗雷德·诺里斯·罗宾孙

本讲座中涉及的作品在时间和空间上的跨度都很大，其中包括了：《伊索寓言》，这部作品集被认为是6世纪的一个希腊奴隶所著，但实际上这是在他之前和之后许多代人的时间里逐渐发展形成的一部作品；《一千零一夜》，包括了各种来源不同的东方故事；以《达德伽旅店的毁灭》（*The Destruction of Da Derga's Hotel*）为代表的爱尔兰中世纪传奇；以格林兄弟或其模仿者汉斯·克里斯蒂安·安徒生为代表的民间故事。这一系列作品，范围如此广泛，自然会有各种各样的题材和风格，乍看之下可能不会有多少共同特征。然而这里提到的所有作品——除了《安徒生童话》——都是散文体大众小说，而《安徒生童话》则属于对类似作品的艺术性模仿。

"大众"的含义

这里的"大众"（popular）一词当然指的是它理论上的含义，而不是指通常意义上的风尚或流行。严格意义上的大众作品是匿名的，是具有连续性的多个作者创作的产物。它在形成文字之前经过了很长一段时间的口头传播，因此其形式和风格是习俗或传统的，而不是个人的。大众作品的确切属性和范围一直是人们争论的话题。就民谣诗歌而言，从它成群结队载歌载舞的情况来看，有时确实可以观察到共同创作的过程；但就散文体故事的情况而言，并没有这样的集体创作的机会。不过，先后不同的故事叙述者对一个故事进行改动和添加，使之成为一个共同作品，而不是单个作者的创作成果。散文体和韵文体的大众作品都经历了不同的艺术发展阶段。比如有证据表明，盎格鲁-撒克逊人的史诗《贝奥武甫》（*Beowulf*）出自一位高水平的诗人之手，《一千零一夜》也是同样的情况。例如，有人或许会怀疑，其风格和结构大部分是由具有高超技艺并经过专业文学训练的单个作家或一群作家塑造的。不论是关于整个这一文学类型的历史，还是关于某些具体作品的确切属性，都有许多争议。但有大量这样作品的存在，这一点毋庸置疑，而且它们都是真正意义上的公共财产——就来源和传播的方式而言，它们具有某种大众的属性，因此决定了它们的这一特点。这一文学类别无论是韵文形式还是散文形式，在《哈佛百年经典》系列都得到了充分的反映，前者表现为传统民谣，后者则是前文中列举的各种作品。

大众文学的现代品位

我们讨论的这类作品在若干代人以前的文学或者教育作品集里，大概还没有如此醒目的地位。受过良好教育的读者对大众文学的兴趣，或者至少是正式的关注，主要是从18世纪和19世纪才开始发展起来的。在早期，特别是在古典标准盛行的年代，文学研究的对象主要是诗歌、哲学或者演讲名作，批评艺术主要是从这些典范作品中推演出规则和标准。文人墨客即便是注意到了普通大众的作品，可能也是以一种屈尊俯就的态度来对待，又或者是用正规文学的标准来对其加以评判，比如阿狄森称赞《切维·柴斯》（*Chevy Chase*）的歌谣，就是因为它的叙事方法与《埃涅伊德》十分相似。但近代以来，文学批判的精神起了变化，作家们从一个极端走向了另一个极端，开始吹捧起所有的大众作品。普通大众在创作中的作用被夸大，甚至把《伊利亚特》和《贝奥武甫》看成整个社会的创作成果。人们对最高形式的大众文学重新燃起欣赏之情，随之而来的是对所有相对次要的大众或半大众作品的浓厚兴趣，大量的学者开始致力于研究和搜集世界各地的民歌和民间故事。毫无疑问，最大的兴趣集中在诗歌上，因为多数劳动和创造力都投入了诸如《伊利亚特》或者《尼伯龙根之歌》（*Nibelungenlied*）这样的伟大史诗。不过，很多优秀的散文体大众叙事作品同样也得到了认可和广泛的研究。

大众文学对艺术文学的影响

虽然大众小说在文学史上并不总是占据突出的位置，但它一直以来对更深奥的文学形式都发挥着重要的影响。在古代，这太明显了，几乎不用刻意指明，戏剧和史诗所依据的神话故事，起初往往都是关于神和英雄们的大众传说。寓言故事，作为道德智慧的化身，无疑是演说者和作家们永恒的资源，它们在12世纪的玛丽·德·弗朗斯或17世纪的拉·封丹这样的诗人笔下，达到了艺术成就上的顶点。尽管《一千零一夜》故事集总的来说是最近才被介绍到欧洲文学中来，但早在十字军东征时期，构成这本故事集的东方故事就已经开始在欧洲广泛地传播，并为中世纪的小说提供了很多的素材。同样在19世纪，诗人们发现“好人哈伦·拉希德”时代的口头传说中简直就是一座丰富的宝藏。还有以凯尔特和斯堪的纳维亚传奇或现代格林兄弟故事集为代表的北欧民间故事，一直以来都是很多伟大诗歌和传奇故事的素材来源。许多重要戏剧或诗歌作品，实际上都可以追溯到某个童话或传说，例如受虐待的灰姑娘的故事，或父子不知不觉卷入生死争斗的故事。绚丽多彩的亚瑟王传奇中的很多基本元素都源自大众传说，与《哈佛百年经典》所收录的达德伽的故事在品质上基本上没有多大区别。在宫廷诗人或者优雅的传奇小说家笔下，原始的故事往往会经过一番掩饰，要把它们认出来并不容易。故事的主题变了，它们被迁移到了更高级的文明背景之下。多数情况下，处理这些故事的作家完全不知道这些材料的历史或含义。不过，19世纪文学批评的主要研究成果曾说明，最高雅的文学艺术作品是如何由大众口头传说的简单元素发展而来的。

大众叙事文学的特征

那么从历史的角度来看，大众小说在文学教育中占有重要的地位。但如果不考虑历史标准，仅就其本身而言，大量的此类作品具有的对人类的直接意义，丝毫不亚于艺术文学。本系列中所收录的作品就很好地说明了这种文学类型的多样性，以及其相关生活的方方面面。安徒生的故事集和格林兄弟的故事集，总的来说其叙述方式最是简单，这些民间故事或童话涉及的固然都是简单的、地方化的情节，基本上没有明显的民族或个人特征，而它们的吸引力是世界性的；不论这些民间故事是从什么地方收集来的，它们被传播到了世界各地。同样，伊索寓言也表现出叙事文学发展过程中一个非常简单的阶段。而爱尔兰的英雄传说相比而言则是更为复杂的作品，这里有情节的积累，结构有些类似于史诗，还有明确的人物作为故事的主人公被突显出来，这些人物半是历史的，半是传说的。这些故事的地方化特征很明显，再现了北方英雄时代的生活和氛围。散布于英雄传奇中的叙事散文和无数的诗歌都证明了：在古老的吟游诗人派中存在着一种别树一帜、但在很多方面依然很原始的文学传统。最后，《一千零一夜》展现出此类故事另外一个方向上的更为精致复杂的发展。最基本的元素依然是野兽语言、仙女故事，还有关于爱情、勇气或阴谋的逸闻趣事；不过它是在一种富庶稳定的文明中逐步被发展整理出来，并带着一种历史的丰满，描述了中世纪穆斯林的生活和风俗。这本故事集跟先前提到的那些作品一样，作者身份不详，显然是很多作者经历了数代才创作出的成果，但其风格却展现出一种完善的文学传统，这许多无名无姓的贡献者们，似乎应该不是口耳相传时代简单的讲故事的人，而是受过良好教育的文人墨客。尽管不是个人创作阶段的作品，但《一千零一夜》不属于严格意义上的大众作品，不过仍处于文学作品领域之内。

然而，即便是发展到了最复杂阶段的大众小说，也和通常意义的现代小说或叙事诗大不相同，它往往缺乏一种持续发展的情节，这种情节是从紧密的因果关系中发展出来的。更突出的特点是，它缺少对人物的考究，以及对各种问题的知性分析，而这却是现代小说所关注的。大众传奇主要强调事件、历险或简单的阴谋，传达的也只是人们熟悉的、已经被接受的道德寓意。总体而言，它们表现的生活哲学是本能或传统的，而不是高度思辨的。基于上述原因，人们主要将它们看成儿童文学，这是一个很自然的结果，因为它们主要源于文明的童年时代，或者更发达的时代中淳朴简单的民族。不过值得注意的是，这些故事多数并非专为儿童所作，已经长大成人的男女们，如果错过了它们，将是重大损失，唯有从年岁增长的收获中才能得以弥补。

马洛礼

古斯塔夫·霍华德·麦纳迪耶

托马斯·马洛礼爵士在英语作家当中可谓是独一无二。他的名作《亚瑟王之死》（*Le Morte d'Arthur*）完成于1470年，并于1485由英国第一位印刷商威廉·卡克斯顿印刷发行。所以，在他写作的那个年代，印刷业的兴起使得各种欧洲语言更加稳定，不再像以前绅士们的书房里很有可能只藏有一份羊皮手稿的那个时代。因为他所处的时代距离我们很近，我们现在可以轻松读懂他的作品，而不用专门做番研究，他可是第一个这样的英语作家。除了偶尔有些单词需要翻查一下词汇表之外——例如wood过去曾作“狂乱”讲——马洛礼的作品就如同最新的杂志小说一样容易理解，尽管在语法和表达方式上仍有些古意。不过，在他写作的那个时代，欧洲的文明世界在物质和精神上都很贫乏。虽然西邻大西洋，南抵撒哈拉，遥远的东方是神话般的中国，但文艺复兴的影响力几乎还没有超出意大利的范围。除了少数学者之外，所有的人都只能通过诗歌中的故事了解古希腊、罗马以及巴勒斯坦，历史被严重扭曲，人们以为大卫王、恺撒和亚历山大大帝都身披中世纪的铠甲，他们的宫廷就像卡佩王朝和金雀花王朝的皇家宫廷一样金碧辉煌。马洛礼的内心世界也颇有中世纪的特点，他仿佛应该死于200年前，而不是哥伦布解开大西洋奥秘之前的40年。人们很难相信，他刚死去半个世纪，英国人就在牛津和剑桥读到了荷马，路德将《新约》翻译成了德语，再往后几年，欧洲一些主要国家开始规划他们的殖民帝国，从而成就了今天的世界强国。幸亏马洛礼正好活在他那个时代，才能留给我们《亚瑟王之死》这样一部充满了中世纪精神、但几乎没有任何中世纪语言困难的作品，尽管在风格上有某种非常有魅力的中世纪的暗示。

传说与传奇文学

但即便《亚瑟王之死》在风格上没有这种魅力，它在文学中依旧占据十分重要的地位，因为它给现代世界带来的是被丁尼生称为“最伟大的诗意主题”的最简单易读的中世纪版本。中世纪对欧洲文化和思想有价值的贡献中，最丰富的就是大量的传说，这些故事里有圣徒和殉道者，有很多在当地比较出名的骑士，有少数名气大些的骑士，成了伟大史诗作品中的主要人物，名扬天下。在几乎所有的例子中，诗意的名声都是以历史的事实为基础，但其上层建筑连同所有装饰，都是广受欢迎的民间故事。齐格弗里德就是这样一位主人公，现在他被看作是日耳曼英雄时代的典型代表，而起初他与其他几个勇士（比如维罗纳的迪特里希）一样，他并不比他们更有名气，这些勇士的故事是4—6世纪日耳曼各个民族在混乱不安的迁徙过程中产生的。另外一位英雄主人公查理曼大帝，他于800年的圣诞节加冕，成为神圣罗马帝国的皇帝，无论是在历史上，还是在中世纪的浪漫传奇中，他都是一个举足轻重的人物。而中世纪最为伟大的史诗人物则是亚瑟王，英语读者们对他的熟悉程度远远超过了其他英雄人物，这主要得归功于托马斯·马洛礼爵士。

历史上的亚瑟与传说中的亚瑟

亚瑟王传说的历史基础是盎格鲁–撒克逊人对不列颠的征服。日耳曼入侵者在不列颠岛上建立起第一个定居点之后的三个世纪中，不列颠人被逐渐驱逐到了威尔士和坎伯兰山区，以及康沃尔半岛，他们中的一些人越过英吉利海峡，把阿莫里凯变成了布列塔尼。他们几乎全都遭遇了惨败。但是不久以后，大约是在公元500年，不列颠人赢得了胜利，在近半个世纪的时间里，阻挡了撒克逊人的前进。他们的领袖便是亚瑟，一位杰出的将领，但或许不是一位国王。如今经常出现在公众视野中的人难免会给自己引来一些故事，你看有关亚布拉罕·林肯的趣事数都数不清，这就是个很好的证明。此类故事在文明程度还不高的民族中，充满了各种奇迹和神奇。如此这般便产生了英雄传奇，亚瑟的传奇也就是这样逐渐发展起来。大概在亚瑟王死后，流传的故事很快就使他名声大噪。不列颠的修道士奈尼斯在亚瑟王胜利300年以后，编写了一部所谓的编年史，从这部书中我们才得以在文学中一睹这个正处于成长过程中的浪漫英雄传奇，因为奈尼斯将几个超自然的神奇故事与这位不列颠领袖联系了起来。由于亚瑟获得胜利是在不列颠人大规模向阿莫里凯迁徙之前，所以在英吉利海峡两岸的不列颠人中，类似这种将奇迹和历险与这位民族斗士联系起来的做法或许十分常见。而这些英雄故事逐渐传到了不列颠人的邻居那里。因为这些故事十分有趣，并具有诗歌的魅力，它们在英、法两国广为传颂，但始终只是以纯粹大众化的形式——严肃作家不会正眼看这些“老太婆的故事”。

然而，诺曼底征服激起了人们对所有与不列颠相关的事物的强烈兴趣，其中甚至包括了它的传奇英雄。所以在征服者威廉的孙子斯蒂芬统治早期，蒙默斯郡的杰弗里牧师在丰富的不列颠传说基础上，加以随心所欲的改动，大胆地出版了他的《不列颠国王史》（*History of the Kings of Britain*），这部所谓的编年史是用拉丁散文的形式写成。到此，我们才开始有了文学形式的有关不列颠国王亚瑟的故事，它讲述了亚瑟四处征战的经历，以及最后是如何死于叛徒莫德雷德之手。很快，其他一些作者，多数是盎格鲁-诺曼人或者受到盎格鲁-诺曼人影响的人，开始利用类似杰弗里的材料来创作——他们赞美亚瑟的圆桌骑士，以及其他杰弗里未曾提到的形形色色的骑士们。到了13世纪初，因为杰弗里的“编年史”和最早的用法语写成的亚瑟王传奇故事已经被翻译或改编成了所有的西欧语言，所以亚瑟王和他的骑士们的故事成了世界文学主题。无论是到哪里，这些故事都保留了某些共同的特征：全都富有诗意的奇迹，全都有地理上的混乱和历史错误；故事中国王、骑士和夫人们都是和作者处于同一时代的人物；没有了6世纪粗鲁的言行举止，取而代之的是中世纪优雅的骑士风范。除了杰弗里的作品，最初的亚瑟王的故事都采用了韵文的形式，骑士们的冒险经历构成不同传奇故事的主题。

中世纪的作者们并没有更正故事中的历史差错，中世纪以后的作者们也没有；亚瑟和他的骑士们一直都是骑士时代浪漫传奇的典型代表。不过在13世纪，作家们开始将韵文体的传奇故事变成散文体。之后，他们又在同一个故事中将一位骑士的冒险经历与另外一个骑士嫁接起来，从而逐渐地产生出一堆混乱庞杂的传奇故事，笨拙地想要全面讲述关于亚瑟王及其主要骑士们的故事。由于题材来源多种多样，再加上抄写的错误，这些嫁接合成的故事有时自相矛盾，极其混乱。马洛礼创作的材料似乎主要来源于其中一个晚期的抄本。他可能结合了其他手抄本的内容对这一主要来源加以修改，并根据自己的独立判断将这些材料整合到了一起。无论如何，他并没有将原本的混乱变成秩序。不过，马洛礼的作品总体而言具有一定有机结构，是中世纪留给我们的有关“亚瑟王及其圆桌骑士们”的故事中，最优秀、最清晰和全面的作品。

圣杯传说的历史

像其他主要圆桌骑士的故事一样，圣杯的传说来源于岛民凯尔特人的古代民间故事或神话。不列颠人和盖尔-凯尔特人都知道类似圣杯这种神圣器皿的故事，这种容器能够复活生命或者具有治愈的功效；他们经常把它与某柄矛，或者有时是和某把剑联系在一起。甚至还有些爱尔兰的神话故事，说的是神仙们的一口锅（它可以满足任何人的愿望）、一杆矛、一把剑、一块“命运之石”（这或许与那块“漂在水面”的石头有些关系，格拉海德就是从这块石头中拔出了他的命运之剑）。有人认为，古老的凯尔特故事中的异教法宝后来演变成为中世纪故事中具有重要基督教意义的物品，对于这种演变的解释最多只是一种猜测而已。不过毫无疑问，在1175年左右，圣杯故事被吸收到众多的亚瑟王传奇故事中之后，呈现出一种趋势，人们使它变得越来越有中世纪基督教的意味，这大概是因为这只被称为“圣杯”的神秘器皿使人想起圣礼杯的神圣奥秘。所以，珀西瓦尔，这位令人尊敬的世俗骑士、第一位圣杯英雄，在13世纪早期被格拉海德取代，格拉海德是被一位不知名的传奇小说作家虚构出来的，显然，其目的只是塑造一个理想的禁欲英雄形象。这时圣杯已经变成了基督最后晚餐时使用的杯子，是圣餐杯的象征。关于圣杯是怎样从巴勒斯坦到了不列颠，有一篇很长的记述，但是并没有被写进《亚瑟王之死》。故事中的奇迹根据《圣经》诠释梦境的方式来解释。据说，格拉海德的父亲兰斯洛特爵士出自“我主耶稣基督第八世”。这棵古老的异教之树被嫁接上了许多与宗教有关的东西，其中还有所谓的“所罗门与他妻子的神奇故事”、他们的三个纺锤、所罗门的船等，所有这些与其说是“神奇”，还不如说是毫无意义。

如果说马洛礼版圣杯传说具有典型的中世纪传奇的特点——因为其引入了中世纪基督教的无知和迷信，那么它同时引入的还有基督教的神秘之美。格拉海德不理解人的诱惑，在这一点上他或许缺少对人的同情心，但他真实反映出了一位纯真少年的形象：在“一位高贵的白衣老人”的引领下，他坐到了危险的位置，他身穿“红绸外衣”，外着红色盔甲，“肩上披着镶有貂皮的斗篷”。他肯定是个顽固不化的不可知论者或者感觉迟钝的清教徒，因为当圣杯奇迹般地出现在亚瑟的宫廷中时，他并没有因为“圣灵”在骑士身上显灵而心生敬畏，圣杯之城卡本内克和撒拉的弥撒也没有打动他。

马洛礼作品有关圣杯传说的篇章，在世俗方面也表现出典型的中世纪传奇的特征。我们在《亚瑟王之死》有关圣杯的章节以及其他部分都可以看到这样的内容：“高贵爱情”的习俗，即一位骑士对他的爱人无条件地服从（例如我们看到的兰斯洛特对格温娜维尔的爱慕）；信守骑士誓言；真诚、贞洁、谦恭的理想；扶弱助困的行为；以及在狂热激情中对这些誓言的背弃。正如卡克斯顿在马洛礼这部作品的序言中所说的那段经常被人引用的话：“在这本书里可以读到高贵的骑士精神、谦恭、仁慈、友善、坚韧、爱情、友谊、懦弱、谋杀、仇恨、美德和罪恶。”但它给人留下的总的印象是善良而不是邪恶，是“充满快乐、生气勃勃的历史，以及众所周知的仁慈、优雅和具有骑士精神的高贵行为”。

塞万提斯

杰里迈亚·丹尼斯·马赛厄斯·福特

米盖尔·德·塞万提斯1547年出生于阿尔卡拉·德·埃娜雷斯小镇，这是一个西班牙的大学城。父亲是个有着一大家子人的穷医生，很有些流浪的精神，拖儿带女从阿尔卡拉迁到许多不同的城市，例如巴利阿多利德、马德里和塞维利亚。米盖尔很有可能没有上过大学，有人猜测他曾取得过教师资格，并在马德里的一所学校里任教，这种推测是有可靠依据的。但是无论怎样，他在1569年成为出访西班牙的教皇特使、意大利主教阿库阿比瓦的随从，并于同年年底随他去了罗马。

他在罗马没有停留多长时间，1570年他作为一名绅士志愿者，在一艘军舰上效命，参加了奥地利的唐·约翰指挥的勒班陀海战，大败土耳其人。战斗中，塞万提斯的左手受重伤，留下了永久的残疾。在意大利经过一段时间的康复后，又参加了其他几次战斗。后来他厌倦了战争，并于1575年9月乘船返回西班牙，身上揣着军队长官和那不勒斯总督为他写的推荐信。这些凭证本是用来帮他在家乡谋个一官半职的，可后来却给他带来了种种劫难。他乘坐的船只被摩尔人海盗劫持，他被带到了阿尔及尔，因为这些信对他赞赏有加，他被认定是一个身居高位的人，海盗想利用他大赚一笔。

他的家人和朋友拿不出这笔高昂的赎金，于是他在阿尔及尔当了5年的俘虏，这是他人生中最不同寻常的经历。最后出于机缘巧合，他被释放，回到西班牙。他的戏剧《阿尔及尔的交易》（*El Trato de Argel*）以及《堂·吉诃德》的“俘虏”一节中反映了他在阿尔及尔做奴隶的生活。关于这段经历，口传的故事更多。看起来他似乎多次带领基督徒俘虏逃跑，不过却没有因此受到惩罚，当时最常见的惩罚之一就是刺刑。很有可能是因为抓他的人把他当成疯子。

塞万提斯的文学创作

回到西班牙后，他可能再次在军队里服过役，但时间很短。无论如何，他在1584年正式开始了自己的文学创作生涯，因为这一年他完成了田园浪漫故事《伽拉泰亚》（*Galatea*）。这部作品并没有什么价值，与很多本土和国外的类似作品一样，在处理牧羊人和牧羊女的生活上，矫揉造作、单调乏味；不过，作品里偶尔也会流露出一些真实的情感，有人认为正是因为这部作品，他对卡塔莉娜·德·帕拉西奥斯的追求才有了一个好的结局。作为一个没有个人收入的男人，如今面对婚姻生活的紧迫需要，塞万提斯想出了一个办法：为舞台剧写剧本，以此为生——当时的西班牙舞台剧正处在辉煌时期。可这是一个很糟糕的主意，他在这一时期编写的二十多部戏剧没有一个取得戏剧上或收入上的成功。打算落空，他不得不重新依靠作为财政大臣手下一名小官而获得的微薄收入养家糊口，在1587年以后的几年里，他一直在为皇家军队征集粮食，或从那些不情不愿的国王臣民手里收税。

根据掌握的可靠事实，我们相信塞万提斯当时过着十分穷困的生活。尽管如此，他依然源源不断地写出了很多诗篇，赞扬这位或那位朋友，或是歌颂这样或那样的事件。有人曾说，塞万提斯并不是一个好的抒情诗人，他的诗句缺乏想象力，也不轻松活泼；但当他偶尔奏出庄严的音符时，也会达到伟大诗人的高度。塞万提斯在低微的职位上做着自己的本职工作、应付其中的种种麻烦的同时，除了吟诗作赋，他还在做着一件对我们大家来说都更重要的事——构思他的《堂·吉诃德》。传说他是在监狱里完成的《堂·吉诃德》，但这只是根据小说前言中的一段话所做的推测，没什么道理。不过在被监禁期间有了创作这部小说的最初想法，这倒是可能的；而更有可能的是，他在16世纪最后10年到17世纪最初3年或4年间，完成了第一部分的创作。1605年第一部分首次出版，故事赢得广泛的赞誉，很快又在国内外出版了四个新的版本，并被翻译成多种语言。

训诫小说

至此，塞万提斯还有11年的寿命，据我们所知，他在此间的世俗物质生活并没有得到太多改善；尽管出书的一些收入加上他的恩主雷默斯伯爵的奖励，有可能使他经济上的窘境得到缓解。《堂·吉诃德》第一部分的一章里，塞万提斯曾提到一篇名为“瑞孔勒特和克塔迪洛”的有关流浪汉的小故事。这个故事是他自己创作的，连同其他十一篇短篇小说组成了一部短篇小说集，题为“训诫小说集”（*Novelas ejamplares*），并于1612年出版。就算塞万提斯只写“训诫小说”，他在西班牙文学史上的地位也是牢固的。它们是西班牙语短篇小说中结构最完美的作品，故事充满了趣味，手法写实，就是有时候实在是有违道德。这些故事在国外引起了读者的浓厚兴趣，以下这个事实可以证明这一点：像弗莱彻、马辛格、米德尔顿和罗利这些英国戏剧家，都曾在他们的戏剧作品中借用过故事里的情节。

在写这些具有戏剧性的故事同时，塞万提斯还在马不停蹄地创作《堂·吉诃德》第一部的续篇。后来他获悉在阿拉贡的塔拉戈纳出现了《堂·吉诃德》第二部的伪作，作者是一个化名为费尔南德斯·德·阿维亚奈达的人，真实身份不详，他便仓促地完成了这部著作的后续部分，给堂·吉诃德和桑丘·潘沙的冒险经历画上了一个句号，并于1615年将其出版。塞万提斯的生命即将走到尽头，不过他继续笔耕不辍直至生命终结；在临终的长塌上，他给《贝尔西雷斯和西吉斯蒙达》（*Persiles y Sigismunda*）添上了最后几笔，完成了这部关于爱情和冒险旅行的长篇小说。1616年4月23日，塞万提斯在马德里逝世，名义上是跟莎士比亚同一天，但实际上并没有那么精确，因为当时西班牙和英国的历法还存在区别。他的遗体据说是被安放在西班牙首都一个救赎派的社区之家。

《堂·吉诃德》的创作意图和意义

在整个现代世界看来，《堂·吉诃德》是塞万提斯作品中受到关注最多的一部，其原因不仅是因为它是目前为止文明世界的文学中产生的最伟大的小说，还因为这是西班牙贡献给人类的唯一一部具有世界意义的作品。西班牙的这份礼物十分珍贵，它曾给东西半球千百万读者的心灵和精神带来真正的乐趣，尽管自堂·吉诃德的第一次远行起，300年的时间已经过去了，但这种乐趣却依旧如往昔般生机勃勃。

塞万提斯创作《堂·吉诃德》的初衷，就是把它写成一部讽刺浪漫骑士小说戏仿性作品。早在一个多世纪以前，这类小说就曾以其荒谬的对英雄行为的记叙而赢得西班牙人的喜爱，其影响在于它进入了西班牙人的头脑，用早已不存在中世纪精神的各方面的魅力来蛊惑他们，将他们的注意力从真实世界严肃的日常工作中转移开来。实际上，虽然骑士传奇甚至早在16世纪末之前就开始衰落，但它是从《堂·吉诃德》那里才遭受到了致命的重创，《堂·吉诃德》出版以后就再没有此类的新作出现。那么塞万提斯是如何实现他的这一意图的呢？很简单，他采用了骑士传奇的手法，并显示出这种方式被应用到现代生活之后产生的虚妄——简言之，就是证明它们已经过时了。但是塞万提斯建构起来一个宏大的结构，远远超过了他起初的计划，作品在他的笔下逐渐发展，超越了作者最初的意图，最终成长为一部伟大的现代小说，成千上万的读者带着浓厚的兴趣来阅读它，他们不知道也不在意它曾是对某种文学样式的抨击。这部作品的一位著名批评家莫瑞尔·法第欧说：“塞万提斯那支流浪汉的笔，随心而动，完全只受控于当时的灵感，他的《堂·吉诃德》源自一个本来很简单的想法‘取笑骑士小说’，不曾料想竟然逐渐发展成为反映17世纪初西班牙社会的一部伟大小说，这种发展是作者始料未及的。这个时代的一切标记，诸如情感、激情、偏见和习俗，都在这部作品中找到了一席之地。因此，这本书蕴含的丰富趣味，独立于它作为一部虚构文学作品的价值，也独立于它作为一部优秀的实践哲学作品的价值；它还有一个优点，就是把一个民族的文明定格在了一个确切的瞬间，并反映出其良知的深度。”

曼佐尼

杰里迈亚·丹尼斯·马赛厄斯·福特

在意大利文学史上，意大利人从13世纪就开始表现出爱讲故事的性情，并沉迷与此，直至今天一直未曾间断。不过，19世纪之前他们更偏爱短篇小说或故事，而不是被称之为长篇小说或浪漫传奇的散文体叙事小说。这种文学形式的篇幅更长，也需要付出更多的心血。就算薄伽丘在14世纪就写出了他的《菲亚美达》（*Fiammetta*），安德里亚·德·巴布里诺在14世纪末或15世纪初就编著了他的《法国王室》（*Realidi Francia*），就算在15世纪或16世纪就出现了田园浪漫小说《阿卡狄亚》（*Arcadia*），还有长篇历险小说以及其他充满了色情的、伤感的或者道德说教精神的作品，我们还是必须得承认，所有这些作品要么缺乏个人风格，要么就像《菲亚美达》《法国王室》和桑纳扎罗的《阿卡狄亚》一样，在其他方面的重要性远远超过了其作为散文体小说的重要性。17世纪和18世纪基本上乏善可陈，19世纪早期福斯可洛的《雅科波·奥尔蒂斯的最后书简》（*Ultime lettere di Jacopo Ortis*）出版（1802年），拉开了意大利真正意义上的长篇小说创作的序幕；1827年曼佐尼的历史传奇《约婚夫妇》

（*I Promessi Sposi*）首次出版，实现了意大利长篇小说的永久成就。

曼佐尼生平

亚历山德罗·曼佐尼（他从未用过他的伯爵头衔），1785年3月7日出生于米兰的一个贵族家庭。外祖父是著名的政治学家切萨雷·贝卡里亚侯爵。他早年主要在米兰学习，对文学有着天生的爱好，勤勤恳恳不断地阅读，逐步显示出他的天才。在文学之路上，他还受到了蒙蒂引导，他十分崇敬这位友善意大利诗人。1805年，他的母亲带他来到巴黎，这里他频繁参加沙龙的活动，沙龙的氛围完全是理性主义和伏尔泰式的，他从其中吸收到了怀疑论的学说。然而，他并未就此止步。这一时期，他与法国学者及作家克劳德·弗瑞尔成为朋友，此人在当时和之后很多年，对曼佐尼思想的成形产生了重要的影响。1808年曼佐尼返回米兰，并于同年与一位新教徒恩里凯塔·布龙德尔结婚。两年后她改信天主教，由于她的榜样作用，加之曼佐尼对先祖信仰有着一种潜在的根深蒂固的爱，他也皈依了天主教，后来成为一位真挚虔敬的天主教徒。此后他一直住在米兰地区，于1821年在那里写了《5月5日》这首值得注意的颂诗，以纪念拿破仑的辞世。大约也是在这一时期，他开始创作《约婚夫妇》。1827年这本书完整出版的时候，他举家迁到了佛罗伦萨，一度赢得了大公爵的喜爱——这位大公还用《约婚夫妇》中的场景装饰他的宫殿墙壁；除此之外，他还得到了一些重要政治家和作家们的欣赏，例如朱斯蒂、卡博尼、尼科利尼和莱欧帕蒂等。他不久回到米兰，却不幸失去了他的妻子和嫁给了小说家马西莫·达则里奥的女儿古丽雅。在这段时间的悲痛中，他与才华横溢又性急冲动的哲学家罗斯米尼以及小说家托马索·格罗西的友谊带给了他极大的安慰。他于1837年再婚。在1848年那些动荡不安的日子里，曼佐尼表现出自己赤城的爱国之心，他鼓励三个儿子勇敢地参加到抵抗奥地利军队的战斗中——当时奥地利正忙着侵占他的家乡伦巴底地区。奥地利人胜利后，他自愿隐居到马焦雷湖畔的一处庄园里；但随着1859年伦巴底的再一次解放，他又一次回到了公众的视野中。国王维托利奥·伊曼纽尔授予他荣誉，并给了他一笔养老金，这对于当时经济拮据的曼佐尼来说，是非常值得高兴的。1860年他被选为参议员，在宣布意大利王国建立的那界议会中，他是个相当重要的人物。不久以后，1864年首都从都灵迁至罗马，他是在国民大会投票支持这一决议的成员之一。虽然他从未到过圣城罗马，但被选为那里的荣誉市民，在写给罗马市长的、对他们的这番盛情表示感谢的信里，他表达了自己对意大利统一的喜悦之情。曼佐尼于1873年5月22日辞世。

作为诗人兼评论家的曼佐尼

曼佐尼是意大利现代诗人中跻身前列的人物。除了一些抒情小诗和一些场合下的即兴之作外，他还写过《神圣赞美诗》，将诗歌的形式和基督教最高贵、最圣洁的表现形式结合起来，特别强调了仁慈、希望和对所有人类疾苦的最终抚慰；除此之外，还有前面提到的颂诗《5月5日》，以及颂诗《1821年3月》，内容是有关皮德蒙特自由党人的雄心壮志和付出的努力；另外还有两部诗剧——《卡尔玛尼约拉伯爵》和《爱迪尔欣》。这两部悲剧都是意大利浪漫主义运动中最优秀的作品，也是意大利语历史剧最早的范例。《卡尔玛尼约拉伯爵》写的是著名的雇佣兵船长费朗西斯科·不索内的故事，在书中他被称作卡尔玛尼约拉，这位15世纪的人物，被他的雇主——一个威尼斯人害死；《爱迪尔欣》讲的是发生在伦巴底的事，故事追溯到了伦巴底国王德西德里乌斯和他的对头、同时也是征服者查理曼大帝的时代。

在曼佐尼次要的散文作品中值得注意的是一些评述，在这些评述中他讨论了法语的统一体系应用于戏剧的有效性《写给肖维特先生的一封信》以及意大利浪漫主义学派的宗旨（《与马西莫·达则里奥侯爵讨论浪漫主义书》）。他的诸多作品都涉及了一个悬而未决的问题，即：意大利的文学表达，真正的语言形式究竟应该是什么？他站在了理智一边，倡导来自半岛各地的作家们都使用佛罗伦萨的词汇。

《约婚夫妇》

《约婚夫妇》无疑是曼佐尼最杰出的作品。上文中提到，他从1821年开始写这部书，其创作和刊印花了他6年的时间；然而，他始终深信佛罗伦萨语是有修养的意大利人应该使用的语言，所以此书刚一问世，他就开始着手剔除其中的方言和法语风格的词汇，结果在经过了75次再版之后，出现了一部纯托斯卡纳语的小说，它于1842年以一种完美的形式再次出版。它的主要情节很简单，故事的核心是洛伦佐和他深爱的露西娅这对农民夫妇之间一拖再拖的婚姻。在一个恶名昭彰的意大利亡命之徒的帮助下，当地的一个恶霸想尽办法阻挠他们的婚事，因为他对这个女孩有非分之想。本应该排除一切外来干扰主持婚礼的教区牧师，在恶霸唐罗德里戈和他那嗜血的跟班的恐吓下，不敢为他们主持婚礼。最后，一场瘟疫结束了唐罗德里戈的生命，有情人终成眷属。胆小怯懦的教区牧师唐阿邦迪奥经过他高贵的上司、红衣主教圣卡尔罗·伯罗米欧的教导，明白了自己的职责，为他们主持了婚礼。

曼佐尼曾坦言，他仿效沃尔特·斯科特爵士的写作方法，将故事设定在一定的历史背景之下，并使其适应了当时在文学界处于统治地位的浪漫主义情感。他把故事发生的时间选在了1628—1631年，在此期间，西班牙人占据了米兰地区，一次可怕的饥荒和瘟疫将这一地区变得荒无人烟，人物活动的范围被限制在了作者熟悉的科摩湖和米兰城之间。他在着手创作这部伟大的作品之前，曾认真研究过这场瘟疫以及在此期间的民生情况。接下来，在熟悉了当时的历史和社会状况、具备了分析人类最微妙情感的能力之后，他带着一个真正艺术家的直觉，集合了众多不同类型的人物，通过他们的活动为我们呈现了一幅生动的、描绘17世纪早期伦巴底的画卷。

曼佐尼大概是仅次于但丁和阿里奥斯托的、最伟大、最受欢迎的意大利作家。他的价值很快也在国外获得了认可，德国的歌德、法国的夏多布里昂、不列颠王国的斯科特都对他给予了充分的肯定，斯科特还对自己能够被这样一位杰出的天才仿效而感到骄傲。

批评与随笔篇

Criticism And The Essay

总　论

布里斯·佩里

所有人在翻阅《哈佛百年经典》的时候，都应该意识到，在过去的300年最受人喜爱的写作形式就是随笔。所有文学形式当中，最灵活的莫过于随笔；除了抒情诗之外，涉及的主题范围最广泛的，也非随笔莫属。然而有一个永恒的人性化主题，随笔作家对其一直都情有独钟，总是能找到新颖的话题。这就是“书籍”和“阅读”的主题。在涉及这一始终受人关注主题的随笔当中，一直存在着文学评判这类的表述。这种评判所传达的是种族和民族的信念，是在一代人或一个流派当中占主导地位的观念，或者是个人的好恶。这些评判，经过恰当的搜集和分类就成了文学批评史的素材。确实，出人意料的是绝大部分划时代的批评文献实际上都是随笔，无论是其形式还是基调。

随笔在文学批评中的重要性

只要关注一下正式的文学批评史就可以看出，就批评学说的形成和长期存在来说，随笔的重要性也是显而易见的。自亚里士多德时代以来，涉及艺术（包括文学）理论的系统专著不时出现。众所周知，美学在18世纪下半叶的德国得到了发展，它形成了康德及其他很多哲学家的哲学体系中不可或缺的一个部分。不过，这些论述美的性质的正式论著，其分析的是自然界和艺术作品中所存在的美，对他们感兴趣的主要是为数不多的思想家和学者，而不是一般大众。确实，像歌德、席勒和伯克这样一些天才人物，有能力以这样一种方式来讨论美学理论的哲学基础，使得它既能让普通读者感兴趣，又具有启发意义。

什么是随笔

所以，要了解现实评判观的历史，你就必须研究随笔。它是一种多变的、高度个性化的文学形式：时而类似于餐桌旁的长篇大论或对白，时而是给朋友的一封信件。在这种情况下，它仅仅是大堆的哲学理论中一小块耀眼的部分，在那种情况下，它是悖论、质疑或猜想最精华的部分；在这里，它是某场悲剧或喜剧的历史性大争论产生的回响，在那里，它是某个鲜活的新观念所带来的第一阵微弱的悸动，这一新观念不一会儿便随着各种学说的风向摇摆。不管这种文学形式有多么容易变化，一个阅读过《哈佛百年经典》中各种随笔的人几乎毫无例外地都会得出一个关于随笔本质的概念。对他来说，这种文学形式，不同于正式论述、对白、信件或期刊文章，会逐渐让自身显得更为明晰。借由蒙田和培根的作品，这种形式会呈现出更清晰的轮廓。它会在民族特性或连续历史时期的风气影响下改变自己，通过分门别类将自身与其他形式区分开来，更准确地说是在特定条件下经过变化和发展而形成的另外一种文学形式——完全就像其他文学类型一样，在特殊条件经历着变化和发展。就像戏剧和抒情诗一样，它会在一个时代兴旺，而在另一个时代衰微，随笔也代表了某种从不会完全过时的永恒基调。

批评随笔

对文学批评感兴趣的读者很快就会发现，随笔十分便于文学理论在人与人之间、不同时代之间进行传递。“批评随笔”尽管总体来说也要遵循“随笔”灵活的定律，但它是用于特定的目的的。它涉及的是评论意见的出现、延续和消失，以一种非正式的、但同样有效的方式，记录了欧洲对一些书评的评判。让我们看一个实例：查尔斯·兰姆的《论莎士比亚的悲剧》是这种“随笔”类型的一个绝佳样本。

它是个性化的、即兴性的。它以这样一句话开头：“几天前，在修道院里我一转身，突然被一个人做作的姿态所触动，我不记得以前是否见过此人，细查之后，原来那是大名鼎鼎的加里克先生的全身像。”然后，兰姆以一种看上去很质朴的方式讲述了从演员的矫揉造作和各种花招一直到在舞台上充分刻画哈姆雷特和李尔王的个性的可能性这样一个深奥的问题。这篇个性化的文章，以它的种种奇思怪想和别出心裁，逐步深化为一篇巧妙的批评随笔，它明确界定了英国智者们对英国最伟大诗人的态度。类似地，维克多·雨果为他的戏剧《克伦威尔》撰写的序言是个性化随笔的主要例证，这篇随笔以一种肆意的方式捍卫作者自己的文学信条。但这一信条后来凑巧还成了年轻的法国浪漫主义者们成功的信条。他们聚集在《克伦威尔》序言的周围，就像士兵们簇拥在旗帜的周围一样。这篇文章成了反对古典主义的新观念的具体体现，成为现代欧洲文学史上一份重要的文献。

随笔的民族性

我们刚刚提到的这两篇文章，就其直观特性而言是个性化的，然而，由于它们代表了一代人或一个流派所信奉的学说，因此具有更重大的意义，这一点也可以用来演示如何从第三个方面来看待随笔。你可以按照编年史顺序，把它们作为民族观点的连续标志来研究。这样你就可以看出，在伊丽莎白时期，在17世纪，以及在后来的任意一个新纪元中，英国的批评随笔揭示了英国智者究竟在何种程度上接受、修改或拒绝了欧洲批评理论的主体。由于它为这样一种编年史形式的研究提供了素材，任何一篇特定的英国批评随笔不一定会具备风格上的个性差异以及特定的批评敏锐性这些要素。大量平庸的书评，大量关于作家、关于戏剧及其他当代艺术形式的闲言碎语，最有力地证明了英国智者的本能行为。在特定的某个10年间，一个喜欢读书的英国人如何理解“悲剧的”“喜剧的”“英雄的”“三一律”“诙谐”“品位”“幽默”和“自然”这些词呢？历史学家在以数以千计即兴表述中找到了答案，其中每一种表述都带有时代和种族的烙印。英国人根据他自己所处的环境和时代，来解释欧洲批评的通用法则和描述，一部英国评论随笔文集就说明了英国的民族特性。

“随笔”一词的历史

现在，我们放下随笔与评论之间的广泛联系，并尝试准确地查明“随笔”这个词的意思是什么。英文里这个词更古老的形式是“assay”，即试验或实验。它源自法语，更早是源于晚期的拉丁文单词“exagium”，意思是标准重量，或者更准确地说，是称重的行为。单词“examine”源自同一个拉丁文词根。按照《世纪词典》的定义，“essay”的意思包括：1. 试验、努力或尝试；2. 实验性的测试或检验；3. 对金属的化验或测试；4. 在文学方面涉及特定主题的东拉西扯的文章，通常比论文更短，也不如论文那么精致和有章法；5. 是一种简短的专题研讨。塞缪尔·约翰逊博士本人就是他那个时代最著名的随笔作家之一，他在自己的词典里把“essay”定义为“大脑的一次随意迸发；不规则的杂乱片段；不是一种规则有序的文章”。很可能，正是约翰逊博士的“迸发”这个巧妙的单词，启发了后来的作家扎布里斯基先生，使他给出了下面这个极佳的定义：“严格意义上说，随笔就是一些收集起来的笔记，指示了一个主题的某些方面，或暗示了关于它的某些想法……它不是一次正式的围攻，而是针对这一主题的一连串的袭击、尝试或努力。”正是由于这个原因，扎布里斯基先生把随笔作家称作文学的短途旅行者、文学的垂钓者，是沉思者而不是思想者。他指出，德国人的思维不适合随笔，因为德国人不满足于仅仅突袭一个主题，不满足于仅仅到此一游；他们一定要从头到尾把一个主题研究透彻，使之成为被彻底征服的领域。

最早的现代随笔作家

现代随笔的开山鼻祖蒙田强调了随笔的自传体特性。他坦言，他写作“不是为了发现事物”，“而是为了揭示自身”。他认为，随笔应该是自发的，不受一切人为的束缚。它谈论的内容应该具备坦诚、多变、范围广泛的特征：“我对着纸诉说，就像对着我遇到的第一个人诉说一样。”培根勋爵1597年出版了他的第一本随笔集，他比蒙田更有条理。他更紧密地集中他的素材，紧贴主题，尽可能把他的句子塞得满满的。他太一丝不苟，不可能采用蒙田那种悠闲的、个性化的方式；他冷静地、几乎是不带感情地传授他浓缩了的处世之道；他喜欢意味深长的开头和结尾。他说：“要写出名副其实的论文来，作者要花费大量时间，读者也需要闲暇时间来阅读，这就是导致我选择写一些简短笔记的原因，有意味地去写作，而不是好奇地记录下来，我称之为随笔；这个词最近才出现，但早在古代就已存在。”塞涅卡写给吕西留斯的《书简集》，“如果要做出准确的评价的话，不过是随笔而已，也就是散漫的思考”。最后，就像蒙田和培根代表了文艺复兴晚期一样，阿狄森的随笔完整地概括了18世纪早期。和他们强调这一文学类型的非正式性一样，阿狄森清楚地表述道：“当我选择了一个前人未涉及过的主题时，我就把我对这一主题的反思一股脑儿地聚拢到一起，不讲任何秩序和章法，这样一来，它们能更多体现出一篇随笔的松散和自由，而不是一个固定篇章的规整。”

古老的随笔记录

“随笔在古代就存在”，这一点毫无疑问。在柏拉图的《对话录》中，在普卢塔克的《名人传》中，在西塞罗·贺拉斯及小普林尼的书信中，在奥卢斯·格利乌斯的《阿提卡之夜》中，在埃皮克提图的谈话录中，以及在马可·奥勒留的《沉思录》中，都可以找到类似于现代随笔的基调，以及类似的优雅、自由、灵活的讨论方法。就我们的世界而言，这不是什么新生事物，有良好教养的希腊人和罗马人，完全有能力像蒙田一样，写得坦率、轻松、离奇古怪，以开明态度来对未知事物进行探寻。不过，尽管他们常常显露出了现代随笔作家的精神，但他们一直在不确定地探索着恰当的文学形式。蒙田的伟大成就，就是冒险针对上百个根深蒂固的主题进行了一系列“迸发”“袭击”和“实验”，最终勇敢地获得了成功——因此，他的战术便成了文学上一切小规模论战的典范。如果没有他的榜样，会不会出现兰姆、爱默生和史蒂文森的那些随笔就值得怀疑了。

文艺复兴对随笔的影响

毫无疑问，正是文艺复兴本身在支持蒙田的整个理论和实践。这次人类思维的“重生”，这次生命力和知识力量的重新觉醒，涉及看待世界的新方式。似乎没有任何东西可以与其相提并论。教会、帝国和封建制度明显在江河日下；新的民族、新的语言获得认真地对待；新的大陆得以开拓，新发明改变了日常生活的面貌；对人类智慧新的自信、探究和批评，取代了中世纪对权威的服从。人们目睹了现实世界与内心世界所产生的巨大改变。“整个起伏不定、千变万化的”事物格局——借用蒙田最喜爱的表达方式——是对随笔的思想状态形式的直接刺激；反过来，就其松散、含糊和广泛而言，随笔的形式异乎寻常地适合于这一时期的理性精神。

与书籍相关的随笔

例如，有一种类型的文艺复兴时期的随笔，专注于随性地研究古典和中世纪世界不完整的一些部分。像泰勒的《中世纪的古典遗产》和《中世纪的思维》、爱因斯坦的《意大利文艺复兴在英格兰》、西德尼·李爵士的《法国文艺复兴在英格兰》、斯平加恩的《文艺复兴时期的文学批评》以及森茨伯里的《文学批评史》，他们用丰富的细节材料，把文艺复兴时期的随笔作家所具备的关于以往知识的范围和类型呈现在我们面前。卡克斯顿为通俗经典和中世纪著作用英语刊行的那些单纯朴素的《序跋集》，菲利普·西德尼爵士那篇有骑士风度的《诗辩》以及爱德蒙·斯宾塞那篇向沃尔特·罗利爵士解释《仙后》写作意图的文章，都极好地展示了典型的英国人对想象中过往生活的态度。格里高利·史密斯征集的《伊丽莎白时期批评随笔集》为16世纪英格兰从欧洲那里继承来的批评观念提供了一份相当全面的概览。之后的300年时间里，英国批评随笔的演化，主要是这些观念在新的理性力量不断冲击下和在不同的社会和文学环境下，保存、修正或转化的故事。

随笔作为生活中好奇心的表述

另一种形式的随笔，起源于文艺复兴时期，是蒙田的最爱，其对生活本身的涉及远超过书籍。新的文化、新颖的理性洞察，很快改变了公认的关于人类的责任和命运的理论。关于这些问题蒙田并不武断：他只是提出问题，暗示某些可能的答案。思辨性的随笔、哲学和科学随笔，从人类对现实生活的不断更新和揭示中汲取素材的社会随笔，都在一颗被唤醒的好奇心中找到了它们的源头。16世纪，人们充满热情和喜好地讨论他们视野范围之内的一切话题，这成了令人印象深刻的随笔的必要组成成分。一个人可能在撰写正式论文时满怀悲伤、一丝不苟，写作过程中从头至尾内心不带有一丝幻想。但天生的随笔作家，他足够清楚地认识到，他对那片未征服地域的突袭必然只是一连串迸发和后撤——尽管如此，他仍然乐于发动攻击。像兰姆和史蒂文森一样，他不是传教士，却坚持传教；与赫胥黎和廷德尔一样，他的讲授不过是为了告诉我们：对生活充满好奇心的这一天赋，是会传染和感染他人的。

自传体的随笔

还有第三种类型的随笔，源于文艺复兴时期对个人主义的强调，在蒙田、艾迪生、哈兹利特、德·昆西、爱默生、梭罗和其他上百人的文字中自信满满地提出了自己的主张。这就是自传体的、体现自我意识的随笔——其中很少会出现以自我为中心的傲慢，而只有对自身永不满足的好奇心以及心甘情愿对它们进行公开讨论。如果你偏好那种健谈的人，那么这种随笔就是最令人愉悦的。就像极具个性的诗歌形式抒情诗一样，它能透露出很多东西，但有时候它透露过多。当开诚布公和狂妄之间达到适当的平衡时，或者会像爱默生那样，成为一个彻头彻尾的亲切可靠的人，揭示自我内心的随笔便能够证明其自身的合理性。事实上，有些批评家认为，随笔的主观性和抒情性构成了其基本特性的一部分。因此，A. C. 布拉德利教授宣称："表述的简洁、朴素和单一；强烈体现个性，主观的魅力，对有限范围内主题微妙的涉及和处理，以及通过排除一切失控的情绪和狂热的激情而带来的秩序之美——这些都直接来自抒情诗成分的存在和占据的优势，并且，这些成分也是随笔一直固有的一些特性。"

或许，一个人可以补充道，本文提及的三种类型随笔——"评论的""道德的"或"哲学的"，以及"个性化的"——都是在文艺复兴时期被染上了强烈的民族主义精神的色彩，从那以后，它们每隔一段时期便会如此。法国的文学批评，在16世纪就像在19世纪一样，非常法国化。英国的文学批评，在德莱顿和阿诺德时代，非常英国化；弥尔顿的短文和塞缪尔·约翰逊的《诗人传》中的说教，梭罗谈论"散步"的随笔和洛厄尔谈论"民主"的随笔中的个人决断，带有显而易见的英国腔和美国腔。随笔和别的事物一样，血统会透露底细。

作为历史文献的随笔

事实上，通过《哈佛百年经典》可以进行的最为引人入胜的研究之一，就是调查连续几个历史时期不同民族的性情气质。就以18世纪英国的随笔作家为例。这里有一些具备了庞大但不同天赋的人的典型言论，比如艾迪生和斯威夫特、斯蒂尔和笛福、西德尼和塞缪尔·约翰逊、休谟和伯克，而研究18世纪的学者，不管正在阅读的是休谟或伯克谈论的“品位”，是约翰逊解释他那部伟大词典的计划，是笛福为了让世界不再有非国教徒而设计的具有讽刺意味的方案，还是艾迪生在威斯敏斯特教堂那优雅而感伤的冥思，他应该都会觉察到，不同的风格和形形色色的个人观念差异下，有着显而易见的种族、民族和时代的特征。因此这些随笔是相当重要的历史文献。阅读它们，你才能更好地理解马尔伯勒和沃尔浦尔时代的英格兰、皮特父子和四位乔治国王时期的英格兰。正如卡莱尔很久之前所说的那样，任何一个世纪都是之前各世纪的直系后裔，聪明地阅读17、18和19世纪的英国随笔，是学习那具有重要意义的一课的最佳方式之一。

亚里士多德与批评随笔

纵使这些随笔的读者并没有英国历史的专门知识，而且到目前为止甚少关注一个思想流派对其继承者的影响，他们也必然会发现我们所说的“随笔”与其更专门化的形式“批评随笔”之间的一处差异。“随笔”总是在绕圆圈。其轨迹总是会回到自身。一个人甚至可以说，这种随笔的模式已经由蒙田完成了，从那以后就没有取得任何实际的进步发展；只是一连串的随笔作家完全按照蒙田指出的方式在写作，当然由于个体不同产生了无数形式上的变化。但批评随笔一直在前进，即使是呈“之”字形。当学术风向产生改变，当各种观念潮起潮落的时候，它也不得不抢风航行，但它始终把握自己的航向而不是随波逐流。就以希腊人最著名的批评随笔、亚里士多德的《诗学》（*Poetics*）为例。它试图构建美学批评的某些基本原则，例如史诗的法则和悲剧的性质。它分析了同时代一些文学艺术作品的结构，测试了诗歌和戏剧在读者和观众的心里产生的心理学效果，并制定了一些精明的规则用于引导诗人。它与其说是一篇详尽的论文，不如说是一篇随笔，但它绝不是蒙田（假设他是个希腊人的话）所写的那种随笔。它是客观的、善于分析的、科学的。它的内容如此有逻辑，它的洞察力如此敏锐，以至于成了完善的批评过程的一个典范。

亚里士多德的"规则"，尽管是建立在他那个时代的真实的人性和文学特征的基础上，但当之无愧地赢得了文艺复兴时期那些重新发掘它们的人的尊敬。只是当人们试图僵化而机械地把它们应用于一种跟亚里士多德所知道的任何东西都完全不同的诗歌和戏剧类型的时候，问题才出现了。然而，正是从这种混乱状况和重新调整的必要性中，产生出了我们所谓的"批评随笔"。亚里士多德树立了"真理"作为灯塔。这样的真理，忠实于身体的和心理的现实状况，忠实于美的法则（同时也是思想法则）。当文艺复兴时期的以及法国和英国新古典主义时代的批评家们面对新的现实状况，试图忠实地调整亚里士多德的程式以适应塔索、莎士比亚和莫里哀等人的作品时，他们把事情搞砸了——他们试图同时记住"古人的指导原则"和"近代法国戏剧的规则"——更不要提当代海流交错的这一现实状况了。这是一条艰难的航线，难怪，批评随笔的历史显示了各种各样的或勇敢或犹豫的驾船技术。但是，真理的灯塔总是在那里，尽管没有一个航海者成功地彻底击溃它，但对批评随笔作家来讲，只要他看上去一直在不停地前进，这种奖励就足够了。

批评的传统与随笔

总之，批评随笔的作者发现，他的路线，正是他所承担任务的性质为他铺设好的。纯粹的随笔作家，正如我们已经看到的那样，可以绕圈子航行，起于也止于他自己的想象力；但是，把随笔作为批评手段来使用的人，则必须使用航海图和罗盘；必须从既定的起点出发，驶往一个确切的终点。如果他不了解前辈们做出的努力、不知道批评过程的目标与方式，他就做不到这一点。比方说，如果他的作品与诗歌理论相关，他就不希望在原地踏步：他希望如果有可能的话，对人类知识的这一分支做出贡献。然而，他是不太可能成功的，除非他对于这场古老的、历时悠长的辩论在他参与进来的时候究竟已经进行到了什么地步，有一个相当清晰的概念。当贺拉斯撰写那篇构思精巧的诗体随笔——谈论诗人的技艺时，这篇随笔被人无礼地称作“商用的诗歌指南”，他并不是意图盲目地跟从希腊理论家的规则。但毕竟，他的父亲曾经送他上过一所希腊的大学，当他写作的时候，他那些老教授的幽灵就在一旁偷偷地窥视他。许多年后，当意大利人韦达和法国人波瓦洛着手撰写他们论述同一主题的诗体随笔时，这位更聪明的罗马人的鬼魂抓住了幽灵们手中的笔。西德尼和雪莱在创作他们极具说服力的《诗辩》时，大概还没有清醒地意识到，他们是在继续那场由希腊人发起的、恢复于文艺复兴时期的关于诗歌理论的正式辩论；然而，他们坦承了对诗歌的信仰，这构成了批判主义衍化过程中重要的篇章。华兹华斯、柯勒律治和沃尔特·惠特曼的序言也是如此。这些人都是他们这门技艺在理论和实践领域的革新者，但是，像艺术领域大多数成功的“革新者”和“现代主义者”一样，对于他们力图通过突袭来攻克的古人的防御手段，他们有着相当精确的认识。然而，这些突袭，无论多么才华横溢，永远不会真正终止围困。最终的真理避开了完全彻底的分析和定义，批评随笔的历史仅仅显示了一连串的近似性，是一份必须不断更新的、关于人们所付出努力的记载。

批评的类型

然而，从所有这些各式各样的努力当中，浮现出了三种批评趋势。它们通常被称作“裁决型的”“诠释型的”和“印象型的”。这些批评趋势之间的理论上的区别足够清晰。“裁决型的”批评对既定事实做出裁判。它主要涉及批评的标准和规则，它当然可以审视这些规则赖以建立的原理。它的估量很可能是武断的和专横的。它毫不客气地说（借杰弗里之口），华兹华斯的《远足》“不行”，他的《莱斯顿的白鹿》是“我们所见过的、印在四开本书里的最差的诗歌”。它宣布（借丘顿·林斯之口）：“对文学来说，批评就是法律和政府所要陈述的东西。”另一方面，“诠释型”批评的目标，更多的不是对一篇具体的作品做出评判，而是要解释它。它寻求并建立起——如果可能的话——正确的文本；它让那些对于理解其所质疑作品来说必不可少的传记和史实得以澄清。它发现并揭示其所包含的意义和美。它指出文学作品的伦理和社会意义。毫无疑问，诠释一部作品常常等同于对它做出判断。因为，如果你证明了这部作品充满了堕落，那就是宣布这是一部堕落之作的最有效的方式。然而，“诠释型”或“欣赏型”批评家的目标主要是进行说明和解释，他更想让读者根据他所做的诠释，自己得出最终的判断。他把必要的事实摆在陪审团的面前，然后就退出这个案件。正如杰弗里是裁决式批评的大师一样，圣伯夫是此类批评的大师。最后，“印象型”批评家并不过多地关注标准。他把“普遍考量”和“大多数人的共识”留给他的竞争对手们。文本批评让他感到厌倦。对原则的审查让他觉得过于“科学”，搜集大量的传记和历史材料在他看来似乎是历史学家的工作，而不是批评家干的活。他坦率地应对自己的观感、他的个人偏好，以及他的心灵在杰作面前的历险经历。他把自己在接触作品时所体验到的感觉和情绪转化成从所有其他艺术中以及从无穷无尽的自然之美的储藏中借用来的符号。他的竞争对手或许把他称作一个随性的人，而不是一个有品位的人。但他们不可能真正驳倒他，因为面对美的存在，身体和心理的反应有无穷多种方式，以至于没有一个人确切地知道其他人的感受如何。我们必须照原样去接受他的话语，而且，印象批评的话语在讲述时往往附带着一种优美细腻的雅致、清新和光彩，这暂时使得所有其他类型的文学批评看上去似乎是没有感觉的、拘泥于形式的学问卖弄。

各类批评的联合和融合

关于三种趋势之间的理论上的差异就到此为止了。但任何一个人，只要大量阅读过现代批评大师们的作品，他都会认识到：所有这三种趋势经常体现在同一个人身上，甚至在同一篇随笔中出现。有些著名的“印象派批评家”，像兰姆、史蒂文森、勒梅特和阿纳托尔·法朗士，他们所知道的“标准”远比他们当时愿意承认的多得多。他们如此巧妙地玩弄批评的弦外之音，是因为他们将基本音把握得炉火纯青。史蒂文森在他论述“风格”的随笔中尝试过“科学的”批评，在他论述佩皮斯的随笔中尝试过“历史的”批评。杰弗里经常用圣伯夫的那种诠释方法来撰写“民族性格”的批评。柯勒律治和爱默生、阿诺德和罗斯金，都是具有庞大天赋的多面手，不可能让他们的文学随笔局限于任何一种类型的批评。

正如我们试图去展示的那样，这一折中主义的手段可以在随笔自身的本质中找到其合理性。它是一切散文形式中最错综复杂、最多变、最具个性化的。一旦它开始涉及批评理论，它就必须要去面对某个民族历史所演化出来的评判方法。那么，它往往随之会成为“历史型的”“科学型的”“诠释型的”“裁决型的”；正如我们提到过的那样，它要按照航海图而不是按个人的偏好任意地绕圈子。正是在“随笔”和“批评随笔”的这种关系中，我们在某种程度上发现了随笔写作的文学和社会意义。它在满足了个体的需求同时，也执行了一种社会功能。单个的读者从随笔作家那里寻求快乐、激励、慰藉，强化意志。西塞罗、蒙田和梭罗会和他谈论友谊、书籍和言行举止。除此，读者还可以寻求什么呢？在随笔作家那里，他可以从抒情诗中找到对自身心境、品位的反思，对不同接触自身体验方式的反思。在他们的陪伴下，就像在每一种艺术形式的陪伴下一样，他更深刻地认识到了生活的充实和丰富多彩。就全社会而言，在随笔作家的协助下——尤其是那些投身批评的随笔作家，客观的相对稳定的评判标准建立了起来。事实上，随着文明的进步，随着在一个个不同历史时期每一个文明种族性情的改变，他们多多少少也会做出改变。但是，不管是哪一代人，这种“标准”总是存在。那一代人的审美和智力活动其实就由对这种标准的一次次背离和回归构成。研究人类，继而研究单个的男男女女；接下来就是对生活观念一系列的总结概括，然后又是对一系列生活观念具体应用的研究，一次次的膨胀和收缩——这就是文化的历史。尽管“随笔”时不时地维护一切精神事务中的自由主张，但“批评随笔”也以同样坚定的态度认可并维护权威的主张。毫无疑问，一代人认为，文学论战要站在自由的一边，而下一代人则会认为，文学论战应该集结到捍卫规则这一方。至于我们这一代美国人需要什么，毋庸置疑，阅读那些尊重文学标准、拥护规则的随笔作家的作品，这才是对我们最有益的。

中世纪读什么

尼尔森

菲利普·西德尼先生写的《诗歌的辩护》也许开创了英国文学评论史的先河。本书在修辞和韵律的论述上遥遥领先，除此以外，本书还是英国首部重要的文献，它汇集了意大利文艺复兴时期的主要潮流，以及法国文艺复兴时期的批判主义。当然，在这之前的几个世纪中，人们也会表达对于书中的观点的看法；但是这些观点既杂乱无章，表述又相当私人化，没有什么理论方面的支撑，有些部分并不系统，人们只是知道很喜欢自己偶然说出的话。

考证中世纪的文学审美

然而其他渠道比官方评论家保守的看法更能推断出一个时代的审美。它一旦包含了流行的元素，就会更有意义。这是很明显的缘由：一个人耗费了时间和精力告诉我们的事情，比他的言语更有价值。几个世纪以来，书本仅仅靠手稿流通，事实上很难流行起来，就算是那些剩余数量的书籍，即使侥幸保存了下来，也会遇到上千种意外情况发生。但是在15世纪后期，由于印刷术的引进，书籍广泛发行，它给人们提供了一种独特的获知信息的机会，评论现有的作品非常有前途，很值得广泛宣扬，这也催生出了一种新兴的产业。正因为这个原因，英国印刷界的第一人，威廉·卡克斯顿，成为文学评论史上一位重量级的人物。他不仅为他所印刷的书作序，用精巧及朴实的语言陈述了自己的理由，认为它们极其重要，而且作为一个精明的商人，他预估出选择它们唯一的缘由是它们的流行很有价值。

讽刺文学和散文文学作品中说教的优势

事实上，这个证明和文学历史学家从其他数据中得到的推断惊人的一致。《伊索寓言》作为寓言的鼻祖，大概是他发行过的最古老的作品，且已流行了很多个世纪。在冗长的中世纪合辑里，各种各样的语言中的混乱的关系，是留给现代学者有待解决的最令人迷惑的问题。卡克斯顿认为它们很有价值、很重要，我们可以猜想，由于说教的目的，他总是寻求一眼即可看出的，而不是需要被指明的事情。的确，卡克斯顿出版的大多数读物，以及《哈佛百年经典》中的序言和后记都公开承认，中世纪有教育意义的文章都有爱说教的嗜好。卡托的《韵律和哲学家语录》和《韵律学》中，汇集了格言智慧，显然是很有吸引力的，我们不仅从副本的数量上可以知晓这一点，我们还发现中世纪的作家都在频繁引用这些句子。

《金色的传奇》

更具体地说，《金色的传奇》值得称赞。众所周知，它是一本讲述那些圣徒们了不起故事的合辑，他们通过对奇迹的感知，不断地鼓励，愉快地完成信念从培养到坚定信奉的双重仪式。然而，卡克斯顿明白地意识到，这只是那些仪式的往昔状态。“金色是五金中最高尚的，同样的，也是其他流传下来的作品中最高贵的。”他这样说道。同时他还祈祷：“此书有益于将要读到或听过它的内容的所有人类，本书也许会增加他们的美德，驱逐他们的恶习和罪恶，以圣徒们为榜样，在这短暂的一生中，改善他们的生活。”

文学的娱乐性

他出版了英国作家乔叟的不朽名著《坎特伯雷故事集》；他在“序文”中，赞美了乔叟文章的风格和内容——在这两方面，“他用简短、精练、优美的句子阐述了问题，避免了冗长的句子，摒弃了多余的没有价值的东西，通过巧妙的润色，表达出了句子的精髓”——他作为首位英语大师这样描述道。他在后来的评论中很少有说哪部作品好的。这个“序文”的整个语调异常华美，充满热忱，文中足见真诚和热情，它使大家忘记了我们是正在读英国早期出版人的一个广告。

特洛伊传奇故事和旖旎

大家都意识到了，特洛伊的故事在中世纪荷马时代的版本中，并不为人所知。希腊同时代的佛里吉亚人达尔斯和克里特岛人狄克堤斯，断定有两本拉丁散文作品为中世纪的传说奠定了基础。12世纪，这两本书由伯努瓦·德·圣摩尔精心制作成一本浪漫的法国骑士文学名著。通过他的书，西西里岛人奇诺·德利·洛纳写出了特洛伊拉丁散文史。中世纪后期，奇诺是主要的来源。意大利诗人薄伽丘的浪漫故事《菲洛斯特拉托》和乔叟在他的《特洛伊罗斯》中的详述与释义，都属于这种传说。奇诺也依赖于法国牧师乌拉尔·勒·法诺。卡克斯顿在比利时布鲁日城和根特城将他的文章翻译出来，并在德国科隆完成。在动荡不安的世界中，英格兰正饱受玫瑰战争的折磨，人们在家中很少收到报平安的信件。在这种环境下，人们可能不会怀疑他在翻译中所付出的辛勤是希望特洛伊战争能够毁灭，这种感情是完全合情合理的。“也许它是全世界所有人类遭遇战事时，经历过的怕吓与冒险、危害与损失，以及死亡的人群的佐证。”

这位高尚的诗人和伟大的神职人员，接着将特洛伊的故事翻译成了法国版本，名为《维吉儿的旖旎》。他在作品中告诉我们，他曾经犹豫不决，有些人怂恿他用大众理解的语言去写，还有些人想让他绞尽脑汁用最古怪的术语完成著作。他选择了一个折中的办法，“本书不是为一个粗鲁的劳动者提供阅读，而是供能够感知、能够领会它，有爱心且具有高尚的骑士风范的神职人员和高尚的绅士阅读”。

卡克斯顿在马洛礼

终于，我们得到了他为同一时代托马斯·马洛礼先生编译的巨著《亚瑟王》所做的序言。如果特洛伊的故事是中世纪最受人们喜爱的经典，那么与亚瑟王相关的传奇故事就是最著名、最广为传颂、更接近现代、最富有想象力的文学作品。人们在一部古代英国历史的备忘录里发现了它，亚瑟人的传奇从《旧约》改编成为传奇故事，在法国，它们最重要的艺术发展得以展现，但是翻译和改述的版本，流传到了西方欧洲的各个国家。

接近中世纪时期，一位英国骑士，托马斯·马洛礼先生做了更为重要的冒险尝试，他以既松散又有组织的编辑方式，收集了主要来自法国诗歌的版本与资料，用一种流行的方式和精神重新讲述它们，使得他的书成为一部英国诗歌的不朽之作。卡克斯顿为此书倾尽了最为热烈的赞赏。不光在这里，在任何地方，我们都有一种文学的娱乐性，卡克斯顿在其中也发现道德和心灵可以改进的可能性。

以下是大家所知道的、他对马洛礼最具价值的赞美：“依据我手抄的副本，已安排印刷，目的是高尚的人也许会看见并学习过去一些骑士所具有的那种高尚、温顺和善良的行为。他们享有过的荣誉，他们如何因堕落而受到的惩罚，他们常常遭受的羞耻和指责；他们谦卑地恳求着所有高尚的贵族与小姐，和其他身份与阶级的财主。人们可以从本书的作品中看到并品味出经由他们的回忆而展现出的那种善良、诚实的行为。同样的，在其中，他们将会发现很多欢乐的和令人愉快的历史故事，以及高尚、仁慈、高贵、声名赫赫的，骑士般的行为。

“在本书中，你也许能看到高尚的骑士精神，礼貌、仁慈、友爱、坚韧、爱和友谊、怯懦、谋杀、憎恨、美德和罪恶。在行善之后，远离罪恶，它将带给你好的名声和名望。经过时间的洗礼，这本书将会给人带来愉悦感；但是为了信仰和信念，此书也包含了一切真实的东西，你会感到如鱼得水。所写的一切都是为了我们的信条。”

最后一句话总结了英文印刷鼻祖在职业信念中的主要观点。人们认为他不仅仅是为了写作和出版，主要还呈现了他的教诲。然而，尽管这是个狭隘的假定，卡克斯顿和作者们做了大量的工作，使我们像看文学导论一样，可以清晰理解并感触到快乐的部分。这些序言的指导内容已经铺陈得十分详细丰富了，不仅指出中世纪该读些什么，也阐述了他们为什么读的原因。

作为卡克斯顿自己的动机，如果我们只是肤浅地看他，我们应该猜测出：他翻译并印刷，主要是从闲散的罪恶中拯救了他自己。然而，一个更为慷慨的冲动却让人们在字里行间轻松阅读。他不仅仅是利己的目的，这点我们可以从他所写的句子中发现。他在冗长的著作《特洛伊的历史》中写出了略感疲倦的结束语：“本书已近尾声，在翻译了亚瑟之后，我感觉好像上帝给了我狡黠的赞美和称颂。因为在我写了这么多的作品后，我的笔已经破损，我的手满是茧子，双手颤颤巍巍，我的眼睛由于过多盯着白色的纸张而变得模糊不清，我丧失了再如此辛勤工作的勇气，岁月爬上了我日渐衰退的身躯。也还因为我承诺给各式各样的绅士和我的朋友们，尽我最快的速度给他们奉上此书。因此，我花费巨额学习了印刷此书，你们现在看到的就是印刷后的成品，此书不是像其他书一样用笔和墨水写成的，其目的是让每一个人都能立刻得到它们。”

诗歌理论

布里斯·佩里

在《哈佛百年经典》呈现的各种批评随笔中，要说哪些最受关注——非那些涉及诗歌理论的随笔莫属。我们对随笔的文学形式或品质的考量已经说明，我们不应该指望随笔作家写出详尽的论文，而应该是对其主题的某些方面做出自由且充满活力的暗示性论述。充分透彻地论述诗歌的常规主题，详细阐述它的性质、它的美学和社会意义，以及它的技巧，那是一项异常艰巨的任务。但是几乎所有的诗人都曾经提及这种技艺的诀窍，或他们在某种层面上对该技艺的赞赏。我们浏览一下从伊丽莎白时代到维多利亚时代八位英美诗人的随笔，他们是：西德尼、德莱顿、华兹华斯、柯勒律治、雪莱、爱伦·坡、惠特曼和阿诺德。这群人中的四个，德莱顿、柯勒律治、爱伦·坡和阿诺德，擅长普通文学批评，这是得到了公认的；而西德尼、雪莱、华兹华斯和惠特曼对于他们自己的诗歌艺术，也做出了一些最有说服力、最具启示性的表达。

菲利普·西德尼爵士

西德尼的《诗辩》像雪莱的同名作品一样，也是针对一次抨击的回应，但诗人既不为此感到愤怒，也不认为他的对手给他带来了巨大伤害。雪莱的对手是他的朋友皮科克所写的庸俗幽默的随笔。多多少少，西德尼是在间接地响应一位清教徒伙伴戈森，他的《妄诞派》（1579年）攻击了古代诗歌与当代戏剧演出许可制的道德缺陷。然而，西德尼半开玩笑地称呼他的随笔是“为可怜的诗歌所做的可怜辩护”，其实这并不是以一种狭隘的喜欢抬杠的情绪，而是以一种高尚热情的语调来写的。他对这项任务进行了充分的学习研究，了解了柏拉图和亚里士多德的诗学，熟知了意大利和法国人文主义批评家。他读懂了荷马、维吉尔、贺拉斯和奥维德，但他并未因此而鄙视“珀西和道格拉斯的古老歌谣”。西德尼高贵的语调、优美的措辞，和他清晰有序的思想一样值得我们关注。用一段段密集的文字，他赞颂诗人是导师和创造者，把诗歌跟历史和哲学比较，并发现，正如之前亚里士多德曾经发现过的那样，诗歌比历史和哲学都更显高贵。他讨论了不同类型的诗歌，检验了他们教导和打动读者的能力。接着，在巧妙地驳斥了当前对诗歌的各种反对意见后，他像一个真正的英国人那样，转向了其本民族的诗歌——英国诗歌当时刚刚开始它最辉煌的时期，尽管西德尼并没有预见到它。例如，他指责那种悲喜剧——莎士比亚很快就使其成为辉煌——“既不是名副其实的悲剧，也不是名副其实的喜剧”。当然现如今，这一观点和西德尼的另一个观点“韵律对诗歌来说不是必要的”一同被认为是异端邪说。然而，任何一个喜爱西德尼的人都不会就这样或那样的观点和他争执。300多年来，他的随笔证明其自身就是一门他所颂扬的美妙的艺术——是教导和愉悦的持久源头。

作为批评家的德莱顿

西德尼英年早逝100年之后，英国的文学批评之王是约翰·德莱顿。

对在这一领域的实际统治地位，他从未有过任何炫耀：“对这种统治地位他保持着一种若即若离的状态。”他充满了矛盾，对同时代品位的不断变化的色调进行考量，在古典和浪漫之间寻求妥协；他经常随心所欲地改变自己的看法，保持作品的可读性和个性化；在最本质的意义上，他始终是“印象派的”，正如克尔教授所说的那样始终是“怀疑的”“尝试性的”“散漫的”。他早期的随笔《论戏剧诗》充满了对莎士比亚和浪漫的青春狂热。接下来，他转而墨守成规，目的是“要取悦于我生活的时代”，并证明这个时代盛行的新古典主义品位的合理性；但没过多久，他又回到了他“无与伦比的莎士比亚”，赞颂朗吉努斯，放弃了押韵。下一个时期，他又转而成了理性主义者，颂扬“良好的判断力”和“得体”。在他生命的最后十几年里，他又找回了对虚构文学的热情；他翻译了尤维纳利斯和维吉尔的作品，把乔叟现代化了；他“迷失在对维吉尔的仰慕中”，尽管在心底里他“更喜欢荷马”。正是在他作为批评家的事业生涯的最后阶段，他写出了那篇引人入胜的对乔叟的颂扬，由《哈佛百年经典》再次出版。它是随笔的极致之作。正如他在谈到那位前辈诗人时惊呼的那样：“这儿有上帝般的富足”，在乔叟那里，他找到了与自己意气相投的灵魂。事实上，德莱顿并没有完全理解乔叟的诗，否则他绝不会认为它“不和谐”；然而他，通过承认“乔叟的诗里有一种未经修饰的苏格兰情调般的甜美，它是自然的、令人愉快的，尽管不完美”做出了极好的补偿。在他较早期的《为英雄史诗辩护》（1677）中，德莱顿向3年前已故的《失乐园》的作者致意，并将弥尔顿的这篇杰作称作“我们这个时代和我们这个国家所创作出来的最伟大、最高贵、最卓越的诗篇之一”。

华兹华斯和柯勒律治

简而言之，德莱顿最好的批判作品会诱使你赞同他的断言：“诗人本身就是真正的批评家”，尽管我不能断言他是唯一的批评家。华兹华斯和柯勒律治的批评作品向我们证实了这一观点。华兹华斯不像德莱顿那么随意，涉猎的范围也没有那么广泛。柯勒律治，就天赋条件而言，是最伟大的文学批评家之一，是没有条理和散漫的。但是，当这两个人把他们精湛的能力集中于为曾经吸引了他们全部创作活力的浪漫主义诗歌风格进行辩护和阐释时，他们便创作出了影响后来整个英国文学发展的文学批评。例如，柯勒律治有关《诗歌或艺术》的演讲稿，充满了深刻洞察力的灵光闪现，显示出他是一个天生的批评家：艺术“是人性化的自然现象的力量”，“激情本身就在模仿秩序”；“美是漂亮外形与生命活力的集合”；“为艺术作品选择的主题应该局限在那些艺术能够表现和传达的主题范围之内”。华兹华斯为他划时代的早期诗歌撰写的“序言”应该与柯勒律治在《文学传记》中的评论联系起来读，并且要考虑到这两个年轻诗人在创作《抒情歌谣集》时提议进行分工这一众所周知的事实。柯勒律治意图把超自然事物处理得好像它们的确存在一样。华兹华斯希望在自然对象中找到新颖而让人惊讶的元素，也就是日常体验中的浪漫冒险故事。就像光谱两端的色彩一般，这两种方法当然会互相混合。华兹华斯在先后多次陈述他的意图时，先是强调他使用了“中下层阶级对话用语”，就好像那主体上是一个措辞的问题；然后，他又强调忠实于“我们天性的基本法则”的必要性，争论“兴奋状态下联想到的观念”的美学问题；最后，他对最初的说法进行了补充，他指出措辞应该“选择人们真正使用的语言”，而且，诗人所处理的事件和情境应该有“一定的想象色彩”。像这样的文学批评，如果像华兹华斯改变自身理论后在他的诗歌文本中所做的那样，伴有对其语言变化缜密的研究，那么便是有巨大促进作用的，也是极为有益的。

波比·雪莱

在雪莱的《诗辩》（1821）中，从头至尾都可以追溯到柯勒律治的影响。雪莱带着跟西德尼一样高昂的斗志，策马冲进了竞技场，为了击退“功利主义者”的进攻而不是“伦理学家”的进攻。和西德尼、德莱顿和阿诺德不同，他并不很清楚文学批评史。的确，他深受柏拉图的影响，但是他的写作热情带有一种新的个性化的视野。对他来说，诗歌主要是想象力的表述："天罚能解救人类腐朽的神性"；"它记录的是最幸福、最美好的心灵的最幸福、最美好的瞬间"；"一首诗就是生活的映像在其永恒真理中的表述"；诗歌"以一种神性的、但无法理解的方式发挥作用，超越于意识之上"；"诗人参与了永恒、无限和唯一"。尽管研究诗歌理论的学者很可能声称，像这样一些句子都是后柯勒律治时代的，但就像雪莱本人光辉的精神一样，它们的的确确是永恒的。

埃德加·爱伦·坡

爱伦·坡的随笔《诗歌原理》是在他短暂一生中的最后一年（1849）作为一篇讲稿而被撰写的，阐述了他的确信："真正有想象力的大脑必须得是善于分析的。"如果应用在雪莱身上，这句格言远远谈不上正确，但它表达了爱伦·坡对他自己在逻辑分析上的非凡天赋的理想化。他是一个不厌其烦地解释其技艺的行业秘密的匠人，尽管他的批评在质量上参差不齐，不符合深奥的精准的学术标准，但他无比清晰地阐述了某些关键性原则。

在《诗歌原理》中，除了对柯勒律治的某种通俗化，以及无疑属于"篡改"的某种添加物（洛厄尔认为它密不可分地与爱伦·坡的"天才"混合在了一起）以外，还可以找到那个著名的定义："文字写成诗歌就是有韵律地创造美。"据爱伦·坡说，诗歌通过灵魂的升华而使人兴奋。但是，从心理学的必然性来讲，一切兴奋都是短暂的，因此只有短诗才是真正的诗歌。这样一种对超凡脱俗之美的短暂而模糊的一瞥也就是"创造超凡之美"，这是诗人为之挣扎甚至绝望的。如果说，爱伦·坡关于诗歌的任务和方法的构想缺乏普遍有效性——毫无疑问该构想就是这样的，那么这一阐述对于理解他自己的那些精致悦耳的抒情诗片段来说是一个关键。

惠特曼论美国和诗歌

像爱伦·坡和柯勒律治一样，沃尔特·惠特曼在诗歌理论上也是神秘主义的和超验主义的。跟他们不同的是，在诗歌实践中他是反叛者的头领。《草叶集》（1855）的序言，更像是一篇宣言，而不是一篇批评随笔。它是大声喧嚷的、充满激情的、不连贯的。由于其丰富的情感，它的某些段落后来被改编成了诗歌。其核心主题是目前这个时代美国给诗人提供的机会。对于过去已经有了适当的诗歌来进行表述，但现如今民主与科学的新世界需要不同类型的诗人。其应具备的资格一直都很清楚：他必须热爱地球、动物和平民；他必须在骨子里是个诗人，与宇宙万物保持一致；有一个伟大的不受束缚的灵魂；他必须认识到：世间万物都是神奇的、神圣的。诗人应该是新时代的祭司，是未来一切时代的祭司。在这篇序言中，惠特曼没有正式着手讨论他自己那种不讲求韵律的、狂想曲式的诗歌的技巧。但这种诗歌，挑战了两代人的关注，并逐渐得到了普遍认可，如果不了解作为其基础的诗歌理论的话，简直是无法理解的。其序言声称，“那种理论的主旨，如果从语法上分析并逐字逐句地考量，是令人困惑的，如果简单地来看待它，还是差强人意的”。

马修·阿诺德

马修·阿诺德在1866年写道：“我比不了沃尔特·惠特曼先生的能力和创意。”但他补充告诫道：“在文学上，没有一个人能够不重视其他时代和国家已经取得的成就而单枪匹马从事这个行业，美国绝不可能以这种方式收获伟大的原创性文学著作。不可避免地，它的知识分子必须答应在很大程度上参与到欧洲的运动中来。”正是阿诺德自己最不堪用的随笔《诗歌研究》，瞬间就把我们带入了欧洲的这场运动。这篇随笔是为一本英语诗集的序言而撰写的——“一条对世界诗歌之河做出了巨大贡献的小溪”。自始至终，阿诺德以他特有的方式坚持发展一种对最优秀的、真正了不起的事物的感悟力的必要性。他指出了纯历史的和纯个人的估量中所涉及的谬误。他用一行行大师们的诗句和言辞作为“检验标准”，用来测定诗歌是否富含有诗意。他用亚里士多德的一句评价——“诗歌跟历史相比更具有真理性和严肃性”来检验英国诗人的“经典”事物和方式。毫无疑问，阿诺德那种看上去巧妙的、站得住脚的方式中潜藏着一些误区，但他的表现好坏无需赞誉。他稳步而沉着地把我们带回到“欧洲的运动”，带回到一直延续下来的法则和标准。但他还教导我们，生活和艺术的源泉是取之不尽的。“诗歌有着广大的未来”，这是阿诺德随笔中的第一句；任何一个读者，只要他下功夫了解诗人关于诗歌的言论，就会认识到这一已经被验证过的不可更改的真理。沃尔特·白芝浩许久前曾写道：“有一种简单明了的观念，认为诗歌是深奥的、说教的，是对人间的事物最稳妥、最明智的提升，对普通大众的头脑来说几乎是不可认知的。”在我们四周，一种对诗歌的信念一直努力要摆脱束缚，但它没有摆脱。有朝一日，一旦触及真言，这些困惑就会像中了魔法一样立即停止；破碎的、不成形的概念会聚合在一起并结晶为一种正大光明和正确的理论。“毫无疑问，我们依然在等待那句最终的真言，不过，一旦它被人说了出来，那有可能就是一位诗人。”

德国的美学批评

威廉·吉尔德·霍华德

歌德曾告诫艺术家，要创造形式上的美，但不要谈论美——没有人通过研究“诗歌艺术”而成为诗人，这一点是肯定的。语言是抽象的，而艺术是有形的，理解过程是缓慢的，而情感迸发是很快的——可以使人信服理性，但无法劝说人去感觉。品位是不需要去争辩的。然而，我们知道，品位是可以培养的，理解不仅能使品位更具鉴赏力，而且还能增加审美愉悦的源泉。不管是艺术家，还是业余爱好者和哲学家，都曾经试图深化这种理解。雕塑家或画家的主要表现手段是形态和色彩，当他把自己在技巧或理论上的研究成果交给他的“学校”任凭其支配的时候，他就承担起了教师这样一个辅助职能。有哲学头脑的艺术爱好者乐于思考美的成分，批评家大胆地系统阐述法则，他的评判和分类就是建立在这样一些法则的基础之上。诗歌大概是最早期的纯粹艺术形式中第一个臣服于这种审美法则的；不过，音乐、舞蹈、雕塑和绘画很快也被纳入到同样的统治之下，长期以来被视为诗歌的同胞姐妹。

美学批评的崛起

特别是自15—16世纪文艺复兴以来，艺术中的实践一直是借助连续不断的理论评述来完善的。文艺复兴时期的人们，他们的面前不仅有希腊雕塑以及荷马和维吉尔的史诗这样一些不计其数的范例，而且还有亚里士多德的《诗学》与贺拉斯的《诗艺》——从这些古代作品中可以看到人类成就所达到的巅峰，文艺复兴时期的人们以不同的方式试图把古代品位准则应用于解决当代的问题。因此，我们发现，在意大利，以及接下来在法国、英国和德国，很多论述美学的作者只是逐步地把自己从某些古代的、被当成权威接受的公理束缚中解放了出来。在亚里士多德那里，所有纯粹的艺术都被视为模仿的艺术——法国人称其为对理想中美妙自然的模仿，而不是对真实自然的模仿；而且对这一含糊不清、难以捉摸的概念通常没有给出任何富有启发性的定义。类似地，像西摩尼得斯所说，画是不会说话的诗，诗是有声的画；而且人们总是自以为是地重复贺拉斯那句被人误解的短语："如诗，如画。"

接下来的趋势就是，同化或者至多是对几种艺术进行对比，很少出现能透过表面观察本质的评论。艺术家计算比例，针对专门的程序设计出详尽的规则；诗学作家论述遣词造句和修辞手法；但在论述绘画和诗歌一类的专著中，创意、排列和润色三个"部分"，组成了传统的划分形式。智慧和勤奋似乎足够了，即使无法和古代的天才一较高下，至少我们有古人走过的路径可循。虽然有种种的形式主义出现，批评家们大多还是坚持认为，艺术的目的就是要唤起情感，要给人教诲，而且还要，正如贺拉斯所说："讨人喜欢。"既然愉悦是一种个人反应，那么我们可以问问，在一件艺术品中，是什么让我们愉悦？或者问，我们身上有什么东西让我们敏锐地感受到审美愉悦？现代理论所取得的进步之所以超越了文艺复兴时期所达到的高度，就在于对第二个问题给出了更好的答案。换句话说，我们的理论拥有了或寻找到了心理学基础。

莱　辛

诚然，在莱辛的《拉奥孔》这一作品中，作者在绘画与诗歌之间画出了一条极为分明的界线，看上去好像探讨的是这两种艺术最客观的方面，但事实上更多地关注的是艺术表现的手段，而不是其目的或实质。莱辛提出，如果说，绘画的手段是空间中的线条和色彩，诗歌的手段是时间中清楚表述的文字，那么很明显，绘画最适合于从事静态物体的处理，而诗歌最适合从事连续动作的处理；因此，要是走极端，在绘画中表现行动、在诗歌中描述物体，那么都是在颠覆绘画和诗歌的正统手段。我们不应该忘记莱辛为这一严格原则所限定的条件，也不要忘记他只出版了其计划论述的第一部分。他把绘画和诗歌的影响都归功于想象力。但他的意图是要通过艺术手段的差异建立明确的边界；他的《拉奥孔》是一部建立在对外部事实的了解和观察基础上、而不是对内部反应的研究的理性主义文献。

伯　克

在美学思辨领域，莱辛众多的前辈当中有两个人，就职业而言并非哲学家，他们因为关注个人现象而受众人关注，而在这方面，莱辛却没怎么向他们请教——他们是法国的杜博斯和英国的爱德蒙·伯克。杜博斯确认各种艺术的差别是受到它们的表述符号制约的；但他依据它们对感官的作用来比较和评价不同的艺术，并因此为纯印象主义批评扫清了障碍。伯克不同意这位法国人的评价，他也没有以任何方式模仿杜博斯的著作，不管他对它多么尊重；但他在很大程度上赞成杜博斯对审美形成机制的看法。而且，正如杜博斯将头脑渴望想要受到某个东西的刺激看作艺术兴趣的主要动机一样，伯克在我们两种最强烈的激情——爱与恐惧中发现了艺术尝试的主要目的的定义：美与高尚。伯克不太会被绘画所打动。他说，这门艺术，它的目标是表现美，对我们的激情没有多大的作用。但他对诗歌很敏感，并坚称它的作用并不取决于唤起可感知形象的力量，它能够以一种模糊的、高尚的感觉引发激情，严格说来，它不是一种模仿的艺术。

鲍姆加登

尽管得出结论的过程不同，但伯克在诗歌领域的论断，就其消极的方面而言，跟莱辛是一模一样的：详细的文字描述不适合用来对物体进行生动的描述。尽管是很粗糙和唯物的，但伯克的《关于崇高与美的观念之起源的哲学探讨》对于将美学作为哲学来进行的研究来讲，是一部杰出的引言。然而，这一学科真正的创立者、并为其命名的那位哲学家，是德国的一位跟伯克同时代的人：亚历山大·戈特利布·鲍姆加登。

鲍姆加登信奉莱布尼茨和沃尔夫的一元论体系，是位头脑清醒的思想家和诗歌爱好者，但对艺术造型鉴赏并不在行，他着手弥补先辈们在灵魂的低层次能力（即感官）的逻辑中所留下的空白。他关于美的理论是具有普遍性的；他把美定义为对感官知觉的完善；但坚持“如诗，如画”这一准则。在他的理论应用中，他并未超越将诗歌作为典型艺术来对待的范畴，和伯克一样，认为它比绘画更高级。他把诗歌定义为完美的感官语言。弥尔顿说，诗歌比散文更简单，更依附于感官，更富于激情。而且作为美与诗歌的定义的那种完善，是客体内部以及客体与敏锐的灵魂之间的一组和谐的关系，是可以通过领悟力进行认知的，尤其是其中的感官使我们能够清楚地认识到它、牢记广泛的清晰明了与集中的特异性的区别。因此，一首诗之所以被称为诗，不是因为其精确的“模仿”，不是因为其观念的高尚，不是因为其形式的优雅，而是因为其充满了感染力，这种感染力具有对人与其物质环境（也就是说，是因为可以直观地感知到的真实）的接触做出直接响应的机能。

席　勒

鲍姆加登的学说被莱辛的朋友门德尔松所采纳；它为《拉奥孔》提供

了一些基本的预设前提，并一直坚持到了康德和席勒的时代。康德，作为分析家和理性主义者，倾向于把理性、感官和道德的领域分隔开来，把这三者全部称为主观判断。但他的弟子席勒，尽管被道德激情所激发，却希望为美的理论找到一个客观的基础，使得美学成为科学与伦理学之间的中介物，让美得到更完美的头脑、心灵和意志的认可。和莱辛一样，其《论人类的教育》意味着逐步从导引绳的摆布以及从对受过训练的天赋能力的完全依赖中摆脱出来——席勒把美学教育构想为这样的一个过程：把人从感官的束缚中解放出来，引导其通过文化达到更完美的自然状态。在这种状态下，一如希腊人那样，真与善应该披上美的外衣。文明是通过专门化（即劳动分工）赢得的；它对于社会来说是一种获益，但付出的代价却是丧失了个人生活中力量的协调发展。美丽的灵魂渴望恢复平衡。即使这种平衡在现实世界不可能实现，它在表象的世界也是可以达到的。在这种状态下，人的心智可以自由地追随美的形象，并赋予这一形象以它所有的知识财富和精华——不是为了任何不可告人的目的，而是遵循一种与生俱来的冲动。因此，对完美的人性来说，诗人是唯一的现代代表，以他所有的力量（智慧的、感官的和道德的）齐心协力实现某一理想。

文学批评的构成

欧内斯特·伯恩鲍姆

在前几讲没有讨论过的批评随笔当中，最重要的是雨果、圣伯夫、勒南、泰纳和马志尼的文章。由于他们的学说与之前阐释的内容有密切的关系，因此，在这里用这一方式表达其思想是适宜的。这个系列的批评随笔都堪称经典，不仅因为他们的文字涵盖了文学的重要学说，而且因为这些文字本身就是文学作品。这些随笔既让我们愉悦，又使我们受益匪浅。它们与新闻书评和迂腐研究的不同之处在于其艺术构思。它们是通过什么方法产生艺术效果的呢?

一种强势的观念

圣伯夫引用的一部作品的标题间接地表明了文学批评的内涵。标题如下："一组关于随笔作者米歇尔·德·蒙田的、未经编辑鲜为人知的事实，关于他的家庭、朋友、仰慕者和批评者的书和其他作品。"圣伯夫、泰纳及其他大师从未向我们呈现过一本"文集"。他们把已知的众多事实整理为一套系统，并用思想来支配它们，这一思想虽然复杂但是条理清晰。我们大多数人是通过精读一位作者的作品而产生了一大堆杂乱无序的印象。但在真正的文学批评家心里，杂乱就变成了有序。勒南在其《凯尔特人的诗歌》中的一句“让那些不复存在的种族再次发出声音”，让我们听到的不是混乱的语言，而是一种明确的统一的民族话语——悲伤、温柔又极富想象力。雨果在他的《〈克伦威尔〉序》中，研究了非常复杂的浪漫主义运动，从中可见荒诞与崇高的和谐统一。圣伯夫用简明扼要的定义，回答了“什么是经典？”这个笼统的问题：一部用美和独特的风格揭示出永恒的真理或情感的作品。马志尼把拜伦描绘成为一个主观的个人主义者，而歌德却是一个客观的个人主义者。泰纳在其《英国文学史》的序言中用“种族、环境和时代”这几把钥匙解开了文学发展之谜。我们暂且不去关心这些学说的真实性。对于我们来说，重要的是这一篇篇长长的随笔可以用一句话来总结；因为每一篇随笔都在用一种强大的思想来理解和表达一种观念。

当一位批评家已经构思出其随笔的主导思想时，他仍然面临着表达不清楚自己观念的危险。他的知识越丰富，他就越是忍不住引用和其主导思想相关性不大的事实。但是最伟大的批评随笔作家能抵挡这一诱惑，使所有的细节都服务于总体设计。雨果在概述世界文学的发展时，只选择了那些能预示浪漫主义时间性的阶段。圣伯夫和马志尼在处理蒙田和拜伦的生平时（他们的生平叙述了很多有趣但不切题的事情），只提到了那些能够阐明他们对作者看法的事件。

有序的安排

在材料的安排上，同样的意识艺术也得到了体现。在泰纳和勒南的随笔中，每一个部分都是随后一个部分不可或缺的坚实基础。勒南先描述了凯尔特人与世隔绝的生活方式，再由此描绘出他们的民族性格特征，于是，我们很容易发现凯尔特文学的不同分支。泰纳随笔写作方法的逻辑性是很令人钦佩的。他告诉我们，为了理解文学的发展，我们必须先了解“看得见的人”，再了解“看不见的人”，然后是决定人物性格的种族、环境和时代，最后再确定这些因素以怎样的方式分配它们所起的效果。这就使我们在未知领域的前进过程变得容易：没有要求我们从一点跳到另一点，也没有要求我们原路折回；我们的向导引领着我们沿着他的发现之路一步步前进。

例　证

一个稳定持久、得到系统论证的观点是每一篇伟大的批评随笔的基础，但是，它像一切抽象概念一样，如果不频繁使用生动例子来说明，这样的观点就会显得枯燥乏味甚至莫名其妙。符合逻辑的东西就像花朵一样，必须在生动活泼的氛围中才能盛开。可即便是伟大的批评家有时候也会忘记这一点：马志尼作品中有一两个段落，如果能够引用歌德的作品，进行更充分的说明，那么就会更有说服力；雨果的作品中，唯一让人觉得兴味索然的地方，就是他描述浪漫主义诗歌的特点而没有给出例证的部分。不过这样的失误是并不多见的特例。泰纳是这些人中最理性、最少感情用事的一个，他要求必须给理论的骨骼填上血肉。为了说明他所说的“看不见的人”的含义，他清晰地描绘了一个现代诗人、一个17世纪的戏剧家、一个希腊公民和一首印度史诗。为了表现出凯尔特人对动物和自然的热爱，勒南讲述了库尔威奇和奥尔温的故事；为了解释凯尔特人的基督教，他详细叙述了圣布兰丹的传说。圣伯夫只用了几句话来陈述自己对古典主义的定义，而把剩下的篇幅都用来讲具体的古典主义作家。

这几位大师都具有巧妙引用的才能。圣伯夫引用了蒙田的“我喜欢一种流动、离群索居的寂静生活”，马志尼引用了歌德的“我允许客体安静地作用于我”，用作者自己的话来阐明和加强批评者们希望传达的感想。雨果那篇随笔有着让人惊讶的效果，原因就在于他恰到好处地引用了亚里士多德和布瓦洛的话，这些引用看起来就像是那些伟大的古典主义者已经被说服，站到了雨果的浪漫主义一边。

文学作品不是例证的唯一来源。泰纳一直坚持认为，文学作品有一种能够改变民族性格的精美雅致，他把它们比喻成了物理学家的灵敏工具。雨果的比喻特别地频繁和巧妙，他写道："如果要用隐喻来阐明我们冒昧提出的那些观点的话，我们会说，早期的抒情诗歌是平静的湖泊，它映出云彩和星辰；史诗像源自湖泊的溪流，它向前流淌，倒映出堤畔的森林、田地和城市，直到汇入戏剧的海洋；这戏剧的海洋如同湖泊，可以倒映出天空，又如同溪流，映出它的堤岸；但是只有它才拥有暴风雨般的力量和不可测知的深度。"他把诗人比作"一棵随风而动、受露水滋润的树，诗人的作品就像树上结出的果实。为什么要让一个人自我依附于一个主人，或者说为什么要把一个人自我嫁接到一个模式里呢？与其做傍大树而生的蘑菇或苔藓，还不如荆棘或蓟草，与雪松和棕榈一同吸收土地的滋养"。在马志尼对拜伦和歌德的比较中，他一开始就对比了暴风雨中勇敢地翱翔的阿尔卑斯猎鹰和在激烈冲突的环境仍旧安静呆钝的鹳；勒南一开始便向我们描述了典型的布列塔尼风光的色调，以此给他的凯尔特文学的观点做铺垫。他的理智先勾勒出了清晰的轮廓，他的幻想和想象再用鲜明活泼的色彩为它着色。

观点的比较和冲突

借着这些手段，一篇随笔可以很清晰地表达观点，让人读起来十分愉快，但仍旧缺乏力量。一位娴熟的批评家为了使他对一个作者或一篇作品的看法更加有力，总是借用比较来表现其对象的特征。马志尼的那篇随笔，之所以光彩夺目，主要是因为它在拜伦和歌德之间所做的鲜明对比。勒南通过强调法国人的《罗兰之歌》与凯尔特人的《佩雷德》之间的区别，以及温柔的伊索尔特与"斯堪的纳维亚的复仇女神谷德伦和克里姆希尔德"之间的差异，有力地证明了他的关于凯尔特文学的个性的学说。雨果描述了古人的简单质朴，从而让我们更加确信现代生活的复杂。如果一个批评家没有遵循这一原则，那么对于他的随笔，我们可以如此评价：“这些观点无疑十分清楚，也很有趣，但它们有什么重要性呢？”伟大的批评家不会让我们平静地无动于衷；必要时，他们会成为好战的批评者。温雅如圣伯夫，也会斥责那些“蒙田信徒”，因为他觉得这些人并不理解蒙田的精神。泰纳通过论及18世纪批评方法的缺点，展现出他的方法的新颖性和重要性。马志尼谴责了拜伦的敌人以及那些误解他的人。而最突出的是雨果，他向人们展示了如果让一个人的观点与其他人的观点相碰撞，这种做法将产生很强的刺激作用。他称自己的文章是“对付古典主义这一庞然大物的投石器和石弹”，通过让自己的对手说出反对意见，他的作品具有了强大的战斗力。这种方式能够使批评随笔在清晰的基础上更添活力，从而唤醒我们的头脑，让它得到更多愉悦。当我们意识到他们是多么巧妙地将逻辑、想象和情感融为一体的时候，我们便会明白所谓批评和所谓创造性文学之间的区别是多么肤浅。出色的批评其实也是富有创造性的，而批评文章的写作也是一门高尚的艺术。

教育篇

Education

总　论

H. W. 赫尔姆斯

在对当代教育的所有有益的思考中，有一个重要事实需要申明，那就是，教育已经成为一项公共事业。如果仅从个人的角度——个人的利益以及个人的发展——来评价教育的话，那就忽略了教育对于推动和促进文明方面已取得的成果，也是对所取得的明显进步的否认。公立学校的扩大是教育方面做出的显而易见的成绩，这已得到越来越多的人的肯定。这种肯定很早以前就公布过了，社区的每个孩子都接受教育就是最好的证明。教育是人们普遍关注的事业，因为每个孩子都需要接受教育。教育通常不会迅速获得明显成效，因此，人们对教育的成效反倒不那么关注。不仅孩子们会这样认为，他们的父母也这样想。从成效的角度讲，人们对于教育是很宽容的。

现代理想的社会属性

事实上，随着城镇化进程的加快和新发明的出现，时空已经变得狭小，现代生活的一些特性已经越发凸显出来，人们不得不急切地采取行动以适应现代生活。现代生活的一个显著特点是人与人更加相互依存。越来越多的人认为，生活不只是为个人，而是为大众的共同利益。这不仅是因为地球上人口的增加，而且也是人类进步的基本条件——不仅对个人，也是对社会而言。如果现代生活最终不能提供一种强大的、服务全社会的能力，那将是一种落后且空乏的文明。一个现代人需要能够以正常的关系与他人乃至所有人和谐地共同生活在一起——不是以遵循风俗习惯的方式，而是以超越个人利益的方式，为相互融洽的社会福利做贡献，甚至以造福全人类的方式。在教育学生的过程中，只强调共同利益多么重要是不够的。教育的整个过程就是使学生成为与他人和谐生活的一员。仅说人类的共同利益是不全面的。教育的真正作用应该是，培养孩子在生活中成为有益于他人的人。

这就是大额的公共事业费投入到学校、图书馆、博物馆以及其他教育机构的缘由。文明社会将教育作为其固有事业的一部分，不是慈善，而是一项不可或缺的公共职能。学校得到税费的支持，才能实行义务教育。国家拥有制定办学标准的权责，甚至对私立学校实行监督的职责，并号召所有公民全力支持这项保护和发展人力资源的事业。国家认为每个纳税人都应该通过支持教育来担负起改良社会的职责，就像通过其他公共事业直接支持社会改良那样。在关于教育的问题上，当个人利益与公共利益相悖时，应该更加注重公共利益。教育方面尤其依赖公共政策的支持，国家、政府、社会秩序和公共事业发展的制定与实施都会对教育有长远的影响。因此教育问题是比较复杂的公共问题。

然而，现代生活致使个人的全面发展成为难事，因为相对于过去，当今时代孩子们的生活范围，在某些方面已经变得非常狭窄。要保证学生的身体、智力、想象力、同情心和意志得到充分锻炼，这本身就是一项艰巨的任务，这需要洞察力、精力和多方协作，当然更离不开资金作保障。然而仅仅为个人的能力、才能和体能提供正规的培养，丝毫不能解决教育方面的问题。而且，仅仅只针对某些或者少部分人进行的教育，是不完整的教育，是不应该被提倡的。

教育问题客观存在，并不抽象

首先，有这样一个问题：在实际的教学中不适宜使用“身体、智力、想象力、同情心和意志”这些术语，因为这些都是抽象概念，常常会引发一些意想不到的、毫无意义的争论，造成精力的浪费。没有哪个学生会成为所有教育工作者的智慧的结晶，学到放之四海而皆准的知识。但是，即使我们发现某个学生有可塑造的特殊潜能，我们能对他实施有效的培养，也并不表明我们一定能教育好他，因为上述因素只是教育的一个方面，教导学生如何使用自己的才能在教育中也是同样重要的。教育的内容应该是给学生指明社会的发展方向和社会的重要性，这也是学校、课程、专业的主要方向。古代有句教育名言：“我不管你学什么，只管你学得好不好。”这句名言给人们造成极大的误导——好像掌握一项技能就能造福社会，其实不完全是这样的。我们还要看他所掌握的技能是不是有利于社会和公共利益。无论专业“培训”什么“能力”，不外乎就是信息、理念、理想、原则、观点、方法、兴趣、热情、目的和同情心。这些决定了教育的主要价值所在。这就是一个人接受教育后应学到的内容，它有助于多数人确立自身的社会地位、职业、爱好和为社会提供某项特定服务的可能性。

基础课程的相关性

因此，教育方面存在的问题不止一个，而是很多。在所有儿童接受教育的头几年，他们都需要相同的智力体验，至少需要到学校上学。“基础课程”就是每个人都应该掌握的学科。然而，在基础教育阶段，教育首先面临的挑战是面对儿童复杂的个体差异——聪颖的、后进的、受到良好培养的、被遗弃的，在设立教育目标、方式、课程上，必须考虑到上述这些差异。教育第一线的工作人员以及学生应该清楚每一学科应该掌握到什么程度，比如每个人应该掌握的算术或地理方面的知识包括哪些，并且有相应的考核标准，以便老师和学生用来进行考核。

除此之外，随着教育工作的深入实践，每门学科还需要根据社会对本学科的意见进行适当的调整。需要对学习每门学科的目的和掌握的范围不断地做出新的界定。这些新的界定必须根据提供公共服务和公众生活的实际需要而做出，而不能以完全掌握该学科的标准去界定。教育是为社会发展服务的，而不是为了单纯的学术研究而存在的。

此外还有一个重要的问题，那就是不能长期把所有的学生置于教育的同一快车道上，至少应该在童年期、青春期和青年时代进行必要的分流。学生的天资和家庭经济条件的差异迫使学校、课程和班级进行初次分流。随着教育的深入，应该有更多的分流渠道，以帮助那些无法继续进行体制教育的学生实现后续教育。社会需要多元的教育，因为社会需要各个领域和层级的人才。社会既需要思想家，也需要优质的劳动工人。没有一种“通识课程”可以提供全能教育。

在教育体系的设计中，需要为每个学生找到最有利于社会公共利益的教育方法。只为所有儿童提供一种统一的、最少量的教育，是不能实现社会公共利益最大化的。仅仅把教育局限在阅读、写作、算术上，或局限在那些已被公认的必修课和其他诸如此类的通识课上，是远远不够的。公众利益不是只通过初等教育就能得到满足的。在初等教育完成之后，为每个学生提供后续学习的机会，使之发挥出自己最大的潜能，实现最大的效率，是必需的，而且是必要的。因为只有公民在他自己能够发挥的领域具备一定的职业素养和技术水平，才能实现教育的公共利益。国家需要工业、商业、艺术、科学、哲学、宗教、家庭生活等方方面面的人才，对每一个公民的教育就是为上述的方方面面源源不断地供应高质量的、合格的人才。

教育依然是为数不多的能够永久消除危险政治的办法之一。对于民众来说，信任教育机构是对教育最大的支持。而公众的支持又是一个国家的教育能够获得良好发展的重要的、基本的条件。良好的教育又可以帮助公共获得良知和对于社会的理解力，而这些又是推动社会发展的重要动力。无论如何，私人办学的积极性将长期受到重视和鼓励。国家也将把特殊学校和中等学校留给私人去办，从而使政府自身的职能得到更好的落实。

教育目标的社会性

教师和学校管理者们发现，接受教育者的个性、思想、行为、习惯、情感表达、家庭背景、宗教信仰等方面具有巨大的差异性。即使针对同一个受教育者，在这个人不同的成长阶段，教师也要接受巨大的挑战。因为这些还没长大的孩子，每一天都在变化。开始的时候，他们马马虎虎，后来又因为太熟悉而变得容易激动和不顾权威，他们昨天还很开朗，今天就变得敏感。如何教育这些完全不同的孩子，使之找到自己的优势，发挥自己的特长，增长自己的能力，实现社会价值，这无疑是一个巨大的挑战。

为每个普通人——不管他的天赋、性格、经历如何——提供知识和能力的引导，使之获得自信，得到快乐和感受到自己的价值，进而生活以及对社会有意义，这就是教育要解决的问题。人们要怎样才能获得满足公众利益所需要的智力和技能？这些能否在学校获得？为了获得智力和能力，需要办什么样的学校？上哪些课程？如何上好这些课？

如果教育是以社会公共利益为目标的，那么上述这些问题就是非常重要的。如果不以此为目标，那这些问题就不那么重要了。毫无疑问，如果我们仅仅关注个人利益，那么我们会更加重视这个人的理想。但是并不是每个理想都是有益于社会公共利益的。很多人的理想很崇高，但是却没有社会价值。比如成为一个隐居的教士，这个理想所产生的社会价值是很小的。教育只有与公共利益结合在一起时，才会成为一个重要的社会问题。比如，过去的社会要求女性学习舞蹈、手工刺绣等，而现在，时代呼唤女性掌握更多有关家庭经济、护理、慈善、办公室文员、医学或法律等方面的知识和能力，于是这样的课程在女子大学成为主要教育内容。

教育不能成为一种思想禁锢。从狭义的角度，教育的重点是对某项技能、某些知识的传授；而从广义的角度，教育还需要重视对学生的美感、艺术感、哲学、宗教等社会以及人类永恒的价值方面进行引导和渗透。我们不能仅仅为社会培养大批工匠，还必须在将一部分培养成工匠的同时，为所有人精神世界的提升做出持续不断的努力。教育要在二者之间取得平衡，而不能顾此失彼。

教育与自由

毫无疑问，教育不能创建自由。学习可以通过自主选择不同的课程以及教育体系来实现自由。自由的可能性和延伸性是社会和政治改革的直接产物。

同时，坚持主张所有学校都应开设人文学科是徒劳的。主张开设传统科目——经典名著阅读、科学、数学甚至历史——认为仅仅这些科目才能为自由提供可能的文化，也是错误的。学校必须尽量忠实地和直接地满足社会的需要，摒弃反对实践性和职业性学习的偏见。车间工作可能比希腊语带给某个男生更多的提高——教育必须是因人而异的。人文学科与职业教育的唯一差异就在一点：看到未来每个人都要面对生活。

对一个技术性职业的从业人员，需要进行充分的职业培训。一个人在家庭、社区、国家乃至教堂的生活都是一种教育，而且这种教育一点也不渺小。一个人若想有价值地使用时间，那么他需要一种称之为文化的教育。而某些教育，对于一个艺术家来说是职业教育，而同样的教育对别人来说则是一种文化教育。不管是职业教育，还是文化教育，都是有价值的。所谓完整的教育，就是使接受教育的人为他未来的生活做好充足的准备。他或许会通过自己学到的东西，维持一种关系，或者研究一些问题。教育是为一个人日后的生活储备能量。

我们对于教育的目标已经很清楚了，但是教育仍然会在相当多的情况下失败。失败的原因是多方面的。为了社会的公共利益，我们需要创建新的学校，开设新的课程，讲授新的科目，但这是不容易的。因为许多传统的教学，特别是中学、专科学校和普通大学的教学，已经偏离正轨。它们是在教育目的不明的情况下创建的，学生们原以为可以通过教育获得的“学科知识”却没有获得，也不能带进成年生活中去。对于这样的教育机构，是非要大幅改革不可的。

在任何科目中，都应该渗入诸如态度、品格、能力等价值观的教育，并且要使学生将这些铭记于心，在成年之后，再将这些融入自己的实际生活中去。这是比任何单纯的职业教育更加重要的教育课题。但可惜的是，在传统的教育体系中并没有涉及。

道德教育主要靠人的感染力、正面激励以及在生活中所获得的正向体验。所以，审慎地挑选合格的教师、形成一套凸显道德感和价值观的教育评价体系、在家庭与社会中大力宣扬这种道德评价体系，才能全面系统地对学生施加影响。显然，这不是一件简单的工作。

需要注意的是，对于道德观的教育而言，某些科目更加直接。某些科目通常更强调思维的习惯，强调对客观事实的独特观察，强调比较、分类和其他处理办法。这些科目强调独特的技巧、特定的信息、专门的观点，这种思维和处理问题的方法显然更有利于教育的目的。

教育还需要兼顾全面。不同的科目有不同的适用范围。在历史课上学不到关于缝纫的技巧，而科学课也少有农业的知识。所以，对于不同发展方向的学生，要精确设立课程体系，以便于他们接受较为完整的教育。

同一科目，由于讲授的目的不同，学生年龄及其能力和动机不同，教育收到的效果也有差异。夜校讲授文学的效果不同于在大学课堂讲授的效果。

按照教育的这一概念，它要求为人的生活的所有基础性活动做好准备，在已设置好满足各个年龄和班级需要的学校里，科目必须经过审核，内容需要重新编写。

职业教育

现如今，职业教育已经比较成熟和完善了，但仍有一些不足需要得到纠正。

此前很长一段时间，有些人担心职业教育会带来物质化和教育质量的降低，这种担忧是没有根据的。职业学校已经代替了师徒制的作坊式教育。以前，医生、律师和建筑工程师需要付学费跟着执业者进行学习，而现在，有志于此的人，只要进入相关的职业学校进行系统学习就可以了。

职业教育的出现，是社会变革的必然结果。社会需要大量专门的人才，而师徒制培养人才的效率是低下的，质量也是参差不齐的，这导致了专门人才的短缺。而规范化的职业教育，使教育的效率大幅提升，教育效果也大大提高，这是不容质疑的事实。

而且，社会通常大力提倡职业教育，很多人通过公共经费的支持而进入职业学校学习。再加上社会对于专门人才的重视，工匠已经像艺术家一样不再受到歧视，农民像哲学家一样不会被忽视，这使得很多有志于此的人放心大胆地接受职业教育，而不担心日后的就业和生活。职业教育因此而迈出了一大步。

如今，一些职业学校还开始了一些面向社会的技能培训，为那些普教、职教两个方面都可能进不了的学生，提供了大量的机会。在这里，他们会受到教师的公正对待，为此他们可能会摆脱卑微和压抑的心理，直到他们能够“学会一门手艺”，树立起正确的人生观，形成成熟的道德标准，养成一些良好的习惯，这对于他们步入社会无疑会产生积极的影响。

职业学校的类型和数量部分取决于经济效益。从长远看，社会对一个行业或职业的要求，与这个行业或职业所能够获得的回报是成正比的。比如，人们不得不花很多钱在学习医学这件事情上，但一旦获得从医资格，他的收入也是很可观的。职业学校的开设，显然是需要考虑这些因素的。

当然，我们不能要求职业学校必须为社会培养所有的专门人才，或者说每一个在职业学校学习的学生都能够很好地谋生。职业学校应该是基础教育的一个重要的补充，帮助那些在基础教育中分流出来的人们懂得以一种特定的服务来实现社会的公共利益。

公共利益要求教育者正确定义社会的需要和修正社会需求，而不是仅仅满足这种需求。设计职业学校体制需要设想一个更好的秩序。在这种秩序下，个人的利益与社会的公共利益取得了平衡，人们在实现社会公共利益的同时，保护甚至促进了个人的利益。

当然，一个职业培训应不应该开办，或者一所职业学校是否有存在的价值，还必须考虑在此学习的学生毕业后是否有能力谋生。如果不能使农业盈利，为何要办农业学校和农业大学呢？国家必须培训工人，有人买单的工作就应该进入职业培训的体系。

普教的必要性

普教是一个比较复杂的问题。

有些人认为，雇用童工是很经济的，所以儿童无须进入学校，他们可以在生产线上完成教育。还有些人认为，广泛开展职业教育，培养大量的普通工人、手工业者是很高效的教育。这些人认为，普通教育是没有必要的。

上面两种观点都是不人道的。教育不单纯是为了职业技能，而是为了培养素质更高的公民，是为了社会的公共利益，而不是为了商人或者其他少数群体的利益。所以普教是必要的，而且应该尽可能推行到所有孩子建立起健全的道德感为止。

普教需要注重孩子的成长和发展，不仅需要传授知识，还要促进孩子的全面发展。小学阶段的重点是手工劳动、园艺、缝纫、烹饪。童年时农艺是可以学的，因为儿童不能仅仅从书本上学习，还需要接受这些科目所提供的对身体、手和眼进行的训练。这些科目中还暗含了对于勤奋、诚实、刻苦等品质的赞扬，以及领导才能、自律等的培训，这些内容即便到了青春期仍有必要。但是，一般性的手工训练——使用真实的建筑材料进行的毫无经济价值的建筑工作，注定会失败的儿童玩具的制作，不缝合衣服的缝合练习，是没有多少教育价值的。纯粹的手工训练已经逐渐变成了有目的的劳动。在中学的课程中，手工课程也必须是在劳动领域有实际价值，进行某种手工技巧的实际训练，而不是做做样子。即使上大学的学生也要上一两门手工课，这样就可以拓宽经历，扩大视野，受到专门训练。

普教中的这种训练并不是职业教育。职业教育的真正目的是在特定工作中的能力训练——如培训印刷工、速记员、缝纫工、木匠、机械师、医生、律师、牧师、记者、工程师等。这种训练是要利用所学的东西谋生——艾略特校长称之为“生活—生涯动机”。教育的难点在于教育学生做合格的公民，担负在社会上生存以及生育下一代的职责，学会休闲，学会诠释人生。

教育只能强调通识教育的价值和尽可能地在课程中涵盖更多的科目，并以一种有效的形式进行。这也是在抵制过早专业化的趋势出现。

教育方面的经济压力

教育承担着沉重的社会责任。我们必须为尚未出现的社会境况制定配套的教育规章——为不识字的人开办夜校，为工人和售货员开办职业培训班——他们本该接受更长时间的普通教育，但因为各种原因而未能实现。我们还需要建立各种保障措施，让更多的年轻人接受普通教育，并且设立公共分配制度和奖学金，为有才干、有雄心的人提供继续教育的机会。

在教育领域，我们尽量保证公平和民主，坚决杜绝特权的产生和使用。学校应该坚决拒绝特权的使用，而不应该拒绝那些在中学时期因为错选了课程而寻求进一步培训的人去补课。

显然有一种需要，指导每个人进行一种最适合他的教育，这种教育能使他们过上最好的生活。职业指导只是“重新分配人才”中较大问题的一方面（此语虽为一位教授杜撰的，却有一定道理），并且最好是把教育指导作为它的一方面来完成。这种指导既要考虑普通教育的需要，也要考虑职业培训的需要。出类拔萃的能力无疑很少因为缺少顾问或权威而被埋没。教育指导既不会发现许多沉默寡言、蓬头垢面的弥尔顿，也不会将许多不受欢迎的济慈送进药学院去。但是，它可能会防止人误入歧途，这一点是大家所充分认可的。但是，如果一个人选择了不适合自己的路，教育指导也是派不上用场的。

如果学校变成所有人的机会之门和向社会提供服务的快捷之路，现在投入学校的经费必然会增加很多倍。我们必须记住，系统的教育就是学校教育。除了学校还有许多教育机构——比如图书馆就为教育做了大量工作——在社会公共利益得到保证的同时，如果能够将社会上所有有价值的教育活动组织起来的话，对于建立和健全社会教育体系，无疑是很有助益的。

教育发展路线图

关于学校教育，仅扩大学校的规模是不够的。很多学校已经太大了，但是体制却不够完善，这是不合理的。我们需要开办多种多样的学校，增设更加丰富和多元的课程，学校应该更小，班级人数也应该更少些，这样教师和学生才有更多机会进行面对面的接触。我们需要更多的教师，教师需要具备更高的学历并受过较好的培训——这些才是教育真正需要的。

要得到这些东西，学校和教师的理念必须转变。我们仍然把教学想得过于狭隘或者太模糊——如果我们把教师看成是知识的提供者，那就太狭隘了。如果我们把教师看成是一门模糊抽象思维学科的工头或监工，那又太含糊了。教师的任务必须重新规划并加以明确。教师必须成为学生生活的有意义的向导，不仅教好自己承担的学科，还要让学生明白为什么要学这门学科、如何应用这门学科知识，同时弄清学好学科的好处和学科的发展方向，以及学科的学习方法和价值。这使得每个教师都有更多的机会，特别是传统课程中传统专业的老师。教速记的教师只需把重点放在莫尔斯符号的技巧的讲解和速度的训练上，而教拉丁文的教师要准确地使用时态。每个教师的首要任务就是教好专业课，但是又不能把对社会的阐释和教育的应用全部丢给校长、家长、学校的小册子等去完成。如果教师的工作要得到公众更高的评价，他就得使自己的工作更有价值。

要使教学更有价值，就必须发展教学科学和教学哲学研究，就像医生研究医生的问题、政治家研究政治家的问题一样，教师需要研究自己的教学问题。教学问题同时也是效能问题和涉及人的命运的问题。任何学科都需要对教学方法进行科学研究和对其目的进行伦理研究。“我们怎样才教得好”的答案，部分取决于对“我们为何而教”的回答。这些问题最终也没有任何学科给出答案。这些问题可能以不同的措辞向任何学校或课程发问：“我们怎样才能把这事处理好？”和“我们为什么要把它处理好？”因此，教育实践中的所有问题既是科学的问题，也是哲学的问题。

小学教育

小学阶段，我们需要更好的训练方法——在习惯的养成方面要更为有效，像算术学习那样。要取得这种成效，我们必须借助于心理实验室的实验和学校对算术学习进步的精确测量。近两年，我们对什么是算术能力已经有了充分的了解，但是，我们仍然不能准确地知晓采用不同的教学方法的情况下这种能力又是如何发展变化的。每门课程的教学都深受缺少对教学结果准确记录之苦。我们缺少标准、基础测试及对我们所教学科的足够详细的心理知识。然而检测和实验主要适用于记忆性的工作和习惯的养成，这些东西不会很快向我们展示一门学科与其他学科的关联，或与学校围墙外的生活的关系，也不能为我们所教的学科带来活力，更不能为学生提供独立和合作的机会。它们也不能很快教会我们如何使知识变成生活之光。对小学算术课，我们需要一种社会哲学来指导我们对具体主题进行取舍，以证明对逻辑概念的轻重区分，训练掌握计算能力或对真实问题的操练是适合的。因此，我们在教授每门课时都需要重新学习，既要有精度，又得有宽度。

中等教育

在中学教育中，上述这种双重职责就明显得多了。我们需要将义务教育的学习期延伸到尽可能多的中学生的学习中去。因为到了中学，通常会有一大批学生选择赚钱谋生。但是我们不能轻易地把继续接受普教的学生和想去挣钱谋生的学生截然分开，因为那些想要赚钱谋生的学生仍有必要继续学习。我们应该开办多种形式的职业培训，帮助他们继续获得较为完整的教育。

政府颁布了一些法律来保障年轻工人继续受教育的权利。雇主们必须支持工人们通过业余时间完成教育计划以及相应的培训。这样的计划已经开始实行，并已证实既有效又人性。在加大教育供给的时候，对这些工人增加纯技能学科的教育比重，并通过科学的评估来测试这些人所获得的教育成果。我们需要在这种新的尝试下，带着新的目的，学会如何使用这些传统的教育方法（这些新的方式，如学习家庭卫生或个人卫生这些新学科那样），把许多形式的职业培训作为自选辅修课。

然而，在完全以普通文化教育为目标的中学，传统科目的教学目的和教学方法的问题需仔细思考和辩证看待。现代语言怎样针对某个具体的目的教学？为什么要教这种语言？如果教学方法能根据较完善的心理知识来进行，并通过课内外学习完整地检测的话，掌握这种语言会比用传统的教学方法效率高得多。假如我们能摆脱对普通学科的模糊理解，那么该学科的基本价值是可以更清楚地被认识的，也就能更直接地取得。把语言当作是表达思想和提高表达能力的工具来掌握——要达到这个目的，我们需要对基础信息进行分析，制定检测学习进步的精确的标准；外国文明赏析应被加到这门课的教学目的中去——要达到这个目的，我们还需要精选材料，加入对生活有更重要参考价值的材料。在这门学科和其他许多传统学科中，教师在连续不断地做出调整，从教师那里和从心理学家及受教育的学生那里，我们可以寻求到进步和改革。

对于教学方法的科学研究，要么借助于心理实验室的实验，要么借助于课堂检测，要么借助于准确的统计记录。但是上述这些只能为课程教学打个基础；教育方面的领导对教学目的的讨论，只能用术语做出一个新的阐释。关键在于老师的反馈——学校的教师必须使所获得的新的教学理念生效，或者证明其无效。如果他们坚持采用传统理念和已用的方法——就像很多人那样，特别是在私立学校——它们会阻碍进步。然而，如果匆忙或考虑不周地使用新的方法，也必然会导致同样的恶果。教师必须掌握所授学科的科学和哲学，并成为批判性的实践者；他必须思想开放，有批判精神并能提出建设性意见。

大学教育

持这种态度的小学教师和校长比中学的教师和校长更普遍；公立中等学校教师比私立中等学校的教师更普遍；在大学教师中持这种态度的最不普遍。对后者来说，要求针对他们工作中存在的问题进行专业学习和研究的呼声最高。大学教师最需要测试教学效果，对教学方法做可能的修改，重构教学目的，找到新的方法，最终达到教学目的。在美国，大学必须代表文化，然而它必须艰难地把自己从所选的知识领域的技术专门化的陷阱中挣脱出来——专门化本质上就是职业化。大学的教授必须是专家，专业术语叫学者。但是大学生，从自身的角度看，通常都不愿意、不喜欢那么专业化。更加透彻地学好一个专业领域而不是其他，从该领域中获得知识，走近知识的前沿，去感受建构知识的快乐，这些就是大学课程中最基本的构件。在大学，人们更加注重对知识的反思能力。

作为行为的典范，大学教师应该从科研中抽空审视一下自己的教学方法和教学效果，对教学目的进行不带偏见的讨论，这是在任何地方讲授所有学科都是必须弄清楚的。

弗兰西斯·培根

欧内斯特·波尔波姆

我们把弗兰西斯·培根尊称为现代科学的预言家和鼓动家。当浏览《新工具》末尾几页关于建立现代科学的长长的汇总表时，我们一次次地感到震惊。在预言的方法和成就栏中记录了培根对现在已经广泛应用于现代医学、气象学、工程学、航空学等技术和设备的精准的预测。然而培根本人却谦逊地说，关于科学的起源，他仅仅“给了地球一点点振动”。他确实不是具体数据的伟大发现者，从哈维到赫胥黎的科学家们嘲笑他的实验没用。即便是他所坚信的那种新的快捷掌握环境的方法，现在还被认为有点不切实际。然而他的《弗兰西斯·培根》一书，被奉为科学进步史上的丰碑。这丰碑服务于一个更为崇高的目标，也为科学家们指明了方向，带领科学家们朝前走，以一种新的敢于征服万难的精神、自信和合作的精神去寻找自己的路。培根的作品为后人徐徐道出一种信念：依靠共同努力，不久就会认识和掌控那些曾把生命当儿戏的物理能量（物力），正是这些能量曾使得人类长期处于贫穷、疾病及所有因自然环境造成的事故之中。狄德罗在他的《百科全书》的编写说明中写道：“我们亏欠培根太多，他当时推出了一个计划——编撰一部全球科学和艺术词典，可以说，当时尚无科学和艺术存在。在一个写出已知的历史都不可能的时代，他那超凡的天才却写出一本有我们必要学习的书来。”无论实验调查者们今天在哪里发现了新的自然规律，他们都越来越多地把物质世界划归于人类的福利，而培根的精神在其中起了不可低估的作用。

培根不仅专注于自然科学

培根在自然科学史中的显赫地位好像掩盖了他在其他领域的影响。然而，他之所以敦促自然科学的发展，是因为在他所处的时代，人类因为对于自然的不了解而处于无序或各行其是的状态，而不是因为他认为自然科学永远是最重要的。纽曼本人也没有像培根那样强烈地坚持这条真理——自然科学，尽管浩瀚，但不能完全满足人类的需要。在《学术的进步》一书前言第一部分中，培根恳求将科学发现应用于生活，不仅仅为了纯粹的科学真理，还要为清晰的精神、道德理念，以及精神的福祉。宗教和所谓的人文学科都得到了他的支持。《新工具》一书中展示给我们的，不仅仅是公共科研机构的模型，还有关于社会和个性的理念。他所勾画的理想国，并不像有的人误解的那样，是一个工业文明的国家，而是一个有信仰、彰显人的情感、家庭生活和艺术之美的联盟。

培根的随笔与其他作品的区别

在《弗兰西斯·培根》和《新工具》的前言中，培根认为世界就应该是他认为的那样和将会变成的那样。他在著名的《随笔》中有一个假设，不幸误导过许多现代评论家，并有可能掩盖他最著名作品的独特优势。他告诉我们，他认为我们已经有了许多充满热情的描述道德理念的书，而我们真正需要的就是那些理念，是可以在一定范围内获得的准确的言论，以及有关方法的言论，这些方法在日常生活中是可以付诸实践的。他希望在随笔中表达的是，人的生活不是应该怎样，而是实际就是如此。他说："让我们了解自己和我们想要的生活。"

培根并非愤世嫉俗者

答案是一幅反映人类的画，画的下端题写的是培根的一句很有个性的话："保持真诚真好！"如此精确而公正的人类生活的观察家，本能地遭到感伤派的厌恶，他们说培根愤世嫉俗、没有良心。比如，他们忽视了他现实主义的目标，转而纠缠他对爱情和婚姻的随笔，他们期待他高度赞扬爱情和婚姻的美好，结果他们感到失望而困惑，甚至有时对他们在培根的随笔中找到的言辞表示反感。情急之下他们大肆叫喊："一个多么冷酷、小气的家伙！他所说的所有夫妻之间的爱就是繁衍人类！"这些责备是不准确的。任何一位细心的读者，只要是没有受到对培根的真实意图的误解者的误导，都会发现培根在随笔中讨论的那种爱是"使人堕落毁灭、荒淫纵欲的情爱"，是对人们都认同的说法的责难。至于家庭生活（正如我所提及的，他在《新工具》中把它理想化了），确实，他在关于爱情的随笔中简要地提到过，但是，他并没有以嘲笑的口吻评价爱。他明确指出，作为一个清晰的事实，婚姻可能会妨碍出类拔萃者的雄才大略，但是，他认为婚姻还是优于只注重自身的单身生活。他蔑视那些把孩子仅仅看成是"账单"而不是亲情的保证的人，他把婚姻称为一门"人类学的课程"，也就是说，婚姻是一所善良的学校或一种人性的教育。研究人类生活在许多情况下的优劣势，以便弄清人类能力之所及和不可及，并以客观公正的方法和手段去做这些，这才是他的最主要目的。

培根是实践的倡导者

提出伟大而智慧的人生理念是一项崇高的任务，深入到一些令人困惑的客观实际中去也同样不易，但却是有用的。这两点培根都极为成功地做到了。他做过律师、法官和政治家，深知人生的悲欢离合，了解种种人性。他以天才的眼光观察同事，以勤奋的思考发现他们的动机，以科学家的精准记载他所观察到的事情。时光见证了他在一些社会和政治条件下所观察到的表面的变化，但是人性和人的交流基本上是不变的。他的准确判断给人留下深刻印象的事实，永远不会改变。时至今日，他仍然在实际生活中指导着他的读者。如果还有话要说的话，那就是，那些留意他的忠告的人不会犯错，可以肯定的是，他们比那些不了解培根的普通人犯错的概率要低。

培根如何训练思维

培根不只是引用实用的格言来丰富我们的知识，他还训练我们在面临各种情况时如何明智地思考。他的随笔，犹如一个一个的专题讨论，涉及实际生活的方方面面。他针对不同问题，提醒我们如何思考、如何解决。这种方法不同寻常，却非常高效。儿童爱用“好”和“讨厌”来判断所有人，而很多年龄大些的孩子爱用“都好”和“都不好”来判断事物。而培根告诉我们怎样系统地评判利弊，力求找出起着支配作用的原因。他在随笔中运用了这种方式来推理：“这件事在这方面是好的，在另一方面是不好的；它在这个范围内是有用的，超出此范围则是有害的。”

他对当今时代的特殊贡献

有些时候我们绝大多数人都是明智的，尤其是没被什么事物深深地吸引住时。但是要习惯性地表现出明智，则是极为罕见的美德。每当面临错综复杂的问题时，我们表现出无限的热情、渴望和自信，而非明智。有史以来，人性的缺陷、社会根深蒂固的丑恶，阻挠了圣贤的努力，我们希望消除阴暗的力量。我们太没有耐心去探明需要处理的那些具体事情，我们发自内心地讨厌那些干扰我们预想的事物。简而言之，我们不喜欢真理。

然而，培根告诉我们，知识分子是个人或社会道德进步的不可或缺的助手。他教导我们将真理引入理性的渠道，使其发挥作用。在他那个时代，他从迷信那里挽救了科学；在我们这个时代，他从感性那里挽救了道德。

洛克与弥尔顿

H. W. 赫尔姆斯

在教育史上，17世纪是一个硕果累累的时期。这是一个思想诚挚、品行高尚的时代，也是工作勤勉、成就卓越的时代。然而，整个世纪教育的进步都是零散的。对于教育，这是一个做准备的世纪。此时的改革者们就是经过大半个世纪的努力才取得了很少的一点成果，这点成果差不多都是当时的条件下所能产生的必然结果。

他们所处的时代是宗教、政治生活、哲学和自然科学都在重组的时代。欧洲的三十年战争和英国国内战争就是矛盾冲突的体现，在此冲突中痛苦和忧伤为现代宗教铺设下了宽容的基础。在美国，殖民地已经开启，英国与斯图亚特王朝的战争确保了政治自由的结束。欧洲大陆，特别是在法国，最后以不流血的方式发生了变革。在欧洲大陆，大大小小的专制统治得以巩固，对教育造成直接的影响。与此同时，现代自然科学在许多勇敢的知识分子和冒险家的努力下得以诞生，从开普勒、天文学家伽利略，到生理学家哈维。

弗兰西斯·培根是反对经院哲学的先驱和记者，他用新的观察实验和归纳推理的方法揭露了中世纪的错误和迷信。随着笛卡儿和其同僚们的作品的出现，开启了现代哲学。在一个精神和物质如此混乱的世纪，伴随着取得的这一点点实实在在的成就，在教育方面的努力受到如此大的鼓舞，还需要什么奇迹发生吗?

一个新的知识领域已经得到部分开发，但是教师们尚未进入该领域。就在后来的几年中，科学仍然很少被用到实现教学目的中去。一种新的方法已经被发现，但一种寻求真理的方法不如获得知识的方法，这是当时的普遍认识。一个新的普及教育的需要已开始出现，但是对17世纪的教师来说，民主还是乌托邦式的承诺，所以学校课程范围依旧很窄，方法仍是命令似的，教育还是特权者才能享有的机会。

约翰·布利姆斯里和查尔斯·弗尔等作家们，更在乎改进经典名著课程的教学，而非以教导和训诫的精神，或是以延长教育机会的方式，对学习计划中的基础课程进行改革。

夸美纽斯与《伟大的教诲》

在那个时代，有人开始梦想构建这样一种教育体制：这种教育体制是国家的，由国家出资；是义务教育，还是民主的；一个服务于全部人不同需要的体制，其目的是在对每个人的教育中实现其社会价值；这种体制最终能建立庞大的研究机构和实验场所，设有相同的研究生院作为职业培训，也包括教师培训；这种体制最终实现所有的学科都以科学的思想、自由的方法来讲授和学习，所有的学校（学院）、班级和科目均以自然而有意义的方法去选择和管理。

产生这个梦想和为之而奋斗的人就是伟大的教育家——摩拉维亚大主教约翰·阿莫斯·夸美纽斯。

洛克和弥尔顿的著述领域

有个事实不能否认：夸美纽斯的主要著作《伟大的教诲》是教育史上非常重要的文件，其重要性甚至超过了洛克的教育思想以及弥尔顿的教育论文。

尽管夸美纽斯的《伟大的教诲》被广泛褒奖，但在当时却鲜有人知。就连我们提到的后世的洛克和弥尔顿都不曾研读过。但这并未影响二人提出自己的教育思想。

我们在洛克的《教育思想》一书中读到了一篇关于一位绅士的儿子在家中接受教育的论文，该论文根据一位现代心理学家和一位道德哲学家的建议，结合当时的实际情况，做了一些改进。在《教育论文》中，也提出了一个教育方案，该方案是按照一位大诗人和热情的爱国者的充沛心智提出的要求，在更好的班级里得以实施。在以上著述中，我们既找不到对科学新运动的同情，也看不到在教育方面或整个过程中对民主的预见。我们不得不承认，洛克的教育观点已经落后了，但是作为短文，仍然是可读的和有益的。作为教育史上的一份重要文献，它现在仍被人反复提起。

弥尔顿论教育目的及方法

弥尔顿的散文的威力，在于他那开阔的视野，以及他在英国文学和历史的地位。他在《教育论文》提出了不少对现实有针对性的建议。

弥尔顿在《教育论文》中提出的教育目标是宏伟的："为此，我把它叫作有造诣且宏大的教育，这种教育就是要培养人能够公平地、熟练地和高尚地履行所有职责，不管是私人的还是公众的，不管和平时期还是战争年代。"现代生活的复杂性使任何个人目前都无望实现这个理想，这一点是很清楚的。然而也应注意到弥尔顿的教育理念与当代教育理念——教育是社会的，是一致的。

每个人都应该为担负生活的责任做好准备，而非培养成仅仅占有已取得的成就或知识的人。《教育论文》的核心思想就是：知识是拿来用的。弥尔顿恳求的“范围更广、理解更深刻的、更好的教育的第一原则”，须强调教育内容本身而非教育的形式。

按照弥尔顿惯常的观点，教育首先是通过文学，从拉丁文语法开始的，但是很快就过渡到所学书籍的内容和意义方面了——“美好事物的实质”，将成为人们看得见、摸得着的首要目的。这条建议现在依然有效。即使用得很少，但仍然不乏应用。形式上的抽象概念或专门术语极易妨碍教学，我们不希望大声地呼喊，不要向学生灌输“粗糙的概念和模糊不清的言语，而他们期望的是有价值的、悦人的知识”。

如果弥尔顿关于把国家科学院招收的青年学生培养成为掌握每门艺术、科学和专业的方案不切实际的话，我们也不必在这本简明扼要的论文集中寻找值得珍惜的理念。这是对有效学习的呼吁。

当今的知识可能来源于弥尔顿未知的地方，很多他十分珍惜的来源今天都不再重要了，但有用的知识，无论现在还是过去，都来自于现实生活。《列西达斯》和《科马斯》的作者不能因为忘了格式的要求而遭到责备。因此，我们可能更多地注意到他们，他们警示我们要反对向初学者使用“知识抽象”，如仅仅学习词汇等诸如此类的东西——此类东西最好别学。欣慰的是，这是现代教育做出的一次努力，从最初教阅读、算术到大学最高层次的学习，为了使知识服务于生活，也让生活照亮知识。

洛克论绅士教育

在洛克的《教育漫步》一书中，我们未发现像弥尔顿在《教育论文》中那样详细的方案。然而洛克也曾勾画出了整个国家的教育体制，这里他只论及绅士子女的家庭教育。这暴露了洛克轻视学校教育而重视家庭教育的保守思想。他蔑视当时的学校，并提醒人们谨慎选择家庭教师。由于洛克当时的学校现在已经有了很大的变化，他愿意立即修改他对这点的看法，就如他对其他地方的看法一样。必须承认，洛克那时并不是具有现代意识的儿童心理学的学生，也不是学习儿童普通心理和生理发展的学生。因此，他在养育孩子方面的建议，主旨是好的，却不能安全地逐一效仿。然而，对我们来说，洛克的短文的主要意义，在他那由儿童父母和教师实施的道德纪律教育的设想中。自从他成为一个善于观察、经历丰富、原则明晰、富有人类同情心的人以来，他在这方面的论述便值得认真研究。

洛克提出的忠告的要旨可概括为：丢掉棍子，除非是万不得已才用；抛弃责骂、威胁、规则、奖励、讨论和劝说；通过给予认同和关爱，培养孩子正确的思想和行为。当孩子的行为得体时，给予一般的优待；当他做错事时，对他表示不赞同、不喜欢，并取消给予娱乐和陪伴的优待。但是家长要学的是在使用这条规则训练时应注意道德方式，就是说，直接参照孩子的动机和意愿，不能仅仅考虑他的行为对外界的影响。洛克实际上力劝使用一种稳定的、一致的、同情的、平心静气的道德力作为引导儿童养成好的行为的最可信赖的教育方式。他想让儿童们学会：爱该爱的，恨该恨的，将此作为首要的习惯，也作为认定他们成熟与否的理由。但是从一开始他就想让儿童们的行为不要仅仅与外界要求保持一致，而是以一种乐于采用那些表达清楚的行为标准行事，随着时间的推移，这些标准也能被解释清楚。为了达到目的，洛克总是把教育权威作为道德代理人。

在洛克的话语中蕴藏着智慧。即使现在已经有了更多有关儿童天性的现代理论，家长几乎找不到优于洛克讲过的在家中紧急情况下进行道德培养的基本原则。所有的道德培养都不容易，因为它要求好品质和准确的判断：对“家长的培训”也像对儿童的培训一样难。尽管现代作品中有了许多关于儿童生活方式的描述，这一点约翰·洛克当然全然不知，但是他以他的方式提出的实实在在的基本理论，后来以不同的方式得到了广泛的应用，收到了同样的效果。

关于学习，洛克赞同弥尔顿在《教育论文》中的基本观点。对于拉丁文的学习，他谴责过于强调语法学习，应代之以扩展性阅读。他也赞成手工艺制作培训要与书面学习相结合，这一点与弥尔顿提出的在实践活动的各方面向执业者学习的方案相同。但是，洛克的观点个性化，而弥尔顿的观点却针对全国，这一点是根据以下这个事实得出的，事实是：弥尔顿在公共事务中认真地使用知识和技能，所以总是以实干家来教年轻的知识分子；然而，洛克却把手工艺主要看成是绅士们的业余爱好。

在有一点上，洛克是完全被误解了。人们一直以为他是一位典型的正规学科信条的倡议者——该信条信奉“学习是可选择的”不是因为其客观有效性，而是因为在智力的培训中或者在培养一种光是定义就足以令人费解的（实际上完全是虚构的）“综合能力”的过程中，可能获得的假定的效力。关于记忆的培训的文章就是明证，该文中，洛克并没有那些观点——它们完全是被强加给他的。他确实主张知识和道德学科是必要的，但是，仅限于培养思维和意志方面。

以上这两篇短文记述了许多异于现代思想的风俗习惯、标准和传统。它们中所取的人名和书名，大多数现代读者闻所未闻。文章的作者未吸收当时最有远见的概念和理念。然而，这些东西现在已被公认。我们也必须承认这些短文对我们来说基本上仍然是新鲜的和有价值的，一定会从他们的智慧中受益——如果我们可以的话。

卡莱尔与纽曼

弗兰克·威尔逊·切尼·赫西

维多利亚时代早期，震撼英格兰的最强声音，当数纽曼和切尼。前者是再次点燃中世纪教堂蜡烛的温和派牧师，后者是感情奔放、成就卓著的苏格兰农民。即使现在，我们仍然能听到他们的声音，注意到他们在相貌、姿态、语气和方法以及对他们那一代人的要求上的巨大差异。马修·阿诺德在牛津对纽曼的描述永远铭刻在人们的记忆中："谁能抵御那个精神幽灵的魔力，在午后暗淡的光线中飘行，穿过圣·玛丽教堂的走廊，升上了讲坛，用最能引人入胜的声音，以宗教音乐、歌词和思想打破沉寂，那就是这宗教音乐——低沉、悦耳、略带悲伤。我仿佛仍然能听到他（主）在说：'经历了狂躁的生活，饱受了疲倦和病痛、战斗与沮丧、厌倦与焦躁、奋斗与成功之后，在国家经历了动乱与危险的变迁和机遇后，最后终归不过一死，上帝的王座上终归会空位，最终享归天主。'"

现在我们介绍另外一位（在凯若琳·福克斯的报道中写道）："不多时，切尼来了，他看上去似乎感觉到身着华丽的伦敦听众们几乎不能让他作为一个普通的演讲者走上讲台。他身材高挑，看上去很结实，脸上带着坚毅和朴实，充满了不屈不挠的力量，神采飞扬，没有阴霾，一双炯炯有神的灰色眼睛里闪烁着智慧的光芒，深深藏在两道浓眉之下。他风度恬静，但他的演讲令人心悦诚服，他还有许多许多话不能讲出，极不适应讲给不知情者听。当这位英国人的美感或真理得到听众的大声呼唤雀跃时，他会不耐烦地、近乎轻蔑地挥挥手，似乎在说，这并非是真理所需的敬意。”

这个人突然振臂大声高喊：“我们不要这样混乱的世界。看在上帝的份上，工作吧！把你身上最大的能耐，使出来吧，然后，加油，加油！无论你正在做什么，全力去做。工作就在今天白天，当夜晚来临，无事可做。”

纽曼与牛津运动

纽曼和切尼所从事的工作全然不同于他们的性格。纽曼一生都在激烈的神学论战中度过。他是牛津运动（1833—1845年）的领导者，激发了牛津运动的精神力量，该运动自《大港的时代》问世以来，常被叫成牛津运动者运动。这是一项伦敦教堂内部为了复兴天主教义的运动。这些教义仍能在祷告书中找到，这些教义就是使徒传统、祭司制度、圣礼制和耶稣现身圣餐会。他们认为，圣公会教堂急需热情。

《鼓舞心灵的口才》就是纽曼献给牛津运动的礼物。日复一日，年复一年，他的说教和福音加快了人的精神升华。一种神秘的崇拜云集一身。“在牛津大学奥利尔学院的巷子里，心情愉快的大学生会大呼小叫：‘纽曼在哪儿？’”在纽曼的眼里，基督教堂就是“非可视物质的具体代表”。为了把教堂的象征意义带入无限的遐想中去，举行宗教仪式盛会是完全必要的。教义，远非《圣经》传说中的刑具，而是由权威竖起来反对刑具的，是用于保护原始基督教的精神的。

纽曼在罗马教会的神学和加尔文神学教派之间采用中庸之道——保护英国国教。纽曼和他的年轻的追随者们渐渐地相信，权威和永恒的天平是向罗马教会这边倾斜的。在第39章的天主教义的第90条，新教会的壁垒，掀起那教派的一阵反对声。最终在1845年2月13日，教士集会上出现了戏剧性的场面，牛津运动被扼杀了。纽曼离开了中庸之道进入了亚比古道，参加罗马天主教。若干年后，1864年，他被卷入一场与查尔斯·金斯利的论战中。在此期间，他写了他的宗教自传《生命之歌》。这本著名的书，虽然不能说它是对金斯利反罗马教会的罪名的有力反驳，但也是对纽曼的诚实和高贵精神的成功辩护。

切尼与他的信条

切尼对纽曼毫无同情之心。切尼曾说："约翰·亨利·纽曼的智力还不如一般个头的大白兔的智力。"切尼自己一生致力于书写伟大运动的历史，如法国革命，以及大人物的传记，如克伦威尔和腓特列大帝。他大声怒斥社会的邪恶。他更加关注用书籍、缄默、工作和英雄，来鼓舞和净化人的心灵。"书中自有所有过去时代的精神。""缄默是男人的永恒天职。""工作就在今天。""全世界的历史，实际上，就是曾经在那里做过事的伟人的历史。"你会发现这些信条被收集在爱丁堡的就职演说中。圣人切尔西在对乔治·梅雷迪斯的一段最耀眼的评语中写道："切尼常常站在他所讲的永恒的真理那里……预言家的精神在他身上得以体现……他是大不列颠最伟大的人物，不仅在他所处的时代，就是后来的英国风云人物也无人可与之媲美：'是泰特尼克，不是奥林匹亚；是挑石夫，不是塑造家'。如果他的作品不够完美，他会以闪电般的速度提笔毁掉那些非凡的画，并加上一句刺人心肺的话。"

无意识信条

在气质、说话方式和生活上迥然相异的人会不会有相同的思想或信条呢？这是维多利亚时代最大的悖论，他们的神秘心灵，他们的信条的来源和支点，是同一个主导性观点。同样的观点引导一个人坚信最旧的衣服是有价值的，却引导另一个人将其抛弃。这种主导原则就是“无意识信条”。

切尼首次在他的短文《特性》中阐释了他的信条。他说：“那些思想确实坚强的人把信条看成智力、道德，或反过来说，也绝不会与力量有关联；在这里若按健康术语来讲，就应该叫作失去意识。”

在我们的内心世界，如同我们的外在世界那样，无意识的东西就摆在我们眼前。这些无意识的东西不是动态的，也不是没有活力的。可以说，我们的思维仅仅是可以变成清晰思想的最表层的东西。在争论和有意识的论述之下，还存在着沉思；在我们宁静而神秘的内心深处，还蕴藏着强大的生命力。无意识的事物是可创造的，它们不是被制造和加工出来的。因为制造是可理解的，却是烦琐的；创造是伟大的，是不可理解的。我们首先应该弄清哪些是直觉的、哪些是无意识的。比如，我们对健康的理解不是合逻辑的，也不是善辩的，而是直觉的。表现正常的特征当然是自发性和潜意识性：“健康的人不知道健康，只有生病时才知道。”

基于这个观点，切尼为他的关于工作和英雄的信条打好了基础。凭借工作，自发性的自我有了得以表现的机会。英雄就是那些自发的、诚实的伟人，时代的精英就是那些集众人之思想于自身的人。

纽曼同样坚定和彻底地相信潜意识的威力。在他论“显性的与隐形的”的演讲中，他用“隐形的原因”指出“潜意识的沉思”——“推理是我们内在的一个活生生的、自发的能力，但不是艺术。”后来他又说：“进步是一个成长过程，而不是一个机械装置。它的仪器是脑力行为，不是学习语言的规则和方法。”“既然每个人在推理之前都有一个判断正误的本能，那么每个人都有得出正确结论的本能。”“上帝在他的奇迹般的启示录中把真理施与人类……这些真理被转化为我们‘祖先的智慧’。”这就是纽曼对什么是直觉、什么是本能的坚定的信念，这使得他接受了这个观点：人类的智慧比个人的推理更值得信赖。因此，他相信基督的真理被保存下来不是根据个人的推理，而是依赖于各种能力、洞察力和感觉。这些能力和感觉只能在漫长而延绵的社会中找到。因此，依纽曼看来，天主教只不过是基督教信徒们身体上发出的清晰的声音——“无形物的具体代表”。

这两位伟人，彼此并不了解，却把他们的信条建立在同一个原则上——“无意识信条”。他们俩各执一词，却以优雅的恳求和激昂的口才坚持这些崇高的道德真理：信任是自发的，真诚是本性的，自发的和本能的同时服从于那些天性诚实并将拯救世界的、天赋高贵的人。

赫胥黎论科学与文化

A· Q· 罗顿

赫胥黎论“科学与文化”的演讲是1880年在英国伯明翰的马森科学院做出的。跟许多科学报告会一样，它不仅庆祝当地的大事件，而且适时地回答了当天的提问。然而，不同于大多数演讲会的是，这次演讲是一次作为英国教育发展伟大时代的历史性文件，具有永恒价值。这次演讲会庆祝的事件标志着19世纪围绕教育展开的“长期的斗争，或者说是长期的系列斗争中的一个危机”；这场论战是关于19世纪最重要的两项改革；演讲者就是争取使这两项改革得以通过的斗争中的伟大领导人；讲演的方式表明这是“一种艰苦而吸引人的展览会的方式”，这个方式的特点完全是赫胥黎的写作风格，也是赢得公众支持其观点的强有力的方式。

赫胥黎的反对派

“科学与文化”的所有意义只有在它的历史背景中才能体现出来。而今看来，赫胥黎的观点好像很普通，因为如今大家都接受了这些观点。现今，还有谁反驳他这个观点：科学是现代文化的基本元素？还有谁否认“一个完全科学的教育的扩展”是工业进步的绝对基本条件？

然而，在1880年的英国，这些观点对绝大多数正在思考国家和其管理的人来说，是异常激进的。科学研究的倡导者们面对一个强大的反对派，该派由两群人组成——商人和通识教育者。

科学的教育遭到商人的轻视，因为这好像不仅是不必要的，而且对于准备从商者，实际上是有害的。英国的工业，没有科学的帮助，得到了惊人的发展。工业的大亨们没有理由不相信“拇指规则”，因为他们用这种规则获得了成功。他们未能看到科学研究与工业相结合的重要性。但是德国当时已经意识到了这一点——那个“讨厌的教授们的集结之地”——结果在后来的25年中，德国经历了从工业无用到成为英国工业强劲的竞争对手，最后处于领先地位，德国崛起了。

后来英国出现了一次普遍性的大声疾呼，强烈要求使用赫胥黎倡导的那种培训方法。

科学进入文化研究圈时也遭到过强烈反对。将科学，如物理学、化学、生物学、地质学等，完全看作是文化的基础，对此中小学和大学的教师、专家学者们普遍心存疑虑，绝大多数持否定态度。但是，赫胥黎坚信，“为了实现获得文化之目的，唯一的科学教育和唯一的识字教育至少具有同样的功效。”这一点对当时的学术界的震撼，犹如一个由狩猎牛仔组成的乐队的出现对一个英国花园派的震撼一样。赫胥黎公正地表示，1880年“英国绝大多数受过教育的人”持有的和三个世纪之前通识教育所持有的观点一样——“在他们的信念中，”他说，“文化只能通过通识教育才可获得；通识教育与文化是同义词，不仅与文学教育和发展方向有关，而且以一种特定的形式存在，如以希腊和罗马的古代遗物的形式。他们认为，学过拉丁文和希腊文的人，不管多少，才是有教养的人；然而，即便你精通其他知识领域，不管多么的深厚，或多或少也只是一个值得尊敬的专家，但是不能进入有教养人的圈子。有教养的人的标记是拉丁文或者希腊文，没有这个，即使有大学学位，也不能说你就是有教养的人。”受到过最好教育的大学人会采取一种比这更加自由的态度；而一般的中小学教师、中等水平的大学人，不能说傲慢，却经常抱着这种让人屈尊俯就的优越感。

还有一群有教养的人，以宗教为由，也反对科学研究，尤其是对生物学的研究。自从1859年达尔文的《物种起源论》问世以来，科学家和神学家之间关于进化论的“大小论争和摩擦不断”。这一代人几乎无法想象因该理论引起的痛苦的感觉，或那个时代进化论及其拥护者遭到的攻击的激烈程度。对牧师和虔诚的教徒来说，这个理论好像在破坏神学和挖基督信仰的墙角。保护这个理论的科学家们，以赫胥黎为首，均被看成是不可救药的理性主义者、唯物主义者和无神论者，被视为是宗教的死敌。自然地，科学研究，因其实际效果是反宗教的、培养无神论者的、毁灭信仰的，也遭到了激烈反对。最激烈的论争直到1880年才告结束。由此而引起的感觉依然很强烈。虽然赫胥黎在他的《科学与文化》的讲演中没有直接提到这些反对者，但是在对这场冲突的一些回忆录的字里行间可以找到一些踪迹。

在这种情况下，这场演讲，对于年轻一代的读者来说，几乎不是一件平淡的事情。相反，它是一场在科学论战中、在战斗的紧要关头，一位科学拥护者的极具挑战的演讲。

如上所示，赫胥黎在这次演讲和其他地方激烈论争的两大改革是：一是为了产业工人的利益和支持产业本身的科学教育的扩展；二是文学研究计划的修改，包含现代科学，特别是自然科学，还有传统的拉丁文和希腊文研究计划的修改。为此，他遭遇了三群反科学研究者中两派的攻击——商人和通识教育者。

赫胥黎对商界的呼吁

在阅读这份演讲报告时，首先要注意的是赫胥黎在面对每一个对手时的技巧。对实干家他用实际的方法去恳求。他的恳求总结起来就是：

“我不能劝你们不反对开展科学教育。但是，考虑到约西亚·梅森先生，作为学校的创办人所做的一切，他和你们一样也是实干家，然而他非常相信科学教育，欲拿出好大一部分财富，为那些打算进入伯明翰城产业的男女青年提供科学教育。没有谁比他更适合做出这样的裁定。这所大学就是他对你们的各种反对意见的实际回应。我敢说没有什么比这更有说服力的了。”

接近演讲的尾声时，赫胥黎以普通科学对产业是有实际价值的证据重新又回到讨论的话题。他进而讲到，单独作为文化来考虑，普通科学也是有实际价值的，因为它能使人的品质高贵，并增加和提高工业产品所能满足的各种欲望的品位。

赫胥黎对大学人的恳求

赫胥黎对第二群反对者的处理方法与对第一群人极不相同。在这里，他的恳求就是推论。他从几乎没人可以否认的文化的定义开始，然后指出他们不赞成的实际问题就是以下这个问题的答案。他质问反对者：“文化是怎样获得的？我们在这个问题上为什么有这样大的分歧？历史会告诉我们为什么。人们认为，文化研究应随时代而变。中世纪神学是文化的唯一基础，因为它包含着当时适合于对生活进行批判的最好的理念和标准。15世纪，古典文学的主流在西欧出现，反过来又成为文化的基础，同时出现了神学，因为在许多方面它提供了较好的理念和标准。尤其是在文学、雕塑方面，更重要的是推论的应用。然而，15世纪以来，大量的文化新发源地涌现出来，现代文学、现代音乐、现代美术，最重要的是现代科学的大格局的出现，现代科学来自一个崭新的领域。自然科学的相关书籍为我们提供了判断的理念和标准。我们之间存在差异的原因我十分清楚。我们仍然生活在15世纪的理念中。你不必考虑知识方面从那时起的巨大变化。但是如果文化成为现代生活的有效评判标准，正如我们所赞成的那样，这些新的知识领域所提供的理念和标准，必然会形成整个文化方案的一部分，这难道还不清楚吗？”因此，根据明确的定义，并借助于历史事实的推理，赫胥黎得出了很有说服力的通俗易懂的结论。

他的风格与人格

这场演讲非常清晰和朴实。这也是赫胥黎所有作品的特征。读者常常忘记演讲者面前还摆着演讲稿。读者似乎直接看到了他所表达的思想而不是词语本身，就像人们透过明净的窗户欣赏风景一般。

同时赫胥黎的演讲从不枯燥乏味。引用一位评论家的说辞：“赫胥黎总是要往一些最枯燥的话题里边塞进点诸如人类曾一度多么受制于诗歌的格律。”赫胥黎借助生动的语言和风趣幽默，常常令他的反对者无法反驳。

赫胥黎是英国最著名的、最突出的人物之一。请读者翻开他的《随笔集》，特别是他儿子编写的关于他的《生活与书信》的那两卷。里面有一幅肖像，看上去很粗犷。这就是一个热情地寻求真理者的肖像。在重重困难面前，毫不畏惧，不惜一切代价，一个粗犷的、诚实的和正直的人，一位思维敏捷、视野开阔、心灵淳朴、忠诚老实、享有盛誉的人。

经济与政治篇

Political Science

总　论

托马斯·尼克松·卡弗

经济学这个术语，最初希腊人用它来指家政管理中的艺术，或者用来指管理家政的合理原则。在有关这一课题的色诺芬的著作中，描述了一种收入与支出、生意与家庭生活的简单的管理方式。在现代生活中，尤其是在城市中，商业或收入的来源越来越复杂化，因而使得这种家庭管理方式出现了截然不同的两个分支。其中一个分支为商业经济学，用在商业经营或商业管理上；而另一个分支则被称为家政学、家庭经济学、家政管理或家政科学等，用来管理家庭经济。现在， 这两个分支被区分得非常明确，它们看上去似乎毫无联系，这说明我们已经远离了那种简单的自给自足的农业家庭条件，彻底地把商业和生活分开了。

色诺芬还写过一本有关雅典收入的专著。虽然这一专著不能被看作是公共财政的通论，但至少表明了他对这一领域的兴趣，所以，把这一领域称作公共家政管理也还算恰当。当把一个政府看作一个法人实体时，除了其所统治的人民有所需求之外，这个政府本身也有自己的需求。不管它是一个城市、一个州还是一个更小的统治单位，都必须像独立的经济体一样解决收入问题和支出问题。之后，有一些作者把经济学这一术语主要应用于我们现在称之为为公共财政的问题之中，而不是应用于“家庭经济学”所包含的那些问题。在君主制国家中，当收入的主要来源是王室领地时，王室的收入来源和支撑王室花销的形式与家庭经济学的特征就非常接近了，但如果收入的主要来源是税收，它就接近于公共经济学，国王可以仅仅被看作是一个需要被养活的公共官员，就如同其他的公共官员一样。

早期的公共经济学概念

在中世纪和现代早期，人们对经济学的主要兴趣从这门学科的个体方面转向了公共方面，但主要还是集中于公共财政的收入和支出问题，或者现在我们应该说，转向了公共财政。当时，研究这一领域的主要是财政大臣，他们不仅负责管理为王室筹集收入的部门，还要负责国家的建设和军事项目。有一点是很明确的：人民财富的总量制约了国王的收入总额。如果国王想要增加更多的收入，就必须使其人民更加富足，这样他们才能缴纳更多的税赋。从那时起，研究者对国家繁荣问题的兴趣就越来越浓厚，甚至到现在，它依然是人们感兴趣的主要对象；而公共财政的收入和支出问题却处在了从属地位，这是很严格的。也就是说，现代财政政策是为了可能有更多的税收及其他形式的收入而试图促进国家繁荣，也只有到达这个程度的时候，才会促进普遍繁荣——而不是为了促进普遍福利才必须提高政府的收入。

重商学派和重农学派

甚至在最开始，研究者把他们的注意力集中于普遍繁荣的时候，他们还是花费了一定的时间才培养出了看待这个问题的开阔视野。一个学派被称作重商学派，其强调的是商业的重要性，尤其是对外贸易的重要性，以至于他们似乎把繁荣与外贸当作一码事。比如说，这一学派的作者常常指出，外贸发展中的一个重要因素就是要有大量廉价劳动力的供应，因为只要有了充足的廉价劳动力，在国际贸易中国家就能够跟竞争对手展开竞争活动。这种观点的目的显然不是为了促进那些提供廉价劳动力的劳动者的繁荣。另一个学派是重农学派，其强调的是农业的重要性，认为农业是一个实际生产剩余价值真正超过了生产成本的产业。

这两个学派都假设了公共繁荣与个体繁荣之间的相似性，这是错误的。一家私营企业，如果它卖出的价格高于买进的价格，或赚取的利润多于成本的开销，那这家企业就是繁荣的。按照重商学派的假设，这一道理适用于整个国家，可是它忽视了这样的事实：在一整个国家里，让某个人受益的事有可能会让另一个人受到损失，比如对某些商人来说，他们出口商品而获利的原因是他们支付给劳动者的报酬很少。同时，如果一家私营企业的产出大于它的成本，那就可以说它是繁荣的。在农业生产过程中所存在的地租严格来说不算是成本，但其对拥有土地者来说却是剩余所得。这些超过生产成本的剩余所得就是产品的剩余价值。因为在当时的生产条件下，由手工业生产者所产生的地租类的剩余所得非常少，所以重农主义者便假设：对于整个国家来说，其繁荣主要来自于农业，是农业生产积累了主要的剩余价值，也就是地租。相对而言，手工业在整个国家经济中算不上很赚钱的产业。但是，他们像重商主义者一样，同样忽视了这样一个事实：这一剩余所得有可能是，至少从某种程度上其实是牺牲了农业劳动者的利益的结果。在劳动效率保持不变的情况下，其劳动越廉价，种植作物所付出的成本就越低，因而剩余所得——也就是地租就越高。

直到《国富论》——亚当·斯密这一划时代的著作问世之后，研究者们才开始真正从宏大而广阔的视野上看待公共财政问题了。虽然不同的研究者专业兴趣有所不同，但他们普遍认识到，研究更为重大的问题才是他们专业的意义所在。在早些时候，研究者们大多对生产和交换方面的问题比较关注，极少关注分配方面的问题。而近25年来，他们的关注度更多地被分配方面的问题所吸引，超过了其他任何方面的问题；但是现在，在研究者中开始出现了一种新的观念，那就是——虽然消费目前所受到的关注度最少，但其将会成为最重要的领域。

财富的定义

既然经济学明确地把关注度集中在有关国家繁荣的问题上，那么在学者们继续研究其有关文献之前，清楚地理解其主要观念就显得尤为重要。其中最主要的就是财富的观念。然而，这又是一个有着两个截然不同却又密切相关的意义的术语。首先，它指的是一种幸福的条件，在这个意义上，它来源于撒克逊人的词语“weal”，意义上也没有太大的不同，都表示“福祉”。其第二个意义更为常见，它指的是某类物品的共同名称。通常来说物品是满足欲望的手段，但并非任何物品都是财富。只有那些对于满足人们欲望有着非常特殊和实际的意义的物品才称得上是财富。人们渴求空气、阳光以及其他很多东西，而这些并不构成财富。但是，如果人们不仅渴求某种东西，而且其所欲得到的数量超过其目前所拥有的，或者超过其即将拥有的，那么这样的东西就可以被称为财富。其满足的状态肯定会受到该物品多少的影响。这种物品越多，人们就越满足；它越少，人们就越不满足。虽然没有空气我们就根本无法存活，但是在通常情况下我们并不会渴求得到超过我们所拥有的空气。因为我们周围有足够的空气满足每一个人的需求。即使少了那么一点点，我们也不会注意到有什么不同。而如果在某个时间和地点出现了特殊状况，没有足够的空气分给每一个人了，因而人们就会想要得到超过自己所拥有的空气，在这样的情况下，空气也就会成为财富。

在这种直观而实用的意义上，财富还可以暂且被界定为福祉或幸福所依赖的那些物品的名称。如果我们的福祉随着持有更多的某类物品而增加，而又随着持有该类物品的减少而下降，那么这类物品就构成了财富。它们就成了有意识的、活跃的人们所希望得到的目标，因此也成了这些人尽其所能追寻的目标。因为我们可以说，面包就是财富。那么面包越多，福祉就越多；面包越少，福祉就越少。从广泛的意义上来说，无论在何时何地，只要我们能够应用这一原则，那么任何东西在某种情况下都会是财富。不适用于这一原则的任何东西都不是财富。

这一说法需要满足一个前提条件，也就是人们预先并不知道他们的福祉或幸福依赖于什么。他们会把他们认为是自己幸福所依赖的那种东西视为财富。换言之，如果他们渴求某种物品，并且渴求得到超过他们现在所拥有的数量，这就表明，他们认为自己的福祉或满足状态将会由于拥有了更多该物品而有所增加。于是，他们想要更多这种物品，就通过生产或购买的方式想方设法要得到它。这种情况就表明，他们把它看成是财富，或者看成是达到幸福的途径。因此，有时候就会出现这样的情况：研究者不得不把某些东西归为财富，而这些东西他们认为不仅是毫无用处的，而且是有害的和不道德的，甚至是像鸦片、烟草和烈酒之类满足邪恶欲望的手段。如果一个人要看重这一前提条件，他就很可能会把财富这个词跟幸福分离开来，并将其定义为满足欲望的稀有手段。

很容易发现，这些定义当中的任何一个都跟另一个曾经通行的定义完全一致，这个定义就是：财富是在交换中有价值或者影响力的所有物品的共同名称；因为只有那些可以满足某种需求并且稀有的物品才会在交换中有影响力。事实上，它们仅仅是因为稀有并且有人渴望得到比自己已经拥有的更多，才被予以估价，然后才会被拿来进行买卖。

节约的意义

作为经济学的另一个基本概念，稀缺既是财富概念的本质，同时也暗示了节约的意义。节约也就意味着调整手段来适应目的，也就是省吃俭用，或者说，是在一个人的不同欲求当中做出的选择——为了满足相对而言更重要的欲求而牺牲次要的欲求。在稀缺的现实面前我们不得不做出这样的选择，而如果不存在稀缺的状况，就没有必要做出选择了，因为，如果每一样东西都已富足，我们所有的欲望都能够得到满足，那么做出任何形式的牺牲就都显得不必了。正是在那些稀缺物品的使用过程中，才需要我们进行节约。对这些稀缺物品不得不进行节约是为了得到最大的满足或幸福，而这些物品本身也就构成了我们称之为财富的经济物品。我们对这些东西必须加以评估、定价，并与别的物品进行实用性的比较，其目的是为了分发有限的供应物品来尽可能地使人们的欲求得到满足，同时使它们也能够满足更大的欲求。

节约稀缺物品，与生产和交换等一些显而易见的事实是有着密切联系的。我们必须加以节约的物品，将从别的任何物品中得到尊重和估价，而且是在不适用的直接而实际的意义上。当我们渴望得到某种物品，并且渴望比我们目前所拥有的更多时，我们不但会想尽一切办法去获取（比如通过购买或生产），而且我们对此的欲求也会越来越强烈，当交换一定单位的这种物品时，我们也就愿意付出更多的代价，或者说，我们就会试图更加努力地生产更多这种物品。正是这种权衡，使得这类物品在交换中拥有更大的分量，并且，其稀缺程度与这一分量成正比，或者说得更为确切一些，这种分量与我们对这类物品的欲求的强烈程度成正比。它同时也决定了社会生产能量将转移的方向。

只要这样一种欲求在人类社会的某处存在，那么不管一个人对某种物品是不是渴望得到更多，都会使该物品在交换中拥有非常重的分量，或者非常高的价值，这一价值将会有效地促使这个人去生产它，就如同他本人对该物品有所渴求一样。

变动比例法则

反之，生产过程需要一种新的节约，因为在有些情况下，生产资料处于稀缺的状态，而在另外一些情况下却是充足的。总之，正如所有摄影机或者人类如同摄影机的眼睛所揭示的那样，所有的生产不过是把原材料从某个地方转移到另一个地方的过程而已。但智者关注的是这个原材料转移过程背后的计划、目的和法则。对此，科学的观察者得出了一个十分伟大概括，那就是转移所有这些原材料都是为了一个最终的目的：把某种物品按恰当的比例汇集到一起。当然，除此之外还有其他目的，但我们所看到的实际情况就是：每一个工业活动的目的都是通过按照恰当的比例来汇集原材料而实现的。我们的目光所看到的所有原材料的转移都受控于比例法则。生产者的首要技能就在于了解按照何种比例组合原材料，其次在于其汇集这些原材料的能力。

无论是从化学实验到沙漠灌溉，还是从画室里艺术家的创作到田地里农民的耕作，这一法则适用于任何一种情形。化学家的工作就是按照固定比例的法则进行的，根据该法则，化学家可以根据计算把化学元素以精确的比例结合起来。而绝大部分生产工作也是在变动比例法则之下进行的，比如，就一块土地的灌溉而言，作物生长过程中的用水量是可以变化的。谁都不能说，水的用量必须要准确，否则连一点收成都没有，或者说水量稍有一点点的变动就会彻底毁掉作物。作物能够生长在相当宽的湿度范围内，尽管在这个范围内，其收成会根据所供应的水量的变化而发生变化——但差别却难以被精确计算出来。

因此，可以得出结论，只要是适用于变动比例法则的地方，也就是说，只要是不适用于固定比例法则之处，当任何生产所需要的某种因素出现变动，就会导致产量可能有所变化。但是，当生产过程中任何单一因素发生变化时，产量却不会以精确的比例产生变化。比如，土壤的湿度增加了十分之一，却几乎不会（也许仅仅是偶然）培育出同样准确地增长十分之一的收成。对于肥料，或者说对于任何单一的增产要素，对于耕作，或者说对于任何决定收成多少的单一因素，都可以这样说。除此之外，所有这些法则都适用于任何生产部门，比如对于工厂来说，也适用于与其相结合的所有必需生产要素。

在任何生产部门，无论是车间、农场、工厂，还是运输系统，对生产要素的调集工作都需要相当程度的知识和细心，完全能与调集化学元素的化学家的工作相媲美。而化学家的工作正如前面所说，在恪守固定比例法则的前提下，必须以严格的精确度遵循明确的相应规则。

要想简明扼要地陈述变动比例法是很难的，但下面的规则可以帮助我们比较准确地了解它的意义和重要性。我们可以设定，为了得到某种需求的产品（我们称为p），需要三个要素x、y和z。

通过实验我们可以发现，如果每增加1个单位的x会导致可能生产出（1）多于110个p，或（2）110个p，这就表明与另外两个要素y和z相比，x的比例太低。如果由于增加一个单位的x会导致产量大幅度增长，那么明显可以看出，与y和z比起来，对x的需求会更迫切，因为，从这个组合来看，如果x太少，那么y和z就一定相对太多。然而，如果我们通过实验发现每增加1个单位的x会产出（3）100个p——即完全没有增长，或（4）少于100个p——即比以前的产出更少，那么很显然，与另外两个要素相比，x的比例就太高了。在这种情况下，相对于y和z，对x的欲求就会很小，因为，如果x在这个组合中太多的话，y和z就一定显得太少了。但是，如果随着x的增加导致产品也相应地增加5个单位的话，那么，这些要素的比例就接近于合理了。每增加一个单位的x是否更划算，取决于x的成本和所增加产品的价值了。我们还可以设定，如果x的增加导致产出的产品增加5个单位（105个p），而1个x的成本小于5个p的价值，那么，把要素x从10个增加到11个就是有利可图的，否则的话也就无利可图了。

无疑，如果像x一样，它们都被视为可变因素，这一公式及随之而产生的所有结果，相对于y和z都同样适用。一般而言，x、y和z可以代表产业中的劳动力、土地和资本；它们也可以代表任何产业中不同级别的劳动力；它们还可以代表土壤中的氮，碳酸钾和磷；或者说，它们还可以代表在任何地方结合在一起从而得到任何产品的任何一组因素。但要记住的实质是，在任何一种组合中，限制性的因素是最稀缺的因素，相对于其他任何因素而言，产量的变化与这种因素的关系更为直接。由于产量的变化受组合中这种稀缺因素变化的影响比其他任何更充足的因素显著得多，因此，人们经常把这类稀缺因素说成是具有最高的生产力。无论这一说法是否准确，稀缺因素将被看着是最有价值的，将会得到最高的定价，而且将得到最为小心的有效使用。这一规则以及由此而来的观点有助于揭示出生产力的科学本质，供需规律则建立于这一本质的基础之上。

人与人之间的利益冲突

只有效用与稀缺性是赋予某种物品价值的因素，一件物品是否有效用就在于它直接或间接满足需求的能力，也就是说，它到底是消费品还是生产要素，如今这一点已经十分清楚了。稀缺要素产生了节约的必要性这一点也是非常明显的。它同时也是人们的利益冲突之源，我们的大多数道德问题和社会问题都源于此，这一点可能就不是如此明显，但接下来的考量将表明这是真实的。稀缺的事实意味着人们需要自然界没有自动产生的物品。这反过来也意味着人类与自然界之间缺少和谐，而修复这种和谐正是生产性行业所要达到的目的。

人类与自然之间的这种表现为稀缺形式的不和谐，也引起了人与人之间的不和谐。只要存在稀缺的地方，就会有两个人想要得到同一样东西；只要有两个人想要得到同一样东西的地方，就会出现利益对抗的情况。只要在人与人之间出现利益对抗的地方，就会有对与错的问题、公正与不公正的问题需要解决；而这些问题在其他任何条件下都不会产生。也就是说，利益对抗会引发道德问题，因此，它是关于社会学与道德哲学的最基本的事实。但这并没有忽略下面的事实：人与人之间存在许多和谐之处，就像人与自然之间一样。可能有很多种这样的情形：所有人的利益都是和谐的，在这种情形下并不会引发什么问题，因此我们大可不必为之担心。就像我们已经指出的那样，人与自然是完全和谐的情况很多。例如，有些东西大自然已经供应得非常丰富了，足够满足我们的所有需求，这些情况也不会引发什么问题。对于这些没有什么经济价值的物品，我们惯常的态度要么是漠不关心，要么是漫不经心。在人与自然之间的关系这么完美的地方，我们对此有什么可担心的呢？但整个工业世界一心想要改变那些人与自然之间关系还不完美的地方。人与人之间的关系也与此类似；在人与人关系完美的地方，也就是利益都和谐的地方，我们何必要担心呢？事实上，我们也不操心。但是，在人与人关系并不完美的地方，在利益对抗、麻烦不断产生的地方，无论我们是否愿意，我们就不得不担心了。事实上，我们在以各种不同的方式操心着；在经过大量争辩之后，我们想出了道德伦理体系和正义理论；我们在大量的争论中建立了法庭，用其中某些理论来解决实际冲突；我们没完没了地谈论和争辩着如何恰当地调解各种形式的利益对抗，但所有这些问题全都缘于稀缺这一最初的事实——人们想要得到的比现存的更多，这一点是我们所必须记住的。

某些人深信，在所有这些不和谐的表象之下，人类利益有一种深层次的和谐。但是，这一信念，正如相信人与自然之间的和谐一样，不容易得到明确的佐证。它建立在哲学猜想——还有信仰——之上。的确，有一点毋庸置疑：大多数人，甚至包括实力最强大的人物，从长远来看，在一个公正政府的统治下比在无政府状态下过得好多了。人们之间的所有冲突在公正的政府管理下都能够得到正确而明智的调解；而在无政府状态中，每个有能力的人都会做让自己开心的事，或者，如果不能做让自己开心的事，就做他能够做的事。这也许可以理解为利益和谐的暗示，在所有类似情况下，不管是强者还是弱者，大家都有意愿维持一个公正的政府。但论据却明显似是而非，因为其字面意思是，不同利益的冲突是如此激烈，以至于如果缺乏政府的约束就会出现大量的冲突，从而浪费社会的能量，最后每个人都会成为受害者，即使是实力最强大的人也不例外。这算是一个支持政府存在的必要性的出色论据，但对于支持人类利益的总体和谐来说，这只是一种最蹩脚的论据。

因此，从根本上讲，只有两个实际问题我们必须要面对。一个是工业的问题，另一个是道德的问题；前者关系到人类与自然之间关系的改善，后者涉及人与人之间关系的改善。但这两个首要问题是如此紧密地掺杂在一起，并且它们涉及变化无穷的各种因素，以至于排在第二和第三位的问题我们都考虑不过来了。

与自然的冲突

不过，人与自然之间的冲突（人与人之间的冲突由此产生）究竟是如何产生的？人是否在某一方面对它负有责任？或者，这一冲突完全应归咎于大自然的残酷与吝啬吗？当然，在不同的环境条件下大自然的物产有所不同。然而，在任何环境下都存在两个条件，人对于这两个条件都负有一定程度的责任，而其中任何一个条件都可能会引起经济匮乏：一个是人欲望的无限扩张，另一个是人口数量的不断增加。

众所周知，人类欲望扩张的力量（其不断地超越大自然满足人类欲求的能力）从古至今都吸引着世界各地无数的道德家们去关注。“货物增加，吃的人也增加。物主得什么呢？不过眼看而已。”这是《传道书》中作者所表达的观点。这就是生活的同一个方面，很明显，欲望使人摆脱了与自然的和谐，从而强化了斯多噶学派的原则：“遵从自然而生活。”遵从自然而生活这一原则就必然意味着在无须太多强迫的条件下，把欲望限制在大自然能够供给的范围之内。只要认识到生活中最美好的东西是不费分文的，而短暂的快乐才是最昂贵的，我们就应该可以看出斯多噶学派的哲学观中其实大有经济智慧。但是，寻求涅槃的虔诚的佛教教徒认为欲望本身是邪恶的根源，所以从根除一切欲望中寻求解脱。但他们忽视了问题的关键，即恰恰是欲望的膨胀超出了大自然满足它们的能力，致使人们不可避免地脱离了与自然的和谐，形成扼杀灵魂的冲突。

“人与自然的冲突是邪恶之源”这一观点，可以使我们得出关于社会管理的两个实际结论，但是这两个结论彼此却差异很大。如果我们假设，自然是仁慈的，人总是要犯错的，那么自然而然地就会得出这样的结论：必须克制人类的欲望，并使之与自然达成和谐，这一观点即使本质上与斯多噶派的哲学观点并不完全一样，但也非常接近了。与之相反的，如果我们假设人性是健全的，那么唯一合理的结论就是：必须迫使外部的自然界与人的欲望达成和谐，而要满足这些欲望就只能扩大生产。这一理论跟疯狂追求财富与奢华的现代工业精神非常契合。

即使个人的欲望没有丝毫膨胀，有一点仍然十分明显：无论在什么地方，人口数量的无限增长早晚也会导致资源匮乏；那么，人与自然的冲突不可避免，进而，人与他人的冲突也无可避免。就算时间允许，从生理学的角度上讲，人口不可能无限增长，这一点是人们所承认的，而且，任何一个人只要对这个问题有丝毫的关注，他都一定会承认这一点。因此，对于从不懂得节约的动物和植物来说，其数量受到限制的原因，并不是其生殖能力，而是生活资源的有限性。就人这种经济动物而言，也不是因为缺乏生殖能力而使人口数量的增长受到限制。对于人类来说，数量的增长也取决于生活资源，但这种生活资源必须依据某种标准。因为拥有经济预见的能力，个人的繁殖就不会超过其能够维持自己认为还算体面的生活水平的程度。不过有一点可能值得特别注意，某个个体具有强烈的生殖和热爱家庭的本能，以至于其愿意更多地繁殖，直到很难维持现有生活水平为止。无论其最初的生活水平怎样，人口的增加都会使其被迫处于降低生活标准的危险之中。换句话说，人们总是很难过上其认为应该有的那种美好幸福生活。因此，欲望也就没有得到满足，或者说经济匮乏（这两者指的是同一回事）就会不可避免。这是一种难以逃避的困境：这种困境源于人与自然之间的关系。

内在的利益冲突

这些考量揭示出了第三种形式的冲突（也许应该称之为第二种）——个人自己内部的利益冲突。如果生殖和爱家的本能的欲望得以自由地满足，就不可避免地会导致人数的增加，从而致使满足其他欲求的手段出现匮乏，无论这些欲求是多么适度。即使能够确保这些物品的充足性，上述的本能欲望也必定只能得到部分的满足。这样的困境留给我们的总是这样或那样的欲望得不到满足。因此我们被推向了两个不同方向，这也是一种无法逃避的困境。但是，这只不过是使个体分裂的内在冲突的一个例证。稀缺这个事实必然意味着，一种欲望要想得到满足，必须要以牺牲别的欲望作为代价。花在购买奢侈品上面的钱，就不可能再用在必需品上；购买衣服而花掉的钱，也不可能再用在食物上；购买某种食物花掉的钱，也不可能再花在另外一种食物上。这种情况就需要节约，因为节约其实也就是意味着选择应该满足哪些欲望，并且知道因为这个缘故，另外一些欲望就必然得不到满足。不管在什么情况之下，节约就意味着三重冲突：人与自然之间的冲突，人与人之间的冲突，以及同一个人自身的不同利益之间的冲突。

恶的问题

恶这个问题具有双重性。从最广泛的意义来说，恶仅仅意味着不和谐，因为任何形式的不和谐都是导致个人痛苦的根源。然而，那种人与自然之间产生的不和谐，就其本身而言，并不具有道德属性。挨饿、受冻、一棵树倒下时砸在某人身上、被野兽吞噬或者被细菌侵蚀，这些属于一种恶。但是对于这种恶，除非在一定的程度上它们可以归咎于别人的过错，否则我们绝不能从道德方面赋予它任何意义。当某人抢夺他人、欺骗他人，或者因为粗心或故意而以任何方式伤害他人，这也是一种恶；我们把这种恶归于道德意义上的恶，因为这种恶是产生于人与人之间的关系的一种恶。然而，正如已经指出的那样，后一种形式的恶（道德意义上的恶），是从前一种恶（非道德意义上的恶）当中产生的，或者说是由它而引起的。因此，要真正解释关于道德意义上的恶的起源，就必须从人与自然之间的不和谐开始。

我们可以假想，一定数量的个体生活在一个非常有利的环境中，他们的所有需求都能得到自由而充分地满足。既不存在稀缺，也没有必要进行任何的节约。在这种与自然和谐相处得近乎完美的状态下，因为一种欲望的满足绝不会以牺牲另一种欲望为代价，所以个体内部的冲突不可能产生；因为一个个体欲望的满足绝不会阻止另一个人的欲望得到满足，所以，个体之间的利益冲突也不可能产生。在这样的情况下，个体内部既不存在冲突，不同个体之间也没有冲突，道德问题当然就不可能产生。这样的环境简直就是天堂。但是，假设欲望会膨胀或发展出新的欲望；或者假设通过基本冲动的满足，人口数量将会不断增长，并达到超出了自然供应所能够满足的程度，如此一来天堂就不复存在了。不仅劳动和苦役不可避免，而且随之而来还会出现利益对抗和相应的道德问题。因此，必须对人的聪明才智加以引导，不仅要把其引向提高土地生产力的问题方面，而且要引向调整利益冲突的问题方面。此时，正义和公平的问题就会开始让人伤透脑筋了。

在这个例证中，原罪或各种遗传污点的任何理由是难以找到的。因为那种造成人口数量增长的行为其实并不是有罪的。相反，像任何其他行为一样，这种行为在道德上是无罪的。但它却带来了不可避免的后果，那就是对原本存在的和谐造成了破坏，也就引起了人类利益的冲突。这个例证也没有表明任何有关人性的“堕落”或改变，倒是说明了条件改变的情况下，同样的人的素质会产生不同的社会后果。另外，这个例证的正确性并不依赖于它的历史特征。也就是说，没有必要证明例证开始假设的那种人与自然之间近乎完美的和谐。当我们证明了冲突是人和物质世界的本性中的内在属性时，冲突的根本基础也就被这个例证清晰地揭示出来了。

关于恶的起源的看法，已经被具体化为一个众所周知的故事了，无须为了赋予其一个深刻的意义（可能比其最虔诚的研究者所看到的更深刻）而把它理解为具有一定的历史基础。故事是这样说的：从前，有一个男人和一个女人生活在一座花园里，大地产出的野果供给了他们所有的需求。他们因此用不着为生存而奋斗，相互之间也没有利益的对抗；简而言之，那里就是天堂。但后来由于某种欲望的满足导致了人口的增加，而人口的增加又导致了满足其欲望的物品的短缺，那么天堂就不复存在了。从此以后，人就要靠自己辛勤的汗水来养活自己了。为生存而战的奋斗就开始了。为了获得满足自己需求的资源，人类被迫与自然为敌或与竞争对手进行搏斗。每一种形式的贪婪和掠夺都有一种潜在的生存需求。当一个人睁开眼睛看到这些内在的对抗时，换句话说，当其能够分清善恶、短时和长远的利弊时，他就成了一个“经济人”，一个通过调整手段来达到目的的适应者，一个能够在快乐与痛苦之间做出选择的人。简而言之，工业文明和社会演变的过程开始了其微小的第一步。人类被一张力量的大网捕获，自此以后人类再也没能挣脱这张网的束缚。在一股势不可当的涌流上，人类开始了随波逐流——没有人知道漂向何方。

制度的起源

财产、家庭和国家的制度全都共同起源于这种因为短缺而产生的利益对立之中。例如，如果物质足够丰富，没有人会想对其拥有财产权。但是，如果没有足够的资源可供分配，每个物质单位的供应就成了对某人的奖赏。如果社会本身没有决定每一物质单位应该属于谁，那么争夺的情况就会普遍出现。当然，所有权并不等同于财产。但是，当社会承认某人对某物具有拥有权，并承诺保护他的那项权利时，那就成了财产。当一个社会被充分地组织起来，承认这些权利，并为这些权利提供某种保护措施时，那么国家就形成了；当一个小的人类群体的内部血缘和亲情关系很强大，强大到足以克服任何自然方面的竞争，并建立起统一的利益共同体时，家庭也就形成了。这种群体内部经济利益的共同体，足以将它从世界的其余部分分离出来，或者与其他类似的群体分离开来，而在这些群体之间，自然的利益竞争依然会持续。人们总是渴望保护那些通过自然感情的纽带、通过分享财产利益而跟自己紧密联系在一起的人——这一点在妻子和孩子本身就属于财产的那种野蛮的民族中是如此，即使在更高级类型的社会里也是如此。这样的渴望为家族的法律定义提供了基础。

经济学的基础地位

还有一组权利跟财产权紧密相连，比如契约权、转让权、遗赠权以及律师们为之奔忙的很多其他东西。事实上，它们都是财产权的组成部分。在整个法学、伦理学、政治学或关于这个问题的任何社会科学中，几乎所有问题都源于经济匮乏和随之而来的人类之间的利益对抗。这揭示了所有社会科学（即一切涉及人与人之间关系的科学）的内在统一性；很显然，统一的原则是一项经济原则。甚至那种所谓的群居本能，很可能同样是生存斗争的产物。相应地，生存斗争又是物质匮乏的结果——群体行动的优势在这一本能的发展过程中起到了选择性的作用。但是，就像其他很多问题一样，这个问题超出了科学性的、积极性的知识领域。虽然这并不一定使经济学成为“主科学”、其他社会科学都从属于它，但它表明，如果在社会科学中真的有“主科学”存在的话，那么经济学最有资格取得这个地位。总而言之，经济问题是根本性的问题，其他一切社会和道德的问题都源于此。

经济竞争

如果社会不对人与人之间的冲突加以控制（要么通过道德准则，要么通过法律手段）的话，这种冲突本质上就跟野兽之间的生存争斗没有什么差别。但任何一种人类社会，都会以某种方式控制这种斗争。事实上，组织有序的社会能够存在的一个目的，就是要控制生存斗争，并把它引向生产领域。自私自利的个人对“生产”本身并不关心，他感兴趣的是获得稀缺的东西。如果生产活动是最容易获取的方法，那么他就会进行生产。如果有更容易的方法，他就会选择这种方法。制定法律和政府实施管理的目的就是要使获取稀缺资源的、除了生产以外的其他方法变得困难而危险，从而使得生产或者自由而自愿的产品交换显得更为容易和安全——其实这两种方法是一回事。只要国家在这一尝试上获得成功，并迫使所有个人都通过生产方法来获取稀缺资源，那么，它就证明了它的存在是合理的。

当生存之争被引向生产领域时，当所有人都发现只有通过生产，或者拿等价的物品跟其他生产者进行交换才能获得所需的物品时，残酷的生存斗争就转换为经济竞争了。理想的经济竞争仅仅是一种体制，在这样的体制之下，每个人都会发现，获取资源最有利的方式就是通过某种生产性或服务性的努力来获取。正如亚当·斯密所说：“在设法促进个人利益的同时也促进了大众的利益。”

当我们考虑到，个人对社会其余部分的价值是通过他的生产超过其消耗来进行衡量时，其在产业中的地位取决于其积累率（也就是其获得减去其消耗），我们就应该可以看出，把获取与生产等同起来是如此的重要。这一点可以借助下面的规则来表述：

个人的价值=其产出-其消耗

其竞争力=其获得-其消耗

当其获得=其产出时，那么其价值=其竞争力

国家的目的就是要使获得=生产

文艺复兴时期的政府理论

奥利弗·米切尔·温特沃斯·斯普拉格

在对政治和社会问题进行论述的著作中，同时在思想的发展和事关社会问题的政策两个方面都有过深远影响的作品不多。亚里士多德的《政治学》和亚当·斯密的《国富论》是其中的典范。其他更多的政治学著作在其被创作的那个时代产生过巨大的影响，但是到现在除了其历史意义之外所剩无他。

另外，路德的《告德国贵族》和《关于基督教自由》，以及卢梭的《社会契约论》也是同类作品中的名篇。然而，马基雅维利的《君主论》和莫尔的《乌托邦》就不能简单划归于上述两类之列。它们不是人类知识取得丰硕成果和伟大进步的出发点，也不是国家决定立法、施政过程中或其他任何时期的重要因素。它们是特定时代里重要而典型的产物，但同路德的作品相比，它们对当代舆论形成的直接影响小得多。尽管如此，它们依然有资格成为那个时代思想的代表，且意义重大。此外，虽然马基雅维利和莫尔的具体结论从未在实践中得以检验，但是两位作家在自己作品里所表明的两种截然不同的观点，却在论述政治和社会问题的作家们提及方法和结论时被频繁使用。

马基雅维利等人作品中的文艺复兴精神

《君主论》和《乌托邦》都成书于16世纪20年代。与此同时，文艺复兴时期带来的各种影响，逐渐开始渗透到教育、艺术、道德等体现人类活动和抱负的各个领域。人类精神几乎在各个领域都努力挣脱中世纪的传统束缚；无论结论如何，政治和社会安排开始遵从哲学的分析和研究而非古代观念。这一时期的政治学作家，如马基雅维利和莫尔，其作品都明显地受到文艺复兴精神的影响。马基雅维利主张政府机构及其政策接受事实的检验。莫尔主张政治和社会安排接受他所谓值得实现的理想的检验。两位作家都认同社会秩序中没有绝对完美，只有暂时“完美”。社会制度和习俗应该取决于结果，只要有更好的存在，就应努力改变。这显然是现代观点。但从本质上讲，它的确出现在文艺复兴时期。人类社会现代史正是从文艺复兴开始的。

方法的对比

在以精密科学的迅速进步为标志的当代，事实检验似乎是研究政治和社会问题的唯一方法。《乌托邦》中所提出的理想的检验方法——“乌托邦”——根本不存在，它只不过为人类语言增添了一个词语而已。“乌托邦”就是“不切实际”的代名词，甚至是“空想”“幻想”的意思。然而，就现实检验而言，“马基雅维利式的”——因马基雅维利生成的新词语，含义显得更刻薄。要想让事实检验成为真正的检验标准，一切相关的重要因素都应被考虑到。然而，在社会安排的发展和维持中，理想本身也是不可忽视的重要因素之一。马基雅维利的方式总体而言有其科学性；但其假设多与事实相反并造成他对人性的低估，并最终导致他的许多分析在本质上有不精确性和不科学性。

马基雅维利的局限之处

即便在我们认为极其重要的领域之内，马基雅维利的分析也远算不上全面。在他写书的那个时期，大约一百年或者更久以前，意大利分裂成许多政治实体，其中大部分长期处于政治不稳定的状态，同今天很多的中美洲国家相似。意大利的统治者们几乎都不能在内忧外患中高枕无忧。马基雅维利在分析中大量地使用了恰当的对比，当时的局势是：最好的时候也不能够为政府的权威提供坚实的基础。但是，因为他所关注的是在特定条件下获得和维护个人统治的手段，所以他的结论很少具有普遍的有效性。它们并不适合阿尔卑斯山以北地区。当时这个幅员辽阔的中央集权政府正处于发展过程中，统治阶级已牢固地掌握了实权。更明显的是：在解决当代政府的问题上，他的分析提供的实际价值很小。马基雅维利所描述的情况，就好像管理不当的自治市里相互竞争的老板间低俗的权利之争似的。然而，即使搜遍《君主论》，也找不到救治民主政府这类问题的良药。

在国际政治领域里，马基雅维利的分析无疑在一定程度上符合他所在时代及稍后时代的实际。道德约束力在其他国家普遍处于劣势，而马基雅维利的读者们大多是关注对外事务的政治家群体。

在设置了种种限制后，我们依然得承认：在《君主论》中，马基雅维利在分析政治问题的可靠方法上取得了长足的进步。然而，在他自己的那个世纪以及接下来的两个世纪里，他的作品并没有得到论述政府问题的作者们的普遍效仿。除政府治理之外，如权力神授的问题，以及自然权利和自然法的理论，反而吸引了大多数政治学者的关注。与19世纪的其他知识领域一样，更加确切的方法也在这一领域得以采用。但谈及切实可行的改变，几乎没什么直接的影响可归功于马基雅维利的作品。

作为一种政治批评形式的假想共和国

除柏拉图的《理想国》外，《乌托邦》是把一个假想社会的设计作为分析（实际上是找碴子）社会和政治状况的工具来使用的最好例子。在中世纪里，整个欧洲的理想和状况相对统一，不能孕育出这种性质的作品。但是，新大陆的发现证实了欧洲从未接触过的社会的存在。欧洲模式的最终假设也因而受到了削弱，至少对于那些有反思头脑的人来讲是如此。如果要把莫尔所设想的“乌托邦”放在新世界的某个地方，他就一定得把这部作品的想象效果对那个时代的读者进行针对性提高。在这部作品中引人注目的幻想感贯穿始终。没有其他任何假想社会的创造者能如此成功地立刻给读者留下这样的印象：他的社会改良计划是行得通的。

后来一些乌托邦的作者们过于急切地把某个假想社会拼凑起来，反而形成一个会被经济学、社会学和政治学专家批评的社会。为了做到这点，却错过了真正的目的，且极大地丧失了这种写作风格的效力。可以肯定的是，社会绝不会突然转变成与深思熟虑的研究者所设计出来的截然相反的面貌。另外，无人能预见未来社会演化的确切过程。《乌托邦》一类的书籍不过是一种工具，用来弱化对现存社会秩序完全满意的感觉。然而，这种心态对人类社会的进步毫无裨益。

书籍的实际效力，绝不会与作者所描述的那个假想社会中的科学的可能性成正比。假想社会只不过是用了讽刺和批评现有事物的工具。换言之，它是作为文学作品，而不是科学专著，来考量这些理想共和国。作品的文学性使其内容鲜有实效。莫尔的《乌托邦》顺利接受了考验，成了五英尺丛书之一。

《乌托邦》与现代条件

如果能了解莫尔时代的社会状况和政治状况，就会发现这本书的重要性和趣味性。但是，时代更替造成的社会改变是极其缓慢的，而人性的改变就更慢了。无论读者了解当时的时代背景与否，书中很多内容依然充满了极富刺激性的暗示。实际上，当前社会并没有比莫尔时代的社会更接近于《乌托邦》中所描述的那个社会。甚至，在某些方面，它更远离了乌托邦的情景，这主要是由于当前社会里制造业和商业的重要性超过了农业。还有一些方面，已经发生了变化。所有人都认为社会在进步，而这种进步是与乌托邦的理想背道而驰的。《乌托邦》中的政府显然是贵族式的。对于一个现代理想主义者来说，在所有能想到的社会形式里，无论形式上还是本质上，首推民主社会。奴隶制，尽管是经过改良的那种奴隶制，是乌托邦政体的根本基础。我们能找到的最好例证，莫过于一个人竭尽所能摆脱各种困难的经历。如果被赋予了人道精神和强大的想象力，一个人也许会抱有这样的希望：在遥远的未来，可能实现比现在能够预见的更高水平的改进。

亚当·斯密与《国富论》

查尔斯·杰西·布洛克

1752—1764年，《国富论》的作者亚当·斯密一直担任格拉斯哥大学道德哲学的主讲师，而其作品正是他课堂讲义的自然产物。由于遵循着来自希腊哲学的一种从未间断的传统，亚当·斯密把道德哲学的范畴设想为和人类行为（个人行为和社会行为）的整个范围一样宽广。亚当·斯密说："一个人，不仅要当作一个个体来考虑，更要当作一个家庭成员、一个国家成员和一个人类社会成员来考虑，而他的幸福和完美究竟存在于哪里，正是古代道德哲学准备研究的对象。"亚当·斯密本人的讲课充分遵循了这一处理原则。

亚当·斯密哲学的基本理论

然而，在亚当·斯密的教学中，许多传统科目都得到了新的对待和发展。1759年，亚当·斯密出版了著作：《道德情操论》。这是一部关于伦理学的著作，该专著一经出版立即为他赢得了享誉全国的哲学家称号。这部作品提出了这样一个声明：道德判断归根结底是一种对人类行为的动机和结果的不偏不倚的同情表达。从同情出发，亚当·斯密得出了正义感是“社会结构的重要体系”这一结论。这本书的基础来源于18世纪常见的仁慈的自然秩序理论。该理论认为，仁慈的上帝已经把世界安排得井井有条，并给人类带来了最大的幸福。从这一观点看来，哲学以及政治学和经济学所要面临的问题，就是要去发现那些为上帝所创造的生物带来福祉的自然规律。其中首要的似乎就是如此：上帝已经把每个人的福祉主要委托给了他自己保管，而非他人；此外，人类的事务被安排得如此井井有条，人们在依据公道所确定的范围内追求自身的福祉时，通常也会对大众的福祉做出贡献。根据这种利益自然和谐的观点，亚当·斯密确立了他的天赋自由论。按照这个理论，每个人“只要不触犯公平正义的法律”，就理所当然地享有按照自己的方式追寻自己福祉的自由。

亚当·斯密曾经还设计规划了一部关于法律体系和政体的著述，但未能出版。在他的教学中，这两个科目自然而然跟伦理学密不可分。他在1776年出版的《国富论》中还论述了在他的讲课中仅次于政府理论这个科目之后的政治经济学。

亚当·斯密的财富观念和政治经济学观念

《国富论》把对原理的牢固掌握同对经济生活的现实的非凡认识结合在一起，而这些都来自于阅读和个人的观察。亚当·斯密的总结一般有来源于经济生活中的事实支撑，通过这种方式，他赋予了这部作品一种诸多经济学专著所不具有的真实氛围。他并没有宽泛地探讨定义，而是在没有对什么是财富进行定义的情况下就直接深入探讨了国家富裕的原因。但是，在“引言”的最后一句中，他顺便指出：“真正的财富”是“土地和社会的劳动力的年产出”。尽管如此，他也仅仅表明“他认为一个社会的年收入是其真正的财富”。而在他之前的大多数经济学家都把财富当作是一个社会所拥有的耐用品的累积库存。此外，亚当·斯密是在没有对政治经济学进行定义的情况下就开始了这部专著的，而最接近定义的表达可以在第四卷第一句找到："政治经济学被视为是政治家或立法者的科学的一个分支，它提出了两个不同的目标：一是提供丰富的收益或生活必需品给人民，或者更准确地说，使他们能够为自己提供这样的收益或生活必需品；二是为政府或国家提供足够的收益以用于公共服务。其宗旨就是使人民和君主都变得富有。"

生产和分配

挑剔的批评家曾宣称《国富论》的内容安排不系统，但实际上这样的安排非常符合亚当·斯密的初衷。在《国富论》的第一卷中，它研究生产财富，然后是劳动者、企业家以及土地所有者之间的财富分配的问题。它建立了这样一个原则：现代社会工业生产力的增长归功于劳动分工。对这个问题的探讨集中在一篇经典的经济学文章里，并且读者也应该注意到了，亚当·斯密为他最主要的学说在这里找到了一个例证，那就是：是利己行为（而不是政府行为）带来了经济状况的改善。交换是劳动分工的先决条件，因此，亚当·斯密就理所当然地继续考虑起货币和价格问题来了。对价格的研究使得他对价格的各个构成部分(包括工资、利润和地租)也进行了调研。因此进而使得亚当·斯密在财富分配的问题上有了充分的认识。在后来一些学者的手里，他的工资理论成了英国古典学派的工资基金理论。他的财产收益理论，特别是关于不同的资本运用所产生的利润差异的论述，为追随者们提供了大量的素材。而他的地租理论，更确切地说是他的三种不同的理论，经过李嘉图的改造之后，成了我们现存的经济学原理之一。

资本的性质和用途

书的第二卷研究了"股本"的性质和用途，股本是一种促使劳动者工作、推动产业运作的力量。亚当·斯密认为，资本来自于储蓄，它的功能是维持富有成效的劳动，它既可以是固定的，也可以是流动的。

我们应该注意到，非生产性的劳动也是一种有用的劳动；它甚至可能非常有用；但它并不生产任何耐久的物质性的产品。而正是由于这个原因，亚当·斯密没有考虑它的生产性。比如节俭或储蓄，就会导致可用于雇用生产劳动力的资本的增加；而消费则会耗费掉原本可用来雇用生产劳动力的资金。

个人的节俭是因为对更好的生存条件的渴望，也是资本得以增长和国家财富得以增加的原因；而政府所起的作用，也就是对个人进行保护，并且给予个人以他认为最有利的方式行动的自由。最后，亚当·斯密考虑了不同的资本运用模式。例如，农业所雇用的生产劳动力要超过制造业，就这一点而言，它们又都超出运输业和贸易业。而国内贸易雇用的生产劳动力多于外贸业，外贸业又多于运输业。

所有的这些劳动力的雇用对于经济发展都是有用的。但是，当一个国家处于资本并不充足而各个行业都要发展的情况下，如果它首先把它的资本运用在农业上，然后再用于制造业和国内贸易上，并控制其进入对外贸易和运输业，一直到出现资本自然增长状况，这样的话这个国家的财富将得到最快的增长。政府只要不加以干预，这就将是在个体利己主义的自由模式下产业发展实际遵循的过程。亚当·斯密在这一点上的论证极其重要，因为这为他的贸易自由学说奠定了基础。

亚当·斯密的贸易理论

继在第三卷中审核了欧洲各国所采用的各种各样的限制和优惠政策之后，亚当·斯密在第四卷针对政治经济学中所谓的重商主义发起了一场著名的论战。在论战中，亚当·斯密表明，重商主义者的限制措施不是促进了公众财富的增长，反而是阻止了人们之间的互相供给。他像大卫·休谟那样猛烈地抨击了贸易差额理论。他阐述了天赋自由的体系在任何地方都是合理的。他坚持认为，繁荣昌盛并不是政府所造就的，而是来自于“每个个体改善自身状况的自然努力”。在解决掉重商主义者的问题之后，亚当·斯密开始探讨政治经济学中的“农业体系”的问题。这一体系的理论认为：土地的净产出是国家财富的唯一来源。由于这一学派的经济学家们认为：完全的自由是唯一能把年产出提升到最大的政策，亚当·斯密也因此认为他们的学说是“关于政治经济学学科所发表的最接近真相的观点”。

公共财政学

在第五卷中探讨了公共财政学。关于君主开支的那一章是他对这个重要问题的首次哲学研究。第二章是对税收问题的论述，他在这里写下了那段被人引用的次数大概超过了经济学文献中其他任何段落的著名格言。尤其是，亚当·斯密成功地把他的税收理论同他的财富的生产与分配理论联系了起来，而且他还在实用性方面提出了一些改革建议，后来，这些建议中很多都得到了采纳。对于公共债务那一章的论述有些过分地悲观，也强有力地批评了在18世纪英国和其他国家所实施的不明智的财政政策。亚当·斯密关于公共债务的本质属性的理论无疑是正确的。

《国富论》一经出版，便大获成功，在作者生前就发行了五个版本，并且很快就被译成了法语、德语、意大利语、西班牙语和丹麦语。1789年，《国富论》在美国费城出版，美国独立革命结束之前，政治家们就开始引用它了。其中亚历山大·汉密尔顿撰写的一些政府文件就是最明确的证据，这也表明他从亚当·斯密的创作中深受启发。逐渐地，这本书开始对立法产生了影响，并且对除去那些对工商业而言过时的限制措施贡献极大。时光荏苒，《国富论》这部经典之作在经济学中的地位日益彰显，不可取代。

美国宪法的发展

威廉·贝内特·芒罗

如果历史作为一种记录手段试图恰当地履行其职能，它就必须非常仔细、公正而准确地记录人类事件，否则，要求子孙后代从过去汲取教训的做法会让他们误入歧途。如今，想要知道过去几代人公共生活中发生的一切，最可靠的信息来源于同时代的记录、事件亲历者的著述，以及那些具有历史标志性的政府公文。历史的创造者是那些最有能力撰写历史的人，他们是最有资格解释自己的经历的人。

这些著述就像是构筑历史桥梁的根基，历史学家们的著述就是在根基上面建造的桥梁，而且，历史的根基比建筑更牢固。这些著述充分地说明了美国三个世纪的历史，在这三个现代世纪中，人们记录了大量他们生活中的伟大事件。当然，即使是最聪慧、最开明的作者留给我们的记录也会存在缺陷，毕竟人无完人。但事实是，同时代的材料为了解过去提供了唯一可信的基础。相应地，美国的历史之所以得到充分的研究，就是因为它们广泛出现于各类同时代的材料中，如历代早期探险家们的编年记事，最早来到大西洋此岸安家落户的殖民者的叙述，殖民地特许状，各州的法律，总统公文和政令、外交条约、法院裁决、公共官员的信件，或者概括地说，它们出现于各种重要的官方、非官方文献资料中。

美国政府的开端

在作为殖民地存在的那半个世纪里，美洲的英国殖民地遇到了很多困难。最初几年，英国殖民者与印第安人存在纠葛；后来，又和北方的法国人持续不断地争吵。但最终印第安人归于恭顺服帖，法国人也被赶出了美洲。当时，宗教问题将英国殖民地一分为二。可以确定的是，其中一些殖民地就是为了反对国内宗教偏执问题而建立起来的，但这并没能使得异教留存下来。实际上，一些未能在表面上假装顺从主流宗教的人被赶出了美洲。由于这一政策在马萨诸塞被严格执行，最终导致了罗得岛和康涅狄格这两个殖民地的建立。

另一个难题是如何建立令民众满意的政府。每个殖民地都有一系列特色试行政策，如基本法律和自由体制。经过岁月的洗礼，这些古老的文献现在读来颇受教益，因为它们准确记录了美国人民最早的政治理想。尽管这些法典试图以苛刻的方式控制公民的日常言谈举止，但依然可以从字里行间看出人们坚持崇尚“依法治国”的原则。对公民自由的宪法的信仰和追求起源于美国政府的草创时期。

与英国决裂

在所有有关殖民地的问题中，最困难的还是该如何恰当地界定与宗主国之间的政治关系。在各殖民地都实力薄弱且又容易被外界危险所侵害时，这一点并没有引发严重的争议；但在1760年之后，美洲经济地位的重要性得到凸显，同时法国人的军队也从北方边境撤走，隔阂便开始出现。一些原本可能很容易解决的问题，如今却演变成了冲突、摩擦和不满的根源。随着裂痕一步步加深，殖民地开始对母国政府权威积极抵制。

须知美国独立革命的原因绝非表面，且不胜枚举，《独立宣言》就记录了可由殖民者们见证的殖民地人民所经历的种种苦难。

如果没有某种形式的中央政府，13个造反的殖民地就不可能完成团结一心、力争自由的伟大事业。国会代表机构也应运而生，定址费城。国会建立之初，并没有合法的法律准则。随后制定并采用的《邦联条例》成为在接下来的10年里各州通行的宪法。这些条例赋予中央政府的权力很小，其目的在于保障战后问题的顺利解决。但事实证明，《邦联条例》不能一劳永逸，满足长期需求。

联邦宪法

《邦联条例》中有两个缺陷很明显：一是没有给予联邦政府一笔有保障的年收入；二是在确保商业管制统一性上缺乏相应的规则。由于这些不足急需修正，1787年制宪会议再次在费城召开。其中大多数会议代表都是制宪会议的成员，包括华盛顿、麦迪逊、汉密尔顿和本杰明·富兰克林。人们普遍认为，仅仅通过修订《联邦条例》不可能实现想要达到的目的，因此必须制定一套全新的宪法。这项工作持续了1787年的整个夏天，新宪法完成后被提交给13个州获得批准。其中某些州对新宪法表示怀疑，因为其中很多规定遭到激烈的抨击。但支持它的人积极为他辩护，汉密尔顿和麦迪逊在一次宣传活动中积极写文章并收到良好效果。最后，所有13个州都认可了新宪法。汉密尔顿和麦迪逊撰写的支持新宪法的文章后来以“联邦党人文集”为题出版发行，并成为论述联邦政府条例的重要文献。新一届联邦政府随即运作起来，华盛顿总统在其第一次就职演说上号召民众代表以能够“赢得世界尊重”的方式“奠定国家政策基础”。

巩固联邦、领土扩张和对外政策

在联邦政府成立之初的30年里，三个显著的特征凸显了美国政府的发展趋势。第一是宪法赋予中央政府的权力稳步落实并有所扩大。在美国最高法院成立十几年后直到1835年期间，约翰·马歇尔出任首席大法官一职，他始终以维护司法权的地位和尊严为己任。马歇尔认为中央政府应当办事高效，并肯定了当前的政府正是宪法缔造者们所希望建立的政府。在任职的34年时间里，马歇尔全身心地致力于尝试从这部国家的基本法中探索并验证其所能够赋予联邦政府的所有司法管辖权的工作中。正是在他的领导下，最高法院迈出了划时代的一步。马歇尔主张宪法不仅要授予联邦政府明文规定的权力，而且还包括一些隐含的权利。另外宪法亦能授权国会，且国会可灵活选择将权威付诸实践时的方式方法。“如果目的是合法的，在宪法范畴之内，只要符合宪法的条文和精神，那么一切手段，只要是恰当的，且明显适合于该项目，均不被禁止，都是合宪的。”马歇尔1835年脱下法袍时，已将《宪法》阐释得淋漓尽致，并奉之为全国和华盛顿政府的最高法律。正是他在法律上的高超技艺，使得《宪法》在国民生活中处于主导地位。

第二，这30年是领土扩张的时代，连续不断扩张的步伐可以在本书的另一篇演讲中得到证明。

第三，在19世纪的前25年里，美国与欧洲政权之间的关系有着良好的基础。法国和西班牙的相继撤出，消除了潜在的隐患；与英国之间的战争（1812—1815年）肃清了国际氛围中的不良因素。在这个和谐的年代快要结束的时候，北美五大湖地区的实际中立出现了——这是政治家精明审慎的一招大手笔。几年之后颁布的“门罗主义”，坚定阐明了美国在与新大陆国家关系上的外交政策。1803—1823年的20年里，政府先后理清了南部边界的问题，消除了北部边界可能存在的威胁，并坦率地公布尊重邻国未来政策中的基本原则。

法律与自由

罗斯科·庞德

法律秩序因何目的而存在？通过政治组织我们试图要实现的目的是什么？立法（即为组织化的社会所建立或承认的司法部门所选择和制定的标准）的终极目标何在？这些均是法律和政治哲学所需要解决的首要问题。人们以何种方式回答这些问题的历史，也就是法律思想和政治思想的历史。

法律的目的

原始社会所给的答案是：法律秩序的存在仅仅是为了维持治安，通过法律秩序人们试图要避免个人的自我救济和阻止私人争斗，立法的目的就是为了构建和平解决争端的规定。因此，我们力求做到公平地评判，而试图维护和平的秩序及和平地调解争端仅仅只是达到此目的的方法和附属物，原始社会的法律体系却使得和平变成了最终的目的。今天，对于所受到的伤害，我们首先想到的是赔偿问题，而原始的法律只想到了去平复报复者想报复的欲望。今天，如果某人受到了冤屈，我们会试图给每个受害者其应得的补偿，或者最接近其价值的物品；而在原始社会，法律却仅仅寻求给予他报复的替代品。

希腊哲学和罗马法律很快就超越了原始社会里关于法律秩序存在目的的粗略观念。它们对此的答案是：法律秩序的存在是为了保持社会的现状；通过法律秩序人们力求保持每个人的合理状态，从而防止其与同胞之间产生摩擦，而原始社会的法律仅仅试图缓解摩擦。在希腊的政治哲学中，这一点被明显地展示了出来。因此，在柏拉图的理想国中，政府为每一个人分配了一个其最适合的社会阶层，法律会约束他一直处于那个阶层，目的是为了使得完美的和谐统一能够长盛不衰。出于相同的理念，圣保罗在其著名的劝诫篇（《新约·以弗所书》第五章第二十二节及以后，以及第六章的一至五节）中，号召其所有信徒在他们各自所处的阶层尽到各自的本分。罗马的法学家们把这种政治哲学观念付诸法律之中。在有关罗马法律的著名著作《查士丁尼法学总论》中，我们可以了解到，法律的规诫有三：要有尊严地活着；不去伤害其他人；每个人应被给予其理所应得的东西。国家的法律目的在这里被解释为：为和谐地维护现有社会秩序。一个人所谓不可被侵犯的利益是什么？又是什么规定了这种利益是理所应得的？这些问题统统留给了传统的社会组织去解决。

罗马帝国没落以后，日耳曼的入侵者曾经从那里带回了这些原始的法律观念，包括赎买复仇，以及通过刻板的审判模式和硬性的规则专制地解决争端以维护和平的秩序。但到了中世纪的时候，这些观念又逐渐地被古典的观念所取代：法律秩序是维持社会现状的一种手段。后者尤其因《圣经》和罗马法律那不容置疑的权威而得到了增强。此外，自13世纪起，哲学家们越来越多地力图通过理性来维持权威，于是，通过这种方式，他们为17世纪发展出来的一个新观念扫清了障碍。因为那一时期，有两件相当重要的大事迫使对法律和政治哲学进行一次彻彻底底的革命。首先，宗教改革已经使得法律哲学和政治哲学跟神学脱离开来，并且使得他们摆脱了教会的权威。这是16世纪新教法律神学家们的成果。其次，随着因中世纪统一而普遍的权威——教会和帝国的分崩离析而产生的民族主义运动的兴起，日耳曼学者推翻了罗马法律的权威对现代欧洲具有约束力的这一观念。这样一来，为法律和政治权威寻找新的基础就显得很有必要了。而这些基础就存在于理性和契约，或者说是在个体的一致意见和共同约定之中。

理性与天赋权利

在17世纪和18世纪，理性成为衡量一切法律约束力的标准。17世纪的法律和政治哲学家们认为，法律就是为了遵从理性生物的本性而存在的。然而，尽管他们在实际中已经摆脱了罗马法律的权威的束缚，但他们仍然公认罗马法律体现了理性，并且很少去尝试没有权威的东西。因此，罗马人的箴言——不损害他人，给每一个人其理所应得的——被用来表达理性生物的本性，并且尊重人格和尊重既得权益仍然成为两项基本的司法原则。但这些原则却引起了两个明显的问题：（1）是人格之中的什么因素引起对别人的侵犯而造成伤害？（2）是什么因素使得某物成为一个人自己的所有物？答案得从天赋权利理论之中，或者是关于人类个体的某个内在品质理论中去寻找，并且会被对社会、政府和法律注定要产生影响的法理所揭示出来。根据该理论，公道就是个人自我主张的最大化；政府和法律的功能就是使个人自由地行动成为可能。因此，法律的约束力和必要的强制性所调整的范围被限定在最小的程度，以使得每个人的自我主张达到最大化。而这种最大化同时又受到所有人的这种类似的自我主张的限制。这种纯粹的个人主义的司法理论，在18世纪的《人权宣言》和《权利法案》这两部典型著作中体现得淋漓尽致。

18世纪末期，17和18两个世纪的理论基础被伊曼纽尔·康德粉碎了。但是，他为"司法就是实现个人自我主张的最大化"这一观念提供了一个新的形而上学的基础。最终，这一观念又延续了将近100年，并在19世纪的政治、经济和法律著作中得到了充分的逻辑发展。尽管欧洲实际的法律在

19世纪中叶就开始脱离了这种观念，而在美国，是直到19世纪的最后10年才与这一观念明确地脱离的。

在19世纪的时候，法律和政治哲学家们都一致赞同“法律秩序、政治组织和立法的最终目的都是要保障并维护个人的自由”这一说法。历史学家在历史中发现这一观念在人类的经验中逐渐深入人心。哲学法理学家把自由意志假设为基本原则，并由此推导出一套法律应当遵从的理想的自由原则体系。功利主义的立法者把个体的自由看作是一种产生人类幸福的必不可少的手段，因此使之成为所有立法的目标。约翰·斯图亚特·穆勒的著述《论自由》是彻底阐释这一19世纪的抽象自由观念的最好例子。而且，在其对我们现在所谓的“社会立法”的态度方面，就其限制一种抽象的行动自由（这种自由是弱者在压力下出卖他们的实际自由得来的）而言，这部作品比同时代的，以及随后的执同一观念的大多数著作要温和、合理得多。

现代社会学观点

现在，社会哲学学派给我们带来了关于法律秩序目的的一种新理念。也就是法律秩序的目的不是与所有其他人的类似的自我主张相一致的个人自我主张的最大化，而是最大限度满足人的需求，这些需求中也包括自我主张，且是非常重要的一项。因此，今天的法理政治理论考虑的是利益。也就是一个人可能提出的权利诉求，以及在最低程度地牺牲他人利益的基础上最大限度地获取或保护自己的利益。此外，还包括公众利益，即有组织的政治社会可能提出的权益诉求，以及社会利益，也就是整个社会的权益诉求。最终，一切利益，包括个体的利益与公共利益，都会得到保障和维护，因为这样做是社会利益之所在。但这并不意味着个体的利益会受到忽略（个体利益的细节早在19世纪就得到了彻底的研究）。相反的，最主要的社会利益就是个体的道德生活和社会生活，因此个体利益与社会利益在很大程度上是相一致的。然而，因为个体的道德生活和社会生活是社会利益之所在，在一个不是所有需求都能够得到满足的有限世界里，必须把个体的利益和他人的利益进行权衡，所以，在确保个体利益方面，在承认个体的自我主张仅仅只是人类的需求之一的问题上，政府的家长式作风甚至是纵容可能会比较恰当。但对19世纪的思想者们来说，这是无法忍受的。在这一点上，尽管我们对于法律和政府的目的的观念完全改变了，但是穆勒的《论自由》对我们来说仍然具有永恒的价值。正如在17世纪时那样，人们认为公共利益是至高无上的利益，对其进行了过分地强调，妨碍了个体的道德生活和社会生活，而《权利法案》和《人权宣言》中对个体利益的主张，如今也面临同样的危险；如果过分强调某些社会利益，政府的纵容将会成为目的而不是手段，甚至会使法律秩序的真正目的无法实现。因此，尽管我们站在全社会的角度进行思考，我们仍然不得不考虑个体的利益，考虑一个人有可能提出的所有利益诉求当中最大的，那就是：坚持自己的个人特性，自由地行使上帝所赋予的意志和理性的权利。我们必须强调社会利益在于个体的道德生活和社会生活，但我们也必须记住：那是一个拥有自由意志的人类的生活。

戏剧篇

Drama

总　　论

乔治·皮尔斯·贝克

很少有人——不管性格如何——感受过想要扮演别人或者扮演某个别的东西的冲动，也很少有人在扮演的时候毫无情绪的变化。从古至今，无论文明时代，还是野蛮时代，在所有的语言中，我们都能在模仿中发现这种本能的快乐，而一切戏剧的本质正好是模仿。因为模仿，所以产生了演员，而戏剧家的出现是为了通过足够典型的描写和引人注目的语言来制造这种快乐的想法，这样本身就产生了戏剧文学。虽然戏剧文学的作品比较少，但以模仿行为来制造戏剧娱乐，自从我们听说它与最早期的希腊酒神节的获得有关以来，就一直存在着；自上帝创造了人类以来，这种戏剧表演的本能就一直持续活跃着。我们并没有扼杀戏剧，也没有因忽略最优秀的戏剧，而约束了它的吸引力；不过正是因为如此，我们纵容了其中最弱和最差的成分的活跃。1642年，面临战争的英国议会下令关闭了剧院，禁止一切演出。虽然社会动荡不安对戏剧的发展有所阻碍，但政府还是在1647年撤销了这一法令。因为人们私自修改了以前受欢迎的戏剧，并在私下里演出。由此可见，这种本能——对戏剧的渴望——是如此的强烈，倘若看到新戏剧或者甚至连老戏都看不完整的话，他们宁愿接受庸俗的娱乐，也不愿忍受没有戏剧的日子。即使在美国，在战争的年代，在很多社群中，人们心怀疑虑地看待戏剧，拉洋片也依旧深受欢迎，南北战争时期，共和军的地方组织曾经满怀热情地为观众表演了《夏伊洛的鼓手》。如今，大多数人即使不去戏园也会看会儿电影。没有人能扼杀与岁月同在的本能，立法的制约，只能压制其精华的部分；因此必须做的事情便是，让不想要的东西失去原有的吸引力。

戏剧和大众品位

这样的结局的坚实基础是人们对优秀戏剧的广泛热爱。虽然实际情况并不是乔治·法夸尔所描写的那样："戏剧就像是晚餐，而诗人是厨师。"但萨缪尔·约翰逊的话也不无道理，他说："戏剧的规则是看戏的观众制定的。"奉上这份戏剧大餐的人，也是严格按照他所认为的公众口味，他只是最优秀戏剧的写手：因为他没有创造戏剧。找准公众的口味就好比——阴霾的天气里击中快速移动的靶心。此外，一个公共演说者，试图对公众呈现他演讲的主题，而公众对这个主题毫不知晓，他对自己的观众也不熟悉，那么他就必须在演讲内容中找出某些有吸引力的东西，从而成功吸引某些听众的兴趣。同样，剧作家也是如此，他不会给没有幽默感的观众看喜剧或者滑稽戏，也不会给幽默的观众看那些凄凉忧伤的故事。就那些喜欢戏院的人而言，他们是有一定欣赏能力与视听享受的；当然，对过去优秀的戏剧了解得越全面、越准确，那么他写的剧本就越优秀，让观众乐此不疲、难以释怀的机会就越大。

如何阅读剧本

在阅读剧本的时候，要知道，无论什么剧本，也不管它有多么的精彩，只要没有看到它在舞台上的表演，就无法做出任何评论。就像约翰·马斯顿在1606年所言："喜剧是用来说的，而不是用来读的；记住，这些东西的生命在于表演。"抑或是像莫里尔所言："喜剧是用来表演的，而不是拿来阅读的。"任何戏剧都是如此：没有那些必要的场景和灯光加上表演，就无法产生准确的效果。表演指的是演员的姿势、动作和声音。其中重要的是声音，它是向观众表达情意的桥梁，还能像音乐一样流露内心的感受。独自阅读剧本是非常不正确的，甚至掩盖了戏剧本来的面目。一般的，读者并没有认识到戏剧与其他形式的虚构文学之间的区别，因此丧失了阅读剧本应该得到的快乐。阅读戏剧需要比小说或者短故事更加地细心。当我们用思维勾勒其中人物的时候，没有剧作家的解释、分析和评论来正确地引导我们；并且它可采纳的只有少数关于情节发展的舞台指示和那些简短精练的对话语句。而更加令人难过的是，大多读者习惯于简略的浏览，就像阅读杂志上的简短故事一样，并没有把剧作家所呈现给他的东西有机地结合起来，而只是看到话语的表面意思，丝毫没有开动脑筋加以思考，去主动参与和思考，这样的剧本阅读方式使得剧本丧失了其真正的价值。而正确的阅读会让文字所描述的场景在脑海里出现；之后用心、用脑去读，必要时要放慢速度去阅读，勾勒出剧中人物登场、离场的场景，任何优秀剧本的对话所透露出来的意思，都不仅仅是走马观花所能看得见的。剧作家所写的那样的对话，并非是剧中人物都会那样说，而是因为那样的语句可以推动情节的发展，是因为那样的语句相对于作者之前考虑过的其他若干词句更能吸引观众的注意力。那么，首先要保持一种共鸣的而非吹毛求疵的心态。阅读剧本是为了想象，因为想象可以引导读者获得身临其境的感觉。阅读完毕，情绪跟着剧本波动，感叹万分之后，才让你用自身的阅读经历去欣赏阅读的正确与否，不要主观地（不管是道德偏见还是艺术偏见）占了先导地位的判断；阅读的时候尽量保持一颗宽容的心。一个作家可能成功处理好一个从不被人重视的东西，从而让人们开始关注它。也可能把被人们视为禁忌的主题处理得令人信服，并且获益匪浅。千万不要认为一个剧本与你所熟知的那种剧本不同就一定很糟糕。就像《哈佛百年经典》的主编所言："正是这种与其他时代的人的心灵的邂逅，才扩展了饱学之士的视野和思绪。”不管是什么国家，不管是什么时期的不受欢迎的戏剧，都不要错误地认为它永远不受欢迎，而应当思考造成这一现象的根源，比如思考舞台和观众的因素。这样能让一个看上去枯燥无味的剧本变得生动活泼、引人注目。不管怎样，当你阅读完毕的时候，必须谨慎下结论。除非你有能力让公众信服并且认可你认为有毒的东西，否则就不要说“这个剧本一无是处”，而只能说“这个剧本与我的口味大相径庭”。在戏剧史上所有伟大的时期，题材和主题选择的绝对自由、个人化处理手法的绝对自由，以及观众渴望身临其境地欣赏戏剧（即使需要一定的指导）的热情，都带来了巨大的成就。倘若人们对过去的戏剧进行广泛地了解，并严格按照上述的精神把它们当作如今正在上演的戏剧来判断，那么，对于我们的剧作家来说，没有什么不可能。

戏剧的本质

戏剧究竟为何物呢？广义上讲，戏剧是一切引起人们兴趣或令人愉悦的模仿性表演。中世纪最早的戏剧是教堂圣歌中的插段，在圣歌的片段中，使徒走向圣墓，发现耶稣已经升天，从此，他们欢欣鼓舞。表演的对话伴有音乐，只起渲染修饰的作用。不管在什么年代，戏剧中起重要作用的是表演，而非人物塑造（不管塑造得多么好），也不是为了塑造人物而设计对话，或者是为了对话而设计对话。不可否认，早期的戏剧过于直白、流于形式，没有太多的文学价值。正如这类插段在10—13世纪被增加到了表现复活、基督诞生或其他圣经素材的插曲中一样，故事也是围绕最初的插曲进行的，人物塑造的目的是为了使人们对这些不同的插曲信服。因为只有塑造不同类型、不同性格的人物，才能使插曲体现出应有的文学价值。对话的语句也不单单是人物对话，而要表现每个说话者的性格特征。这样的戏剧，便有了魅力、趣味性、机智幽默，也就是说，戏剧拥有其独特的品质。正是人物塑造在戏剧中的出现，催生了戏剧文学；也因这样的人物塑造，戏剧充满了对人类行为的揭示和人物对话的刻画，而这样的对话对人们也具有十分的吸引力。

随着时间的变迁，逐渐发展成为以故事情节为主的戏剧、以刻画人物为主的表演，这使得对话、情节和人物变得同样重要，尤其是那些经典的戏剧，他们将情节、人物和对话有机地融合在一起，成为一个整体。韦伯斯特的《马尔菲公爵夫人》是一个情节剧，其巧妙地揭示了大众品位的变化。现代的人们更好奇的是剧中的公爵夫人，而不是故事本身，最后一幕无疑缺乏那个时代的人们所缺乏的那种趣味性。在约翰逊的《炼金术士》中，令人备感兴趣的是剧中的人物。谢里丹的《造谣学堂》和康格里夫的《如此世界》一样重视人物塑造和对话。而在《哈姆雷特》《李尔王》《麦克白》中，故事情节、人物塑造和对话有一种完美的结合。

悲剧的本质

通常的，人们认为悲剧和喜剧的差异在于素材的不同。在德莱顿看来，悲剧应当是地位尊贵之人的不幸遭遇，通过适合他们遭遇情节的语言来加以演绎。亚里士多德在他的《政治学》最早提出了这个概念，这是源于他对希腊戏剧的观察所得出的结论——这个定义很准确，后来一些研究在其基础上将之发扬光大。这样的定义在英国英雄剧的夸张中，以及在高乃依及提辛的那些有点残忍的悲剧中获得了充分的注释。18世纪前30年出现了英国的悲情戏剧，还有类似的法国的“泪剧”和德国的“小资剧”。这无疑证明，无论在何地、何种阶层，从贵族到平民、学者到文盲，都存在悲剧。

那么，究竟什么是悲剧呢？ 在伊丽莎白时期，人们眼中的悲剧是以死亡为结局的戏剧，后来人们开始明白，有时候活着比死亡更具有悲剧色彩，称一部分悲剧戏剧为悲剧，并不是因为悲剧事件。很多以欢乐结局的戏剧，其中也有深刻感人的片段。那么，为什么我们都认为《哈姆雷特》《马尔菲公爵夫人》《钦契》是悲剧呢？因为在这些戏剧中，人物与自身相冲突，而这些充满悲剧色彩的情节，带来了最后的灾难，这样的不幸灾难是十分合乎逻辑的结果。这里的“合乎逻辑”，是指结局是由先前的过程推导出来的，符合人物的性格，换言之，是符合我们所知道的人类经验，或者符合这位剧作家揭示出来的人类经验的。

情节剧

当然，不难看出，有些悲剧环境并非是通过人物刻画来渲染的。例如，在表现克里奥佩特拉的某部戏剧中，我们为相应的场景而触动，即使它并没有为人们呈现一个不幸和苛刻的爱情，而导致人物的最后灾难。那么，我们得到了什么呢？是广泛意义上的情节剧。就这点看来，情节剧在人物刻画上是不足的，是一直存在问题的。从专业上讲，这个名词在19世纪传入英格兰，是一种源自法国的舶来品，伴随音乐的衬托，让人们触景生情。随着社会的发展，更加广泛的名称也可用来表示那种耸人听闻、人物刻画不足的戏剧。

故事剧

故事剧是介于情节剧和悲剧之间的戏剧，情节剧和悲剧多半都有引人入胜的剧情，但只有悲剧能够以人物的性格对剧情做出完美的诠释。故事剧中有轻松和严肃，有喜剧和悲剧，虽然结局是欢快的。人们认为《威尼斯商人》是被看作关于巴萨尼奥和鲍西亚的故事（莎士比亚是这么认为的），很明显它不是悲剧，而是故事剧。可是倘若我们以现代人的思维呈现（尤其是通过他们的场景安排）来理解夏洛克的话，常常就不得不加以思考：它不是一部悲剧吗？这里有一个很重要的区别：喜剧和悲剧的素材之间并没有本质的差异，而是取决于剧作家的着眼点；而正是他的刻意强调，在围观中开启了一扇特定之窗。夏洛克受审的场景很好地说明了这一观念：对巴萨尼奥的朋友来说，好比是大多数伊丽莎白时期的观众，这种迫害犹太人的把戏非常有趣；而对夏洛克来说，却是苦难与折磨。

高雅喜剧、滑稽喜剧和笑剧

喜剧有高低之分，低级喜剧也就是滑稽喜剧，直接或间接地涉及风俗习惯。琼森的《炼金术士》就直接描述了各种风俗习性，有特征单一的，也有个性鲜明的。那呈现阴谋的喜剧，主要围绕一个爱情故事展开，从而产生了层层复杂情节，但始终没有脱离间接的描述风土人情的特征。这类戏剧的样本很多，比如《鞋匠的假日》，更典型的如弗莱彻的《竹篮打水》。正如乔治·梅瑞狄斯在他的那部经典之作《论喜剧》中所指出的那样，高雅喜剧的境界是：笑在思考之后。这种笑是通过思考而来的，是作者所需要体现的戏剧的潜在价值。例如，在《无事生非》中，当我们思考着把培尼狄克和贝特丽丝眼中的自己和我们在剧作家生动而富有哲理的笔触下所看到的他们进行比较时，其中的趣味使我们开怀大笑，这就是高雅喜剧的魅力。

而笑剧是把未必有的事当作可能的事来表演，让不可能的事变成可能的事情来表演。滑稽戏就是后者的笑剧。阿里斯托芬的《蛙》形象生动地刻画了什么是滑稽戏。当今的笑剧中，往往从某个人物或情景的荒谬开始，这个前提一旦得到认可，那么，我们便可以合乎逻辑地推出结局。

戏剧的社会背景

可是，即便是你理解了这些差别，倘若真的要去欣赏那些离我们有些年代的戏剧，也还是存在一些难度的。从公元980年起，现代戏剧从前面已经描述过的通过堆砌事件来呈现的简单拉丁文插段开始，发展到了刻画人物，为了感情本身而表现人物的感情，一直到以英语、法语或德语写出来的类似作品。之后的一些时间里，人物的刻画慢慢得到了发展，到15世纪末，神话剧和道德剧便开始出现，赶上甚至超越了包括马洛的时代在内的之前的所有英国戏剧。但在它们的背后，是一个尚未出现裂痕的教会。随着宗教改革的出现，及其对个人认可的价值观和终极性的坚持，那些说教喜剧便开始让位于娱乐戏剧——五幕剧的幕间插头和开头。然而，就像伊丽莎白时代和詹姆斯时期的部分戏剧那样，其中也不乏粗野的基调、充满孩子气的场景，以及为了故事本身而写的故事，这些都使得它们常常经不起推敲。还有其技巧——与我们协调一致的观念不相符合，它们是通过合唱、独白和旁白来说明方法——在我们看来是有些过时了。除了那些经典著作，大部分是莎士比亚的伊丽莎白时期的戏剧，在我们读来，大多数有些古怪的意味。只有真正了解它们在何种情况之下发展而来，我们才可以理解它真正的价值所在。

埃斯库罗斯、索福克勒斯，某些程度上还包括更现代的欧里彼得斯的经典戏剧，我们阅读它们的最好办法还是应先对戏剧描述的希腊生活以及他们为之而写的舞台有一定的了解。对于这些戏剧，很多的观众都是带着对它们所描述的那些神话和故事的共同了解去观看的，就好像在我们之前的一代人对《圣经》的普遍了解。我们应带有与他们一样的态度，去看待那些对伊丽莎白时期的《罗密欧与朱丽叶》《尤里乌斯·恺撒》和《哈姆雷特》的不同版本连续不断欣赏的公众。甚至还包括其他的剧作家对同一个神话更现代化、更轻快的处理。并不是因为看上去是新的所以这样做，而是因为这是一个新的剧作家在以个人的手法处理一个古老的故事。当然，这样的态度也适合伊丽莎白时期的公众。《罗密欧与朱丽叶》《尤里乌斯·恺撒》和《哈姆雷特》的续集都是他们喜欢的。特别是对希腊戏剧或者伊丽莎白时期的英格兰的戏剧加以评价时，这个事实是不容忽略的！

如果说希腊和伊丽莎白时期戏剧的作用是为了取悦和教诲普通大众的话，那么高乃依和拉辛的作品的受众便是那些受过教育的人。此外，它们并不是因个人的非凡才能创造出来的，而是假借那些批评理论精心创作的，这些理论并不是基于对古典戏剧的研究，而是来自那些对希腊戏剧的评论者——亚里士多德的评论。例如，关于时间、行为和地点的统一（这些东西本身是希腊舞台的物理条件的结果）的本质的观念，就来自亚里士多德。相比之下，德国17世纪的悲剧是知识分子的戏剧。

当然，随着人文主义精神得到广为传播，当人们越来越认同塞缪尔·约翰逊关于“以广阔的视野从中国到秘鲁审视着整个人类”的观点时，喜剧开始将这一切反映出来。浪荡儿以及那些纨绔子弟的自以为是和放纵不羁不再为这个世界所嘲笑；更多的是，观众开始去同情他的妻子、未婚妻或深受其害的朋友。复辟时期的喜剧生动地展现出喜剧和悲剧的差距在于其侧重点不同，不经思考的笑声转变为同情的泪水。但是伤感喜剧展现出来的心理其实是传统的、肤浅的。19世纪，从前对受众情感较为敏感的戏剧发生了巨大的变化。像法国和德国，伪古典主义的桎梏被砸碎——在几百年的时间里，戏剧被其禁锢在空泛的说教和毫无活力的人物刻画上面。歌德、席勒、雨果、大仲马和阿尔弗雷·德·维尼展现了一个戏剧传奇和历史新世界。而这种浪漫传奇又导致了以科学精神为基础的现实主义的出现，旧的价值观遭到摒弃。

戏剧中的现代心理和社会学

这种对性格、行为、对错甚至一般意义上的因果关系的透彻审视，在易卜生以及他的追随者中都可以看到。这些东西深深植根于新兴的、一派生气的心理学之中，他们坚信个人主义，并在这种观念的支配下，要求每一种为人所接受的观念出示它的“护照”。近半个世纪以来，戏剧艺术的范畴不断得到开拓，从讲故事发展到伦理剧的创作。在实践中，他们得出结论：在较短的时间内（顶多两个半小时），一部戏剧最多只能陈述一个问题或描绘一组社会状况。一开始，他们仅仅描绘图景或提出一些问题，而不给出答案。就像我们所看到的那样，那些创作伤感喜剧的剧作家仅仅通过心理的直觉来对社会状况进行描述。而今天，我们却站在另一个极端，只认识到剧作家的有限空间，被那些相互矛盾的心理学问题困惑，为灵魂的错综复杂唏嘘不已。于是我们坚信，一切提出的问题不可能瞬间就得到圆满的解决，也没什么现成的灵丹妙药。今天的剧作家更多的只是描写邪恶不堪的社会环境，等待其他人来给它一个准确的定义，抑或是，能找到有效的解决办法就更好了。高尔斯华绥的《正义》，像白里欧的《红衣》一样，未曾提出任何的解决办法，但两者都导致了所描写状况的改变：前者描述的是监狱生活，后者描述的是底层官员生活的黑暗面。

歌舞剧和电影的威胁

今天，美国的年轻一代表现出了对剧院几乎狂热的情绪。他们成群结队地涌向剧院——如果剧院的含义不仅仅是舞台剧演出的地方，还代表歌舞剧院和电影院。这个国家还从未在一段时间里，出现这么多人同时挤进剧院的现象。人们得从大老远的地方赶来，还得预先将钱存起来。而歌舞剧和电影票都足够便宜，几乎家家户户都支付得起。可问题的关键在于，他们提供的艺术是否像其价格一样低廉。当然，肯定会有优秀的歌舞剧存在，肯定会有一些规则去剔除他们之中危害的杂质。不得不承认，其中也会存在某些杂质是规则所无法掌控的。首先，相比之下，歌舞剧和电影能为人提供更低廉的隔间、更舒适的服务，剧院的包厢和楼座里的上座率自然就低得可怜了。这将直接导致很多戏剧没有上演的机会，除非剧院的经理有十足的把握去赢得更多的观众——至少要比音乐会的观众多，一部戏剧才有机会上演。歌舞剧，就像火车上所读的那些短篇小说集一样，只是一种消磨时间的方式罢了，观众基本上不用专心致志。歌舞剧中，只有当某些东西真正吸引我们的时候，我们才会去注意；如果“一轮”下来没有什么吸引眼球的地方，我们通常就是坐等下一轮。我们不必劳神费事，迟早会有吸引我们的东西。而戏剧则不同，要求要有价值，就像之前我们所说的那样，阅读的时候要集中注意力，努力地去想象其环境。表演戏剧的人要忘掉自我，与戏剧的情节发生共鸣。这些绝对基本的要求，那些歌舞剧出身的演员很难做到。同理，电影充其量就是剥离了所有元素、只剩下动作的戏剧。声音是戏剧中最引人入胜的部分，当然，留声机能够再现的东西也能算进来。可是，像电影放映机和留声机这些机械装置的组合，在人的意义上、效果的真实性上，以及说服力上，能比得上人？能比得上这些活生生地被看到或者听到的东西？电影放映机和留声机充其量是弗兰肯斯坦那台会表演的机器人罢了。戏剧文学真的受到了电影和歌舞剧的威胁。

现代教育中的戏剧

所有这一切，要不是我们在中学、大学和社区里所发现的那种戏剧起到了或多或少的抵消作用，还真是令人灰心丧气。早在16世纪的英国和欧洲大陆，在学校里，人们就开始重视学生练习表演的发音和举手投足。比如，赫特福德郡希钦公立学校的老师拉尔夫·拉德克里利夫就曾为他的学生写过很多的戏剧；先后在伊顿公学和威斯敏斯特公学担任老师的尼古拉斯·尤德尔，给我们留下了算是英国戏剧早期的里程碑之作《拉尔夫·罗伊斯特·罗伊斯特》，其中掺杂了早期英国戏剧的实践和从拉丁文戏剧中汲取的一些东西。在欧洲的父母，经常聚在一起，观看孩子们用本国语或者拉丁语进行戏剧表演。如今，在全国各地的小学和中学里，有智慧的老师都用同样的方式教育他们的学生，以使其用不同的方式展示自我的表演本能。在很多中学的配套设配中，都有一个小舞台，让孩子们去表演过去的经典之作和那些当代最优秀的戏剧家的作品，当然，有时也会有孩子们自己创作的戏剧。这样的表演，收获的不仅仅是发音、吐字和仪态举止。经常接触优秀戏剧文学的孩子，自己的文学水平也会得到很大的提高。以这种充满乐趣的方式去让孩子们接受戏剧，他们受舞台剧和电影的诱惑便会相应地减少。但训练范围必须广泛，包括：喜剧、悲剧、笑剧和滑稽戏。

假如国内的人未对过去最优秀的戏剧有一个真正的理解（至少通过一定的阅读来理解），那么年轻人的喜剧训练永远不能是完整的。否则，长辈怎能理解年轻人的价值观？因为他们永远都无法理解戏剧所能产生的价值和永恒的魅力。年轻人不可避免地就要去剧院寻找娱乐，长辈就不得不关注那些场所提供何种娱乐。这是一种很自然、公平的分工方式。

岁月流逝，我们在艾利斯岛[①]迎接来自世界各地的人群。有些人不太理解这里的公民的责任，这种责任是为一个相对比较同质的民族而设计的，这个民族日益强大，在依赖个人责任的政治力量中训练了好几百年。我们究竟该如何让这些移民了解美国文化的多样性到底意味着什么，并使他们融入这个国家？解决这个问题的最好办法，就是让他们参与社区的戏剧活动。南欧人或者东南欧人感情丰富，喜欢表演。在社区活动中心，通过精心挑选的戏剧，他们可以更好地学习我们的语言，并获得他所生活的这个国家的理想。

如何界定戏剧艺术的水平

为了对全体人民的这种广泛的兴趣做出回应，全国各地男女老少都在忙于这一有难度的艺术。反言之，为了对他们的这种需要做出回应，大学里纷纷开设戏剧创作的课程，虽然这在10年前是不可能的。可是对这些剧作家来说，迟早都得面对这样一个问题："我究竟是应该写一些能赚钱的东西（这样就要迎合公众庸俗的艺术品位和道德品位），还是应当坚持自己所接受和发现的戏剧艺术标准，直到能够有人对我加以关注呢？"不言而喻，答案当然是后者。很多人十分理解和热爱过去最优秀的经典戏剧，所以很快就能从当今的戏剧中看到希望所在。他们从过去得出评判现在戏剧的标准，而这些标准又得到今天的剧作家的实践，接着也为下一代树立了最广泛的标准。戏剧是一个巨大的文学宝库，是从人类种族的永恒渴望中发展出来的。戏剧是一位伟大的生活揭示者。当然，如果处理得当，它还是最具潜力的社会教化力量。对它的压制只能导致更低劣的东西走上前台。所以任何一个具有教育背景的人怎么能不试着了解戏剧呢？但要真正地理解戏剧，你还得带着心情去读，最重要的是要广泛地阅读。

为了达到这样的目的，这套丛书收集这样一组作品，应该算是一种激

① 纽约的这个小岛曾经是移民过境检查站的所在地。

励，可以促使人们更多地了解戏剧。而这本丛书收集的戏剧作品只是伊丽莎白和詹姆士一世时期很小的一部分。当然，仅通过这为数不多的戏剧篇目，还是可以看到19、20世纪法国、德国、英国、斯堪的纳维亚、意大利、西班牙以及俄国巨大的戏剧宝库。在今天的英国，戏剧经常被搬上舞台，其中只有少数作品超过了17世纪以来的任何一部作品。日复一日，戏剧创造了历史。至今，在英国和美国，戏剧仍然活跃、独立、雄心勃勃，针对那些层出不穷的主题，仍然在寻求新的表达方式。可在美国，这往往是粗糙的。只有等公众迫使它更加细致地思考、更加合理地刻画人物、更加严格地控制做戏的成分，人们才会知道它有多么的粗糙。任何的改进，背后一定都会站着喜爱它的观众；实现这样的改进，不仅要看今天的戏剧，还要广泛地阅读过去不同国家和不同时期的戏剧。

舞台对戏剧的影响

任何戏剧，即便它是伟大的剧作，仍然脱离不了呈现它的舞台。在一个伟大时期，戏剧会迫使它的舞台屈服于它的要求。不管要求是多么的苛刻，直到舞台变得具有可塑性为止。当然，在那些二流的戏剧盛行的时候，戏剧则让步于舞台的刻板僵化，让生活去适应舞台的变化，而不是让舞台去适应生活。所以你既能在不同时期看到不同的戏剧，也能在不同时期看到不同的舞台。最初，在圣歌的插段中，教士们是在挨着祭坛的高坛上表演，但随着演绎形式的变化，后来搬到了诗班屏风前的空地上、教堂穹顶的下方、中殿和耳堂的交汇处。中殿和耳堂都挤满了虔诚的宗教徒。由于教堂无法容下太多的人，再加上其他的原因，导致了教士们最后将戏剧搬到了教堂前面的广场上。那里观众的位置不错，之后连舞台也升高了。最后，戏剧的控制全发生了变化：从教会人士的手上转移到戏剧同业公会的手里，演出搬到了彩车上，这是不同于游行的彩车，只不过也有两层，底层用作更衣室。这些车子被钟点工拉着到处游走，游走在像约克和切斯特这样的城市里。每一站都爆满，临街的窗户后人头攒动，广场四周搭起了座位，就连屋顶上也是人。

露天性质让布景成为奢侈，即便看上去好像用上了精心制作的道具。而在法国，舞台更像是房子的正面或者城门，抑或是随意搭建起的巨大固定舞台的墙壁，被建在城市的某一个大的广场上。所有想看戏的人都结伴涌向这个地方。在剧院还没有出现之前，舞台指的是位于某个公共场所的露天平台，可以是固定的，也可以是移动的，可大可小。如果遇到活动的舞台，就简单地处理一下，后面是一道帷幕，隔出一个空间用来换衣服，提词的人也站在那里——这样的情况，布景是不可能的。至于固定的舞台，则经过精心的处理，搭建暗示房子、船只、城墙等布景，舞台的背后和侧面都可以用来布景，这个根据需要而定。

在16世纪，权利再次从同业公会的手里转到演员团体，于是他们逃离喧闹、令人不舒服的广场，躲到旅馆的院子里寻求庇护。旅馆的四面都有廊台，与今天剧院的楼座类似。演员们在临街路口的对面搭起一个高低不平的台子，帷幕从第一层的廊台的边沿开始悬挂，一直到舞台上。舞台后面便是更衣间。就这样，他们将第一层廊台的后面作为后台。第一层上面有一个高台，可以作为城墙、罗密欧和朱丽叶的阳台、楼上的一个房间。在所有这些的上面，还有一层或者多层廊台，可以做天国的布景，是神仙们现身的地方。有的观众站在院子里，而那些坐在廊台对面的则是买了高价票的观众。

现代舞台的发展

1576年，人们在伦敦搭起一座圆形的、类似于纵狗斗牛的竞技场的剧院。舞台伸入一个围场，在楼座的后方，并利用第一层的廊台。就这些来说，演员们不过是复制他们熟悉的旅馆院子里的情境罢了。更早时期的条件是不允许布景的，除非将廊台或者下方悬挂的那块画布算作是布景。而在伊丽莎白时期的剧作家，通过剧本中的暗示或者描述来安排他的场景。当然，一部缺乏舞台背景的戏剧一个世纪以后必须从自身的内部赋予它以氛围、真实或者是魅力。可是观众越来越受到逐渐精致的宫廷面具的影响，要求剧院尽可能复制那种富丽堂皇的场景。宫廷戏中，这样的场景位于一个拱门的后面，和现代的舞台有几分相似。1590—1642年的舞台都缩到了舞台拱门的后面。随后的几百年里，舞台的布置十分精细，后面挂着画幕，侧屏则放在滑槽里，还有绘制的饰边。16世纪下半叶之前，演出活动都在白天，用于照明的火把和篝灯很不稳定，使得照明显得很不方便。后来，流行夜场的时候，换成了蜡烛，最后汽灯的出现才使得一切发生了革命性的变化。1860年前后，一种可将整个舞台关在里面的厢式布景，取代了背景画幕和彩绘侧屏。可见，麦克里迪、查尔斯·基恩和亨利·欧文爵士的那些华丽精美、富有想象的布景已经到了一个登峰造极的地步。然而，剧院的老板和剧作家仍然在努力将舞台打造成梦幻一般。这既包括现实主义极致的要求，也包括诗剧和幻想剧迫使人们将想象视觉化的要求。为了满足这些要求，现代发明和科学成了戏剧的助手。电的诞生为迄今尚未得到充分探索的舞台照明开辟了新的道路，在德国，已经发明了能快速变化布景的装置。而在俄罗斯和英格兰，在充分激发观众想象力上表现出了技巧和艺术性——通过戏剧的暗示，而不是细致入微的令人困惑的情节，来刺激观众的想象力。现在，人们在舞台上悬挂帷幕、装饰道具，或者悬挂画幕，给出一些必要的暗示，对过去那些精心制作的布景加以改进。最好的舞台可以做到反应迅速、变换灵活，这与16世纪的什么都没有的舞台形成了鲜明的对比。现在的舞台反应迅速，这要求建筑师将舞台建造得更加灵活，灯光师将灯光设计得更加美观，需要杰出的设计师来安排装饰。总之，整个戏剧史上，舞台的建造一直都在试图满足戏剧家的要求，而今天的舞台更加具有可塑性。

现代戏剧的世界性

戏剧不仅仅在上述方面发生了诸多的改变。以前的戏剧全是具有民族区域特点的。正因为某部戏剧带有本土的味道，在其他地方很难被人们所理解。1870年的美国人，对于小仲马和奥日埃的戏剧便是如此。而今天，人们的旅游越来越频繁，国家之间的交流方式也日益丰富，所以人们观念的转换也在快速发生，以至于在莫斯科、圣彼得堡、斯德哥尔摩、巴黎、伦敦或马德里大获成功的戏剧可以迅速地传遍世界。不同国家联系在一起的共同利益也在不断地增加，思想道德的动向已经从过去的国家转向了世界的范围。所有这一切，使得所有世界性问题的任何民族化处理都会引起人们广泛的兴趣：直接导致整个世界对本土问题产生了兴趣。这样，一个民族的观念和交流很容易被另一个民族所理解。

所以，今天的戏剧是世界性的。在百老汇可以看到莱恩哈特为柏林的剧院创作的作品，而巴黎和柏林可以看到百老汇的《命运》。百老汇对高尔基、白里欧、施尼次勒耳熟能详；英国和美国的戏剧在欧洲大陆上也有很多的观众。两代人以来，戏剧正在践行它的格言：“我属于人类！” 如今的戏剧已经享有此项盛誉。戏剧的任何一个方面都很细腻，容易引起人们的共鸣，受到人们广泛的欢迎；它折射出自然，用欢笑和泪水向人们展示这个美丽的世界。

希腊悲剧

查尔斯·伯顿·古立克

“drama”是个希腊文单词，意思是行为——也许正如它的限制使用范围，意思是指眼前所发生的行为。正是采用这种方式，他们将剧院里上演的作品和那些史诗以及历史中的行为区分开来，就像希腊人理解和书写的那样，历史和史诗都有高度的戏剧性。

希腊喜剧的划分，可以根据三个世纪分为三个不同的时期。公元前6世纪是准备阶段，公元前5世纪是雅典天才繁花盛开的时候，公元前4世纪是属于新喜剧的时代，这主要受欧里庇得斯的现实主义的启发，对风俗习惯、家庭生活和社会时弊的描写初步成型。

希腊戏剧的起源

只需稍略读一下《哈佛百年经典》中的任何一部戏剧，就会发现合唱的地位很突出。为了了解戏剧中的这些结构，我们必须对悲剧和喜剧的起源有所认识。

最早的剧院

公元前5世纪的戏剧是从真名实姓开始的，显示了积极的进步，正朝着令人难以忘怀的成就迈进。这个时候，城市的人们已经开始庆祝酒神节了。还在公元前6世纪中期的时候，人们就将酒神迎请到雅典，采取隆重的仪式，在雅典卫城的东南坡还有一个专门供奉酒神的地方。神殿的旁边有一块空地，有一个圆形的舞台，中间有一个祭坛。观众则在卫城的斜坡上排列成行。圆形舞台隔着一段距离的对面是神殿，其后的伊米托斯山就像一道遥远的布景矗立在那儿。除了这样的自然布景，没有其他任何的布景。可不久后人们便形成一个惯例，就是雅典城内或附近的演员从观众的右边入场，而远道而来的演员则从观众的左边入场。

那些早期的悲剧作者要为演员编写乐曲，编排舞步，教合唱队唱歌，只用一名演员，而这名演员就在旁边的棚子里换面具或者服装，扮演不同的角色。假如根据埃斯库罗斯的戏剧来判断，合唱队的领唱则成了与他对话的人，担任着更加困难的角色。作为早期的诗人，普律尼科司之所以能闻名于世，是因为他是一个高尚的爱国主义者，写有甜美的抒情诗，具有活跃的创造力，能充分运用历史题材（比如《米利都的陷落》），并为男演员分配女性角色。就像亚里士多德所说的那样，进步是缓慢的，观众不太喜欢过分违背宗教起源和对演出场合所强加的限制。而那些保守派的人则认为：这和狄奥尼索斯没有本质的关系，反而会让作者克制自己，不敢仓促地背离传统。悲剧的高尚目的和严肃性并不归功于开端中潜在的萌芽，而是归功于那个时期诗人的严肃意图和深刻的宗教确信。当时，与波斯之间的冲突一触即发，其严重性也给他们留下了真正深刻的印象。

埃斯库罗斯：悲剧之父

埃斯库罗斯出生在希腊附近的埃莱夫西斯，祭祀得墨忒耳、珀尔塞福涅和狄奥尼索斯的宗教仪式就在这里举行。他的心灵受到了熏陶，这也对他的戏剧创作产生了影响，由此对他戏剧中的宗教问题我们也可以做出合理的解释——关于罪和神的正义，为何他的思想如此突出。他在马拉松打仗的时候恰好35岁。就影响而言，埃莱夫西斯的祭司们的华丽服饰给他改变演员的服装带来了灵感。但正是他的天才，才有这关键的一步，这足以使其成为“悲剧之父”。这才有第二个演员的引入，使得两个对比鲜明的人物、两组情绪或目的成为可能，并将理想的冲突呈现给观众和合唱队。黑格尔说，这理想的冲突正是悲剧的本质。

正因为酒神的赞美歌很短，所以早期的悲剧也比较短。创造性才能日益丰富的时候，一出戏的局限之内不可能处理一个完整的主题，于是三联剧中处理一个主题的传统诞生了。在此基础上，出于对酒神的考虑，又加进了森林之神。像古代一样，在这出戏中，合唱队扮演森林之神的角色。因此，现在唯一存在的一部三联剧（《阿伽门农》《奠酒人》《复仇女神》）中，犯罪、转罪和恕罪的宏大主题有了开头、中间和结尾。可这部悲剧中也缺少曾经凑成四联剧的森林神的戏。《被束缚的普罗米修斯》显然是不完整的，观众看不到这部三联剧中反叛的提坦与他的死对头宙斯之间实现和解、宙斯的正义得到证明的那部分。

《哈佛百年经典》中收录的所有希腊戏剧都属于打败波斯之后的雅典扩张时期的作品。诗人、画家、雕塑家共同颂扬希腊的成就（主要归功于雅典），这让欧洲在千百年的时间里摆脱了对东方专制统治的恐惧。探险和贸易将新的财富带到了如今控制着海域的阿提卡。诗歌和戏剧天才的爆发，历史上除了摧毁西班牙无敌舰队之后的英格兰，没有国家可与之同日而语。

索福克勒斯

悲剧作家索福克勒斯是最纯正的古希腊人的代表人物之一，在萨拉米战役获胜的那年，他还只是个十几岁的少年，英俊倜傥。因为采用了布景画，他成为在剧院里使用新希腊艺术的第一人。在此之前，埃斯库罗斯还一直满足于在演出舞台中央放一个祭坛，在远离观众的外部边缘放几尊神像。索福克罗斯现在竖起了一座背景建筑，观众可以看到的是神庙或者宫殿的正面，中间有一道门；两旁的入口保留了下来。埃斯库罗斯很高兴采用了这样一个发明，《阿伽门农》的场景尽管很简单，但比起之前的条件，已经算是进步很大了。索福克勒斯还将合唱的人数从12人增加到15人，使音量变得更大了，动作姿势也更加丰富多样。可在那以后，合唱部分减少了，演员的重要性逐步凸显，他也将演员的个数增加到了3个。

欧里庇得斯

在欧里庇得斯身上，我们看到的更多的是大胆创新者的身影，这是基于他戏剧创作的资源和道德问题而言的。然而，就连他个人也不能完全脱离传统。有一个有趣的现象，我们注意到，这一时期的最后的一部戏剧《酒神的伴侣》重新回到了悲剧的主题：狄奥尼索斯野蛮地战胜了那些迫害他的人。但欧里庇得斯的一些表现手法却遭到了批评。他的任务不再是神，就连推动故事发展的也不是神。他们只是平凡普通的人，故事的推动往往是琐碎的事件，然而却依然引起人们的怜悯。在亚里士多德的眼里，他是最有悲剧性的人，在三个人之中，因为角色都是些凡夫俗子，所以最容易让人产生同情心。因为观众全都是普通的大众，悲剧或怜悯恐惧的效果也越来越逼真。在情节的处理上，他的技巧比不上索福克勒斯最好的作品，有时候他求助于意想不到的转机，快刀斩乱麻一样地解开自己所系的复杂结扣。可是，即使有神灵出现，比如《希波吕托斯》的结尾那样，剧情发展主要还是因为有宏大的效果而显得合乎情理。

伊丽莎白时期的戏剧

威廉·艾伦·尼尔森

当欧洲轰轰烈烈的文艺复兴运动传到英格兰时，它在戏剧中得到了最充分、最持久的表达。一系列巧合使得这个充满智力和艺术推动力的运动在关键时刻影响了生活在英格兰的人民，当时这个民族正在经历迅速、总体上还算得上平和的扩张，民族激情高扬，使得语言和诗歌的发展到达了顶峰，也使得这个民族极有可能达到文学的顶峰。

莎士比亚以前的戏剧

可以说，在整个中世纪，和其他国家没有多少差别，英国的戏剧还是充满宗教性和说教性的。主题是宗教剧，对话形式很粗糙，题材来自《圣经》和使徒传。还有那些道德剧，多采用讽喻和抽象的表演手段来传授生活的经验教训。这两种形式都受到极大的限制，没有多少恢宏的场面来描写人性和人类生活。伴随文学的复兴，人们便很自然地开始模仿和学习古代的戏剧，这被证明是决定此后在几代人当中盛行的戏剧种类的主要因素。可是在英格兰，我们还是可以追踪到塞涅卡和普劳图斯的典范之作分别在悲剧和喜剧中所产生的重要结果。但是伊丽莎白时期戏剧的主题还是反映了当时英国人的面貌和兴趣范围。

历史剧

历史剧通过众多形式的采用，第一个到达顶峰。其中的代表作便是马洛的《爱德华二世》。马洛是莎士比亚最伟大的前辈；当然，莎士比亚自己也创作了10部这类的戏剧。它们都反映出伊丽莎白时期人们对英国历史的兴趣，在这些戏剧盛行之前的前300年里，整个英国的历史几乎都被搬上了舞台。历史剧有很多的缺点和局限性，特别是作为戏剧的一种形式。因为历史未必都适合戏剧的表现形式，二者的融合会给彼此带来损失。但是总有些不可思议的地方，剧作家往往总能寻找到合适的机会深入研究人物，比如马洛里悲剧中的国王、莎士比亚的《理查三世》中那种真正的戏剧结构，或者像《亨利五世》中展现的华丽的修辞和民族的喜悦。这些戏剧都不应当被拿来和现代的戏剧进行比较，并被加以批判。剧作家总是试图给演员优美的词句，而不是以真实的对话和举止加以演绎；同时，要想故事讲得引人入胜，加上幻想是必然的。可如果这也算是损失，那么精美的诗歌也难以摆脱这样的评价。

伊丽莎白时期的悲剧

悲剧早期的发展是和历史剧紧密相关的。可是在寻找主题的过程中，戏剧家们很可能就脱离了事实，人们为表现悲剧主题而搜遍了虚构叙事的整个范围。虽然塞涅卡的作品在一定程度上揭示了某些特征的盛行，比如鬼魄和复仇动机方面；可是莎士比亚从马洛和基德试验中发展而来的悲剧形式，才真正是一种全新的、与之不同的类型。比如时间和地点的统一性以及悲剧和喜剧的彻底分离之类的古典约束被抛弃了，结果产生了一系列的戏剧。尽管经常缺乏节制、没有正规的形式、缺乏统一的风格，却描绘了一幅被罪孽和痛苦所影响的人类生活的画卷。就其丰富性、多样性和想象力的活跃而言，堪称史无前例，无人能及。

莎士比亚是最伟大的悲剧大师，到达了悲剧的顶峰。《哈姆雷特》《李尔王》和《麦克白》是他的代表作，是英国天才的最高贵的顶点。

《哈姆雷特》是那个时代的代表作，它给人们带来的兴趣和讨论是空前绝后的。这主要归功于诗歌的非凡魅力、引人入胜的情节、栩栩如生的人物刻画，令人难以置信的是其有机地将个性和普遍结合起来，全世界的人们都为之倾倒。但更多的还是要归功于对主人公的描写，其性格的微妙变化和动机的复杂性，为人类探索奥秘的能力带来了永久性的挑战。《李尔王》的侧重点不在于唤起人们的好奇心，而在于强烈地展示我们惊悚敬畏的痛苦力量。这种痛苦由人类的愚蠢和邪恶所导致，却是人性能够承受的。虽然模糊的动机是错综复杂的，枝节太多，可对人的情绪影响确实是十分强烈。相比之下，《麦克白》则是一部简单的戏，却怎么也找不到比它高明的对道德的描绘，这些道德灾难降临在那些看到光明却选择了黑暗的人身上。

虽然是大师，但创作出伟大悲剧的人却不只莎士比亚一个。与他同一时期或者稍晚的人：琼森、马斯顿、米德而顿、马辛杰、福特、雪利等都创作出了令人钦佩的作品；但在悲剧的本质上，与莎士比亚最接近的是约翰·韦伯斯特，《马尔菲公爵夫人》就是一个最佳的例证，显示出他令人钦佩的创作恐惧和怜悯的能力。尽管他的题材范围没法与莎士比亚相比，但他遣词造句的能力是无人能及的。这些词句在激情迸发的瞬间，将一束耀眼的光射进人类内心的幽深处。

伊丽莎白时期的喜剧

在喜剧领域，莎士比亚的地位是至高无上的，更是无可置疑的。但从这类喜剧的性质来看，别指望它对人的动机有多么深刻的挖掘，更别指望它能唤醒我们的同情之心。就像悲剧中我们所能得到的那样，传统上喜剧的大团圆结局，使其对生活的忠实度很难达到人们在严肃戏剧中所预期的结果。可是，莎士比亚表现得丝毫不肤浅。在中期的著作《皆大欢喜》和《第十二夜》中，他向我们展示了高超的人物塑造技巧，轻松和优雅地描写了那些迷人的人物。人物的台词诗情画意、充满智慧，将整个一连串令人喜悦的场景带到我们面前。相比之下《暴风雨》更是如此，一方面让我们对早期的喜剧魅力心驰神往，另一方面也让我们为作者的智慧深深地折服。

《炼金术士》本来是本·琼森的代表作，是属于现实主义的喜剧，这是莎士比亚几乎未曾涉足的范畴。它是对1600年前后伦敦盛行的各种像炼金术、占星术等骗术的深刻讽刺。情节设计很有技巧性，作者也因此家喻户晓。尽管这部戏的主要目的是对欺诈行为进行揭示，它所描写的趣味性仅限于当时的时代，可是在其中，我们还是能寻找到一些非常好的诗歌，比如伊壁鸠·马蒙爵士的演说。

德克的《鞋匠假日》基调更加欢快，让我们看到伦敦生活中正派生意人的一面。琼森和德克为城市所做的事情，就像马辛格在他的盛名之作《旧债新还》中为乡村所做的事情，这部戏剧是除了莎士比亚的戏剧之外少数优秀的戏剧作品之一。《鞋匠假日》与《旧债新还》同莎士比亚的戏剧一样，代表了伊丽莎白时期戏剧的最高成就。与琼森相比，马辛格的人物多半取自典型，而与莎士比亚的戏剧相比，特点是少有个体存在；不过在道德层面上看，这部戏仍然有激发人感情的地方。博蒙特和弗莱彻的《菲拉斯特》像暴风雨一样同样是浪漫主义的戏剧，其结果是皆大欢喜，故可将其划分到喜剧的范畴，但也不缺少悲剧的成分。在人物的刻画上，虽没有莎翁魅力四射，但是个别场景的效果还是令人惊叹，人物对话中到处是精彩的诗歌篇章。

《哈佛百年经典》收录的喜剧，都是莎士比亚时期最优秀的戏剧文学，当然没有那么大的数量，也不可能从头到尾地揭示戏剧兴起与发展的重要文学意义。在世界上，除了莎士比亚时期，很少有其他时期可以将戏剧表现得恰如其分；很少有哪种文学形式让我们能够完整地看到其发展、成熟乃至衰落的整个过程。不过，撇开历史因素，我们之所以被莎士比亚及其同一时期的戏剧所折服，主要是因为它们对人类社会有着同情和认识；同时给我们带来了欢乐与痛苦，以及对罪孽与高贵的思考——因为他们高超的展示故事的技巧和剧本中处处可见的优美诗篇。

浮士德的传说

库诺·佛兰克

浮士德传奇是很多不知名作家作品的合体，多源自中世纪，在16世纪的下半叶与一个叫浮士德的人联系了起来。这个人作为一个伪科学骗子、耍手段的人和巫师在16世纪前40年的那段臭名昭著的经历，在德意志的各个地区都可以追踪到。1587年的《浮士德书》是这些故事最早的合集本，是带有鲜明的神学特点的作品。将浮士德写成一个罪人和道德败坏的家伙，将他与恶魔靡菲斯特所订立的契约以及后来被罚入地狱作为一个例证，说明人类的不计后果，并告诫人们应坚守基督拯救灾难的正统手段。

伊丽莎白时期的《浮士德博士》

根据1588年出版的英译本的《浮士德书》，马洛创作了他的悲剧《浮士德博士》。这部戏中，浮士德是一个文艺复兴时期的人，同时又是探险者和冒险家，一个希望得到非凡的才能、财富、享乐和名誉的超人，具有铁石心肠。靡菲斯特是中世纪的魔鬼，严厉而凶狠，专门去引诱别人，根本不顾及人类的愿望。特洛伊的海伦则是个女恶魔，是毁灭浮士德的终结者。浮士德几乎与伟大没有任何联系。他在靡菲斯特的帮助下表演了很多戏法、魔术，其中没有一样与深层的生活挂钩，更多的是消遣和虚荣。从契约开始到结束，他的内心丝毫没有离天堂或者地狱更近一些。不过剧中不缺乏人物个性的坚韧、扣人心弦的剧情，以及从头至尾穿插的插科打诨。在浮士德毁灭的恐惧中，我们感受到了人类激情的悲怆和荒谬。

德国民间戏剧的传奇故事

木偶剧，作为17世纪德国表现浮士德的民间戏剧及其衍生品，是对马洛的悲剧和1587年的《浮士德书》的反应，尽管里面有很多的原创情节，比如开始时的魔鬼会议，但更多的还是对人类不计后果和骄奢淫逸的憎恨。在其中的某些喜剧性的描写里，通过对比胆大而不满的浮士德与那位和他演对手戏的滑稽可笑、快乐知足的卡斯帕勒，凸显了大胆野心的虚妄。

最后一个场景中，当浮士德绝望而悔恨地等待午夜毁灭钟声敲响时，卡斯帕勒作为守夜的人，在大街小巷巡逻打更，吟唱那些告诫人们遵守规矩的传统诗篇。

接下来，16、17世纪的浮士德成了一个罪犯，他违背生活的准则，成为一个与神对抗的叛徒，毁掉了美好的自我，并吞下苦果。18世纪，他不可能以这样的结果出现，因为在那时，人权和尊严是最主要的口号，他注定会成为真实人性的代表，是自由、本性和真理的捍卫者，是为人类生命完整性而奋斗的象征之一。

莱辛的版本

莱辛给浮士德带来这样一次转折。他笔下的《浮士德》是对理性的捍卫，可不幸的是，那只是个零星的梗概。其中重要的片断由莱辛的朋友保存了下来—— 一次魔鬼会议。撒旦正在听下属的报告，讲述他们怎样给上帝的国度带来损害。第一个发言的魔鬼说他将一把火扔到虔诚的穷人的屋顶上；第二个魔鬼说他让一支高利贷者的船队葬身鱼腹。这两个结果都让撒旦厌恶。他说，让穷人更穷，只能和上帝捆得更紧，而放高利贷的人假如没有葬身鱼腹，那么他们达到航行的目的地时，就会给彼岸的人带来更多的灾难。

相比之下，撒旦对第三个魔鬼的回答更加满意，他偷偷地亲吻了一个纯洁的女孩，将欲望之火注入她的体内，因此他已经在精神世界里制造了罪恶——这意味着很多的东西，和在身体的世界里作恶相比，这对地狱来说是一次更大的胜利。但撒旦将奖赏赐予了第四个魔鬼，他虽然只有一项计划，可一旦这个计划得以执行，其他的魔鬼自然会黯然失色：从上帝那里夺走他的宠儿。而上帝的宠儿便是浮士德，一个孤独落寞、喜欢沉思的年轻人，除了追求真理以外，他放弃追求一切激情，活着只为了真理，全身心地投入到真理之中。当然，从上帝那儿夺走他，算得上一次很大的胜利，整个地狱都会为之欢呼雀跃。撒旦在心里对这个计划欣喜若狂，因为对付真理可是他的老行当。是的，必须引诱浮士德，然后摧毁他。而且，必须让他死在追求抱负的道路上。“你不是说他渴望获得知识吗？这足够毁灭他了。”他对真理的渴求将他带入黑暗。在欢呼声中，这些魔鬼散会了，开始实施他们的引诱工作，正当他们散去的时候，神的声音传来：“你们不会得逞的。”

歌德早期和晚期的剧本大纲

无可厚非，歌德关于浮士德的最初构思，也就是1773—1774年的《浮士德初稿》，是缺乏思想广度的，这和莱辛那部戏的零星片段的典型特征没什么两样。他在“狂飙突进运动”时期所塑造的浮士德是个充满浪漫主义的人，是个梦想家，希望能够亲眼见到上帝，希望能搞清楚事物的内在规律，沉醉于宇宙的神秘中。同时，他也是个狂放不羁的个人主义者，轻浮地鄙视人们接受的普遍道德；他与格雷琴的关系是整部《浮士德初稿》中最大的一部分，除了会产生悲剧性的灾难外，很难发现会有其他的结局。只有歌德在18世纪90年代开始构思的《浮士德》，才产生了清晰的视野，窥见生活的高度。

这时的歌德处于创作的成熟期，已不再是那个冲动的年轻人，创造的火花猛烈擦出。他也是个政治家和哲学家，在魏玛的宫廷里经历了传统式的成长：保守但带有自由的文化，对高雅文化很友好。在与冯·施泰因夫人之间真正的精神关联中，他那风驰电掣般的感情找到了一个安全的港湾。旅居意大利期间，歌德亲身感受了古典艺术的魅力。对斯宾诺莎和其他科学的研究，让他彻底坚信一元论的世界观，强化了对事物规律的认识。这一规律中，恶善成为一个不可分割的组成部分。席勒的实例，加上自己的亲身经历，让他明白：无拘束、率真而活，必须和为人类工作结合在一起。所有的这些都反映在1808年完成的《浮士德》的第一部分；而在第二部分中表达得更加充分，是即将离去的诗人的最后遗产。

歌德完成《浮士德》的心路历程：不停息地工作，持续奋斗，从底层生活领域到上层生活领域，从肉体到精神，从享乐到工作。基调是在《天堂序曲》中奏响的。我们听到的浮士德是一个大无畏的理想主义者，是上帝的仆从，被轻浮理性、嘲笑唯物论的靡菲斯特所引诱。同时，我们还从上帝口中得知，引诱不会得逞。上帝可以让魔鬼肆无忌惮，因为他知道结果是：魔鬼会遭到挫败；浮士德则会误入歧途，在奋斗的道路上犯下错误，但他始终坚信理想，在迷失和犯错之后，他的本性会引导他走上正确的道路，不会遭遇耻辱。在与靡菲斯特的契约中，我们仍然可以看到他的乐观。浮士德与魔鬼下赌注，那只不过是意识的绝望罢了，他不希望得到什么，便注定结果会赢。他明白，肉体的享受不会带来满足；只要沉湎在自我的世界里，他就不会有机会说：“你真漂亮！”从故事的一开始，我们就知道，尽管履行契约，但浮士德仍不会受其影响；只有在冲击世俗和激情的过程中，他才能不断让自己变得强大。

因此，整个戏剧中的一切，包括事和物，都成了塑造了这个宏大而综合的人物的插曲。格雷琴和海伦娜、瓦格纳和靡菲斯特、荷蒙库鲁斯和欧福里翁、皇帝的宫廷和希腊过去的阴影、中世纪神秘主义的冥思苦想和现代工业主义的实干，18世纪的开明专利和未来的理想民主——这一切，甚至别的东西，都在浮士德的血液里。他大步向前，经历一个个任务，在行动中赎罪，又不断迷失，并重新找回自我。他晚年被“忧愁夫人”吹瞎眼睛，但内心却仍有新的光亮在闪耀；临死前，他凝视未来。即便是身处天堂，他也不断地在向更新、更高、更美的形式发展，正是这种不能扼杀的奋斗精神，使歌德的《浮士德》成为现代人的《圣经》。

现代英国戏剧

欧内斯特·伯恩鲍姆

在《哈佛百年经典》中，现代英国戏剧是以18世纪的两部戏剧和17世纪与18世纪的四部悲剧为代表作的。文学风格因时而异，且这些剧作家，即便是同时代的，其品位也大相径庭，所以这六部戏剧或多或少都有显著的差异。每一部戏剧都很伟大，且伟大之处也不尽相同，因为每一部戏剧都遵循着各自不同的文学创作理想。至于哪一个才是最佳的文学创作理想，这对评论家来说是个众说纷纭的问题，有时还为此争得面红耳赤：戏剧大师们纷纷要比个高下，如德莱顿对莎士比亚、戈德史密斯对谢丽丹、雪莱对勃朗宁。这些争论尽管有趣，但是对单纯想体味戏剧之美的人来说，却只会让他们更迷惑，而不能有所启发。对他们来说，把戏剧家这样对比只能让人憎恶，因为如此便无法欣赏不同种类的戏剧，而是把他们对戏剧的欣赏拘囿于某一个流派。虽然他们不会费神去琢磨这些剧作家文学创作的目的孰优孰劣，但是除非真正明白剧作家在创作时努力想达成什么，否则他们无法在对戏剧的欣赏中获得最大程度的乐趣。

戈德史密斯和他的《委曲求全》

戈德史密斯生性随和，喜欢"普罗大众"所特有的自然而随性的幽默感。在戈德史密斯的眼中，众生百态都能引人开怀一笑，如人人皆不可避免陷入意外的窘境，令当事者难堪，旁观者窃笑；没经验的仆人好心做错事，年轻人乐此不疲并无恶意的恶作剧；情人的局促和娇羞；甚至是小旅馆里滑稽的玩笑……他不在乎年轻的马洛仍一厢情愿地以为乡村的住宅就是客栈，客栈老板的女儿是个女仆，也不管哈德卡斯尔太太将自己的花园误认为是远处的一片荒地。在他看来，这些都能引人本能地发笑，却不在意它们是否很少在现实中发生。他想描述的是了无心机的人们不断栽入的陷阱。在刻画淳朴的人（如哈德卡斯尔先生和哈德卡斯尔太太、托尼·伦普金和狄格丽）时，他满怀热忱和忠诚，却又富有善良而精明的幽默。

谢丽丹和他的《造谣学校》

谢丽丹是一个政治家、演说家和智者，他以这个时髦的世界为创作素材，也为这个时髦的世界而创作。他不超越这个世界日常的生活现实，也不挑战这个世界对中规中矩的喜好，因此在他的《造谣学校》里，没有设计让人难以置信的情节。赶时髦的男男女女都优雅机智或满嘴格言警句，于是他便给予他笔下人物的对话相应的气质——约瑟夫满嘴仁义道德，查尔斯愉快活泼，梯泽尔夫人伶牙俐齿、所向无敌。一个太过挑剔的社会欣赏不了天真的淳朴、粗俗的举止和嘈杂的欢笑，但谢丽丹想要展示的是这个社会平凡的生活也有喜剧的一面。他笑那些散布流言蜚语的人在破坏了他人的名声之后，自己更是声名狼藉；他笑那些愚蠢但天真的年轻的妻子，沉迷于速配婚姻危险的乐趣；他也笑那些装腔作势的年轻的伪君子，耍诡计却害了自己。但正如最后发生在皮特先生和梯泽尔女士之间那一幕的幽默所揭示的，谢丽丹并不是没心没肺的人。但讽刺才是他的目的。

德莱顿和他的《一切为了爱情》

正如大多数悲剧一样，德莱顿的《一切为了爱情》表现了善恶之争的悲惨结局。在展示善恶永恒争斗的现象中，有一些是因为自身的奇特而有吸引力，但德莱顿对这些不感兴趣。对他来说，最重要的悲剧性的冲突是人类生活中常见的冲突，如义务与激情之间的冲突。他选择以安东尼和埃及艳后克里奥佩特拉为主题，并不是因为这是什么全新的或是非同寻常的题材，而是因为这高贵地展示了人类生活中一个寻常的困境。他当然明白古希腊最后一个国王在那场决定性的阿克提姆岬战役中被罗马帝国击溃具有划时代的意义，也提供了对比古希腊和古罗马不同历史和情形的绝好机会。但他想写的不是一个“世界剧”。当幕布拉起的时候，阿克提姆岬战役已经结束，国家的命运也已被注定，剩下的是安东尼和克里奥佩特拉的个人命运。安东尼徒然却英勇地挣扎着，试图唤醒他往昔的男子汉气概和忠诚，克里奥佩特拉则在战争过后想继续保持对安东尼的控制。两个人都被彼此的不信任所折磨。在描述他们生命中最后那场短暂的冲突时，德莱顿的表达明白确切，且有一种高贵的朴实，真实地反映了他们当时内心的真实情感。

雪莱和他的《钦契》

当雪莱在《钦契》的前言中谈到“通过人类心灵的同情和憎恶来教给它关于自己的知识”时，他的想法与所有剧作家（包括德莱顿）并无多大差别。然而当他提到他“揭露人类心灵最黑暗和秘密的洞穴”的愿望时，他说的是他自己的偏好。在选择一桩“黑暗和秘密”的罪恶作为主题时，即可恶的钦契迫使碧翠斯陷入不可言喻的非正常状况，他遵从了自己的这一偏好。雪莱选择的背景恰到好处，一束不祥的花、夜晚阴森的城堡和陈列着刑具的监狱。然而他的重点不在物理的恐惧，而是用它们来引起剧中人物善与恶的极端表现。他感觉只有在如此恐怖的情形中，人类本性中最深的潜能才得以展示。碧翠斯无以复加的困境揭露了女性最本质的特征，充分展示了她贞洁的情感和天真的勇气。

拜伦和他的《曼弗雷德》

和雪莱一样，拜伦也追寻对平凡生活的超越，但他是在生活的另一角度里实现的这种超越。他的曼弗雷德不向世人或社会屈服，却与神秘的大自然孤军奋战。曼弗雷德从大自然中夺得了她的秘密，并学会如何掌控她的力量。但他引以为傲的知识和力量是通过压抑人类合群的倾向而得到的。现在，他在忏悔中寻求遗忘，而科学、哲学和宗教皆无法给他安慰。他感喟道："我毁了我自己，我将成为我自己的来世！"拜伦的性格使他能看透如曼弗雷德那样孤独的心灵，并促使它像火一般来表达自己的激情。但这给戏剧的处理造成不可逾越的障碍，因为大部分影响曼弗雷德的力量，不是抽象的，就是无生命的物体。然而，拜伦感受到了这些力量，也竭尽想象来使我们也感觉到这些物理现象和规律不是模糊和死寂的。大地、空气、山丘和瀑布对心烦意乱的流浪者来说，都是真实的、有个性的东西，且对他的影响比任何人对他的影响都更直达内心。

勃朗宁和《纹章上的斑点》

勃朗宁的《纹章上的斑点》将我们带回到日常生活中发生的悲剧。但他强调了这些悲剧的一个方面：德莱顿笔下的安东尼和雪莱笔下的钦契，在犯错时自己心里非常清楚；然而勃朗宁察觉到在有些悲剧中，人物虽遵循了自己最高的道德准则，但在发现这个准则是错误的或不可行时，为时已晚。《纹章上的斑点》里的人物有值得人钦佩的高尚品格。其中索罗尔德不是个毫无原则的人，但他坚守的行为准则却造成了致命的残酷。他如此笃信一个伟大的道德理想，使他无法对他心爱的妹妹做的看起来很不光彩的事做出准确的判断，不能从"罪恶的表面看到罪恶深处岿然不动的纯洁”。因此勃朗宁想要追溯的是事物微妙但自然的发展，也只有一种浓郁的、充满意味的风格才能表达极有教养且敏感的人物复杂的思想感情，如索罗尔德、米尔德里德和格温德琳。

这六部戏剧的读者若能理解剧作家创作的主要目的，一定会钦佩于他们一丝不苟达成这些目的的方式，也能感受到他们在设计剧情、对话和塑造人物时，技巧精湛，使之服从于那个最高的创作理想。事实上，这几部戏剧之所以能成为当时那个时代为数不多的伟大作品，主要是因为这些剧作家很清楚地知道自己想要做什么，并竭尽全力去做到。他们运用的方式很有趣，呈现了多样化的戏剧技巧，他们所持的不同人生观也使我们对剧中形形色色的人物和他们的不同境遇更为同情。

航行与探险篇

Voyages And Travel

简　　介

R. B. 狄克逊

为了欣赏，为了体验，
为了看这广袤的大千世界。

很可能从远古时代开始，这两行诗所体现的精神就已经是人类历史中一个有力的因素。猴子和猩猩有高度发达的好奇心，有人便据此推测在人类出现之前，我们的祖先就被诱使去探索外面的世界。尽管如此，在人类的脚印遍布地球之前，人类肯定进行了有意识的探险和旅行。随着人口增长，食物开始供不应求，可以找到食物的地方也越来越少，人类便开始意识到开疆拓土和人口迁移势在必行，于是去探索周围有哪些可去的有吸引力的地方，哪里条件最好便迁往哪里。当然这说的不是迫于战争或征服的迁移，人类最早的迁移主要还是自发的行为。因此这些原始的侦察员和探险家是探险最早的倡导者，探险史也就和人类的历史一样古老。

史前探险

人类的史前探险是真正意义上的探索，因为这些早期的探险者所探索的地方在之前是完全未知的，从未有过人类的足迹。当人类已经遍布大半个地球时，绝不意味着探险的终结。寻找觅食和渔猎场所，以及在农业社会到来以后寻找合适的肥沃土壤的探索，无疑持续了一代又一代。在人类文明漫长的发展时期，随着人口的不断变化，同一个地方肯定被不同的人群一遍又一遍地探索过。但这些大量的探险和探险者却只留下了少量的清晰足迹。在人类有记载的历史开始以后，才有了探险记录。

虽然我们找不到关于这些史前探险的记录，然而通过观察当今世界的原始部落，我们还是可以大概知道史前探险的特点。现在和过去一样，总有一些不怎么动、宅在家里的人，在狭小的世界里心满意足地过完一生，所到过的地方不过方圆几十里，做生意和征服的欲望也无法诱使他们走出那狭小的世界。然而现在和过去一样，也总有一些人有很强烈的探险精神，宅在家里便坐立不安，生来就有去觅食、贸易或征服的倾向。在这样的一个部落，如因纽特部落，一个人足迹所到之处可能有1 000英里。但总的来说，这样大范围的探险在原始部落里还是很少见的。古老的波利尼西亚人为了寻找新的大陆，乘小舟南下，漂过阳光灿烂的海洋，最后到达多雾和有浮冰的南极洲，其勇气和技术就特别值得人钦佩。

征服的动机

另一种有史以来支配着人类的力量是战争和征服。探险家以丰富经历而非增加财富为目的。只要能来去自如，他并不在乎这个世界归谁所有。然而征服者要求占有，占有和复仇的欲望使野蛮人和文明人进军遥远的异邦。易洛魁人因为痛恨苏人，便单枪匹马或成群结队地从哈得孙河往西长驱直入1 000里去密西西比攻打他们；匈奴王和其他部落的首领带领成千上万的部下从远东打入中世纪的欧洲；亚历山大征服了大半个古老的世界；

科尔特斯人和皮泽洛人则征服了大半个新世界。不同时期的战争使征服者多多少少成为探险家。对征服者来说，吸引人的不是一个国家多么美丽，而是有多少财富，如果他们对这个国家的人民感兴趣，也只是因为可以压榨他们。

宗教的动机

另一个驱使人们远走他乡的动机是宗教。受宗教影响，人类有了朝拜者和传教士，有些还成了史上最伟大的探险家。因为渴望朝向所信奉的宗教的圣地，朝拜者不辞劳苦长途跋涉。眼睛盯着那个遥远的目的地，他们孤身一人或是成群结队走过成千上万里路。他们一心只想着到达后的情景，对路上的风景视而不见。踏着一代又一代朝圣者走过的路，他们像羊群一样跟随彼此的脚步，而走这条蜿蜒曲折与艰辛重重的路也因此成了传统。世世代代，成千上万的朝圣者一直在跋涉着，从古时候的中国和亚洲其他地方前往印度的圣地，从欧洲的腹地前往中世纪的耶路撒冷，从伊斯兰世界的各个角落前往现在的麦加。他们所追寻的是灵魂的拯救，所得的奖赏是精神的奖赏。我们不能责怪他们对一路经过的世界视而不见。

在某种意义上，朝圣是“向心”的，吸引着朝圣者从已知的线路到达那个中心的信仰。然而传教士的传教是“离心”的，驱使传教士从中心的信仰沿着从未走过的路去往未知的世界。因此传教士相比朝圣者更称得上是探险家。这些传教士都怀着信仰走过千山万水，驱使他们的永远是火一般的热忱。他们不知道对未来该有何种期待，因为每前进一步都展开新的景象。

商业的动机

征服的欲望和宗教尽管是驱使人类探险的重要力量，而一股更大且作用范围更广的力量则是贸易和商业。从早先找寻外来商品和产品，到现代为国内产品开辟出口的新市场，人类的足迹遍布天涯海角。13世纪重大的探险、远征和18世纪末现代科学探险的萌芽，都归因于商业的驱动。对探险的商人来说，观察一个国家和它的产品、这个国家的人民和他们的需要，对他们来说比对传教士更为重要。最快捷和安全的运输产品的通道、新原料的来源和新市场的开拓，是商人成功的基础。了解当地人的性格和风俗对他开展工作也极为重要。一条新的、更快捷的通道让他在竞争中更有优势。开辟到达东印度群岛的新途径使人类迎来了探险史上最辉煌的半个世纪。在这个时期，进入文明世界的欧洲所知道的世界比原来增大了不止一倍。

科学的动机

虽然到了18世纪末，纯粹对科学的好奇才成为旅行的一个重要因素；但其实在更早的时候，对科学的好奇对有些人来讲已是一股重要的驱动力量。为了知识本身而求知、渴望拓展已知世界的边界，哪怕只是一点点，这不完全是现代人才有的品质。然而在这成为一个重要因素之前的一个半世纪里，科学兴趣的拓展和发展势所必然。对科学的兴趣和科学探险相互促进，科学探险也大量增加了人类的知识，这些都为现代科学结构的建立奠定了基础。人类探索未知的世界并追寻理想，曾经是为了宗教，现在则是为了科学。

我们知道探险从人类出现时就产生了。由于动机各异，从古至今有形形色色的探险者。这些探险者的记录留下了大量的文献，激发后人无穷的兴趣。除了收集事实和增加新知识，这些记录还栩栩如生地描绘了探险者的性格：他们面对危难的勇气、克服障碍的耐心，和他们一次次表现出的最真实和最高尚的英雄主义和自我牺牲行为。在这些探险者中，只有一部分人留下了记录。不出所料，早期的探险者留下的记录与后期的探险者相比少得可怜。从历史的角度来看，这些记录可以分为几大比较分明的部分或是时期，不同之处不仅在于所发生的年代，更在于主要的动机。

有记录的探险的最早阶段

希罗多德15世纪的旅行是有记录以来第一个或最早的阶段。他在埃及、巴比伦和波斯的游历留下了最早的对这些国家的准确记录，他也似乎是最早的科学探险家。他行踪广泛，认真收集关于实际情况和所到国家历史的信息，俨然是准确和刻苦的观察者。同一时期，迦太基人安诺沿着非洲西海岸远至波斯湾的英勇探险，是为了扩张这个伟大的商人民族不断发展的商业，说明即便在这么早的时期，贸易也已是驱动人们探险的最重要的动机之一。有趣的是，人类在这些早期的探险中第一次发现了猩猩，并将其描述为凶猛强壮、全身长满毛发的人。安诺还捕获了几只猩猩，想把它们活捉回迦太基，但因为猩猩太过凶猛，不得不将它们杀了，只带了猩猩皮回去。大概一个世纪以后，亚历山大扬帆远航，虽主要是为了满足征服的欲望，但也有探险的意图。他不仅带回了最早的关于印度的准确描述，还证明了可以从海上到达印度。随着罗马帝国的崛起，这个早期探索阶段告一段落。从那时起直到4世纪或5世纪，探险活动偃旗息鼓。地中海世界的注意力转移到征服已知的世界，而不是拓展这个已知世界的边界。

第二个阶段——朝圣者和传教士

4世纪是第二个阶段的开端，并延续了七八百年。这段时期探险最典型的特征是以宗教为驱动力。因为探险者主要是朝圣者和传教士，还有在这个阶段末期以宗教为口号、从撒拉逊人夺回耶路撒冷的十字军战士。前文已指出，朝圣者虽是旅行者，但不是观察者。他们专注于最终的目的，在危险丛生的长途跋涉中寻求精神的奖赏。一般来说，朝圣者是地位卑下、没受过什么教育的文盲，因此没留下什么见闻记录。当然也有例外。在欧洲各地前往巴勒斯坦的朝圣人群中，就有不少地位高、有学识的人。值得注意的是，并非所有的朝圣者都是男性。在这个阶段的早期和后期，许多妇女也踏上了这一艰苦的朝圣征途。比如阿基坦的希尔维亚就显然是个有地位的妇女。在公元380年，她不仅到了耶路撒冷和其他几个圣地，还去了阿拉伯和美索不达米亚的部分地区，在这几年的游历中留下了一些简短但有意思的记录，因此可被称为最早的伟大的女性旅行家之一。在7世纪和8世纪，朝圣的人数似乎有所增加，至少这一时期留下了更多的朝圣记录。来自肯特的一个有地位、名叫威利鲍尔德的朝圣者留下的游记是最早的关于英国人探险的故事。他生动地记录了从巴勒斯坦回英国的路上发生的趣事。好像他还想从巴勒斯坦带一种香脂回国，但怕被海关官员没收，因为他们的任务就是确保本国贵重的东西不被带出国界。因此威利鲍尔德想了一个很聪明的走私办法。他将香脂装在一个葫芦里，再找来一根大小正好塞进这个葫芦口的芦苇。将芦苇的一端塞住，往里灌满汽油。然后小心地把芦苇放进葫芦口，将多出的一段剪掉，和葫芦口齐平，最后塞上塞子。到了阿尔切以后，海关官员检查他的行李，发现了葫芦，把葫芦打开以后，只看到和闻到汽油，就没怀疑什么，让他过了海关。这个故事说明古代和现代的旅行者都或多或少要受海关规章制度的管束，但也都会想尽办法逃脱这些管束。

在欧洲，朝圣者留下的见闻记录不仅数量少，而且简短和粗糙得让人失望。而在遥远的中国则是另一番情形。虽然在那里，朝圣者的数量少得很，但留下记录的价值却大得多。当时有两个很重要的朝圣者，法显和玄奘。他们从中国北方出发前往释迦牟尼出生和圆寂的圣地，参考并抄写了一些圣籍。他们留下的记录不仅是很有趣的游记，也因其仅有的对当时印度和印度人民的记载而具有无可估量的价值。他们都取道土耳其斯坦，穿过了帕米尔高原。法显在近15年的游历以后，从锡兰走海路回国。两人都留下了很详尽的见闻记录。相比于欧洲的旅行者，他们更懂得欣赏沿途的自然风光。那个时代的旅行者和现代的旅行者有时都会感到寂寞，归家心切。法显写的一个故事说的便是这样的心情。他在异国他乡生活了近15年，在锡兰的时候有一天看见一个商人手里拿着一把从中国带来的白色丝绸做的扇子。他看到这把扇子，思乡之情油然而生，无法再忍受半刻的漂泊，于是马上启程回家。途中遇到不少危险，但最后还是平安地返回了故乡。

对比满腔热忱的传教士，欧洲朝圣者这个时期留下的记录更是少得可怜。这个时期传教士传教去往的主要方向是南边的阿比西尼亚，以及东方的中国和印度。关于阿比西尼亚的记录非常少，关于中国和印度则几乎没有任何记录。然而，我们还是从不同的途径得知当时传教活动在整个印度、中亚和中国非常兴盛。现在已知在7世纪、8世纪和9世纪，基督教的传教活动非常活跃，传教士们也肯定是了不起的旅行家，因为他们的足迹到了大半个中国和印度的大片海岸，不过没有留下任何记录。虽然有两个传教士被载入中国的史册，即阿罗本和景净，但大部分传教士名不见经传。让人惊讶的是，在世界的另一端，即爱尔兰，这个时期还活跃着有其他游历的传教士。在爱尔兰，8世纪留下了一些北方的法罗群岛和冰岛的探险记录，但有价值的信息不多。

宣扬穆罕默德

这个时期另一群很重要的探险家是阿拉伯人。7世纪伊斯兰教的兴起推动阿拉伯人开始远征，部分出于传教的热忱，部分也出于征服的欲望。在伊斯兰教纪元以前，就有商人和其他探险家从阿拉伯前往锡兰、印度和非洲海岸。后来，伊斯兰教的迅速传播也带动了贸易的发展。这些传教者没有留下什么关于游历的记载，但尾随其后的商人和旅行者则记载了这些征途。这是宗教的冲动和征服的欲望加在一起的例子，促使不少人踏上征途，并为后来人开辟道路。或许早期最有名的阿拉伯探险家当属苏来曼和马斯欧迪。苏来曼是一个商人，其经商所经之地远达中国海岸。马斯欧迪则更像一个地理学家兼旅行家，他到访和记录的不仅有远东，还有非洲海岸。两人，尤其是马斯欧迪留下了大量的游记，使我们了解到很多关于那个时代生活和环境的趣闻。然而在很多方面，更有意思的是那些没那么有名气的旅行者留下的无数游记，例如在《天方夜谭》中大家都很熟悉的水手辛巴达的航行，便是基于这些无名旅行家的部分游记（有一些现已散佚）。我们基本可以确认著名的航行中提到的这个令人敬畏的水手所到过的许多地方，如印度、锡兰、马达加斯加和中国。他所记录的印度半岛采集樟脑的过程，正是当地人采用的方式；今人也基本能确信那个著名的趴在辛巴达背上的海上老人提到的是苏门答腊及其周边的红毛猩猩。阿拉伯人不仅成了伟大的探险家，其发明的探险方法也在很大程度上使15世纪和16世纪探险的大规模发展成为可能。从与中国人的交往中，阿拉伯人学会了使用指南针，并将指南针传到地中海，从而给了欧洲航海家一个扬帆远航的工具，使他们发现了新世界。

维京人和十字军战士

虽然宗教和宗教动机直接或间接地成了这个时期旅行的主要特点，但并不是唯一因素。如果说在地中海沿岸地区，探险精神几乎是休眠的；那么在北欧则非常活跃。维京人，也称“峡湾人”，刚开始时向南边的法国和西班牙富庶的海岸发起海盗式的进攻，后来将注意力转向西方，并怀着真正探索发现的精神，挺进未知的大西洋。他们首先到达冰岛，然后是格陵兰岛，最后在11世纪到了美洲的北海岸。神话传奇中保留了很多这些航行的记载。尽管信息量少，《红头发埃里克传奇》仍是第一份关于新世界的记录。

古斯堪的纳维亚人在北欧的这些探险活动之后紧接着进入了一个新时期，在这个时期，对探险的兴趣在一些遥远的南方国家复苏。部分是先前宗教探险的继续，并转变为十字军战士的征战；部分是由于当时发生在遥远的古代中国的政治事件；还有部分是由于贸易的快速发展。

蒙古帝国的扩张

13世纪很重要，最重要的事件便是东亚蒙古势力在成吉思汗统治下的迅速崛起。在东方稳定以后，蒙古人将目光转向西方，横扫中亚，并进攻欧洲。欧洲人虽然在1241年的莱格尼察战役中打败了蒙古人，但欧洲人担心他们再次来袭，教皇便派了一个外交使团到成吉思汗的首都。欧洲人因此第一次见识了这个古老中国的强大与富庶，商人和贸易者也迅速做出反应。威尼斯在当时是与东方进行贸易的“领头羊”，威尼斯商人自然会想办法利用教皇使者去往中国的道路到达中国这个富裕的市场。在此背景下，马可·波罗在这个世纪末开始了他著名的游历。他离家在外二十载，期间去过中亚和中国的很多地方，并以蒙古汗国指派官员的身份从中国的海岸前往爪哇岛和印度。当时的蒙古汗国在成吉思汗的统治下达到鼎盛时期。最后返回欧洲的时候，马可·波罗却身陷囹圄，他精彩的游记得以存世，全靠与他关在同一间监狱的犯人记下了他的口述。总的来说，马可·波罗的叙述很准确，而同一时期的其他旅行家和商人的记录却没那么可靠。马可·波罗对各种各样神奇事件的描述有很高的可信度，有名但纯属虚构的约翰曼德维尔爵士的游历便是基于马可·波罗的部分游记。但现在有一种说法是，这本蜚声一时的《马可·波罗游记》出自一个从未离开家乡半步的内科医生之手。编造游历看来绝不是只有现代才有的事。虽然马可·波罗和其他欧洲旅行家的成就很大，一些直到15世纪在这方面还很活跃的阿拉伯人并不比他们逊色，甚至更胜一筹。有史以来所有阿拉伯旅行家中最伟大的是伊本·白图泰，丹吉尔的内科医生。他马不停蹄地游历了25年，不仅到过东方各处和印度半岛、俄罗斯南部的大草原、非洲赤道的东海岸，还穿越撒哈拉沙漠到了延巴克图和西边的尼日尔峡谷。

去往东印度群岛的线路

15世纪，与印度群岛贸易的大幅发展给了探险一股突如其来的推动力。指南针的引进大大刺激了航海，陆上的东方通道也因当时的政治事件而被切断，欧洲人便不得不从海上寻找新的线路。在航海家亨利王子的影响下，从葡萄牙出现了第一批络绎不绝、企图绕过非洲到印度群岛的旅行家和探险家。他们沿着西边的海岸一点点向南推进，在6年之后哥伦布开始他伟大的航海之前，迪亚斯发现并绕过了好望角，11年以后瓦斯科·达伽马也从这里绕过好望角并一直往前到达了印度。3年以后，卡布拉尔也向印度进发，但向西走得太远，到了巴西海岸，发现了新世界南部的大部分地区。

虽然葡萄牙因此可以说非洲南部是葡萄牙旅行家发现的，但最大的荣耀属于发现了新世界的西班牙人。伟大的热那亚的发现召唤着其他探险家，韦斯普奇就是其中一位。他首先向西班牙航行时发现了委内瑞拉，后来又发现了葡萄牙，在南美洲探险时远达拉普拉塔，所有这些探险家都是以东印度群岛和去往该地的路线为目的的。但直到16世纪20年代，葡萄牙人麦哲伦奉西班牙国王的命令出行才最终取得成功。在遥远的南边他发现了横亘在欧洲和东方诱人的市场之间的一堵墙。他先是为了越过太平洋于1521年到达了菲律宾，但在后来与当地人的冲突中丧命。虽然他自己没有活着完成剩下的航行，他的一艘船带着剩下的一部分原班人马取道好望角返回了西班牙，因此麦哲伦成为最早环游世界的人。

美洲探险时代

16世纪的前50年充满各种探险与征服活动，可被称为是人类探险史上最辉煌的年代。人们不仅从海上又发现了新大陆，探险家如北方的科罗纳多和南方的奥雷亚纳还跋涉了上万里路探索新大陆的大片腹地——奥雷亚纳是第一个越过南美到达亚马孙的探险家。墨西哥的科尔特斯和秘鲁的皮泽洛虽然目的不一样，但足迹遍布新世界两个最伟大、最文明的国家。

这段时期意大利、葡萄牙和西班牙的探险家声名卓著，北欧一些国家的探险家也很快名列其中。英国、法国和荷兰开始加入到探险队伍中，卡伯特、卡迪尔和哈得孙这几个响当当的名字便证明了这几个国家在探险领域的实力。罗利不幸的圭亚那探险之旅和德雷克环球航行的伟大成就是很有意思的记载，也见证了英国人在那个动荡时代所扮演的角色。德雷克和伊丽莎白时期海盗的主要动机是攻打和抢劫新世界西班牙的繁荣商业。其他人如罗利和吉尔伯特，则是为了占有和稳定新发现的领土。不过人们仍抱着取捷径到东方这一古老国家的愿望——弗罗比舍、戴维斯还有其他人继续苦苦找寻西北通道而不得，便是一个证明。

17世纪伊始，法国出现了许多可被称为有史以来最伟大探险家的人。塞缪尔、拉萨尔、马凯特、皮埃尔·高提耶和许多其他神职人员及普通信徒是探索新法兰西的先锋。任何一个探险者都会为记录他们探险旅途和生活的故事而感到骄傲。

当法国人在美洲探索，在新西兰和澳大利亚也活跃着毫不逊色的英勇的荷兰探险家。虽然澳大利亚是在17世纪中期被西班牙人发现的，之后荷兰人也效仿葡萄牙人在非洲的做法，沿着澳大利亚西海岸往南推进，并以塔斯曼人的远征画上完美的句号。塔斯曼人不仅证明了澳大利亚是个岛屿，也最先发现了新西兰。

科学探险阶段

探险史上最后一个最辉煌的时期，可说是以库克船长的航行开始的。他于1768年从英国出发，是第一个进行纯科学探险的人。其主要目的是在南太平洋中新发现的社会群岛上观测维纳斯凌日，这是当时科学家很感兴趣的一个天文现象。在这支探险队伍中有几位科学家，探险的任务还有采集标本和调查。从此以后，单个的旅行者和大规模的探险队抱着科学的目的踏遍了全世界去观察和采集。一个接一个的伟大国家捧起科学探险的接力棒，直到科学探险在今天达到巨大的数量。达尔文著名的贝格尔号航行和华莱士在东印度群岛历时数年的游历革新了科学的面目，也表明纯粹以理想为指导的探险会带来多么非凡的成果。找寻极地的想法鼓舞人们去探险，也是科学发展的重要部分。极地探险是一个目标，也是一个纯粹的理想，没有任何实际价值和贸易与商业动机。为了到达极地——未知世界最后的要塞，人类前仆后继与巨大的困难做斗争，无数次遭遇痛苦甚至死亡的威胁。然而指引他们向前的光芒不只是科学理想冰冷的火焰。虽然对很多人来说，科学理想的光焰微弱而执着。对这些极地探险家来说——也许对其他人也是如此——指引他们的是所有真正探险者内心燃烧的熊熊火焰。真正的探险家更注重实践的过程，而非实践的结果，而探险于他们也是必须完成的使命。

对人类早期探险史简要的回顾只能说明人类探险的足迹和兴趣有多么广泛。在这样广阔的画面中，可见的只有那些庞大的地形。即便我们只能瞥见高耸的峰顶，也不意味着依偎山脚下的山谷里就没有风景。出于必要，我们只考虑了那些名留青史的探险家和探险活动，但绝不能因此便鄙视那些探险范围小的无名探险家。有很多这样默默无闻的探险家，虽没有跋涉过千山万水，但他们掌握了当地的详尽知识，观察细致客观，下笔饱含深情，读来也让人满心欢喜。于是我们也可能会受鼓舞，利用一切可能的机会去好好观察我们周围的世界和周围的人。

探险的方式

我们读不同时代探险家所留下的记录，总会惊异于他们探险的性质和方式如此不同。虽然不少探险家一般都会提到现代探险的舒适便捷和安全——当然至少是在文明世界的通衢大道上——但是探险条件的今昔对比更值得注意。早期探险家通常是孤身一人，有时候只能寄希望于伪装。相比现代探险家，他们要遭遇和忍受更多的艰辛、磨难和危险。没什么特别的准备，也没什么专业的装备，他们探险的进度通常很缓慢，在路上停顿或被迫如此是家常便饭。沿途要靠不可信或不友善的人提供的信息，所以常常迷路。又因为没有常规和直接的通信渠道，他们经常要走很多弯路才能到达目的地。现在的探险条件是大大改善了。孤身一人或是精心组织探险队去探险都能避免很多困难和危险，各式各样精巧的专业设备和充足的储备物资不仅使现代探险更为舒适和安全，也增加了探险成功的可能性。到荒无人烟的未知世界探险，相比在文明世界里探险，进度还是要缓慢得多。不过现代的旅行家和探险家即便去遥远的地方探险也有巨大的便利，因此可以更迅速也更容易地抵达未知的世界。

探险的乐趣和好处

其实没必要说探险有什么乐趣和好处，因为乐趣和好处实在是太明显了。新的地方、新的人和新的体验对探险者来说都是增长见识的机会，几乎可以无限制地扩充自己的知识储备。不过探险者也需牢记“要把东印度群岛的财富带走，还需把东印度群岛的智慧带走”，换句话说，他得到的与他获取的知识和了解成正比例，这在其他领域也是如此。然而比知识重要的是探险对人的思维习惯和待人接物的实际影响或应当有的影响。更宽阔的胸怀、对生命价值更公正的判断、对人类共同命运更深刻的体会，以及对人类成就更大的惊奇和赞赏——这些都是行之有效的探险所能给予我们的。与此不同又让人向往的是探险本身的乐趣。前文已经指出，这对有些人来说是终极目的，对很多人来说也至少是一个重要的动机，虽然他们不一定嘴上明说。对真正的探险家来说，没有什么乐趣比探险更深刻、更持久，也没有什么召唤比探险更令人无法拒绝。他要忍受疲惫、艰辛，也许还有磨难，但这些对他来说都不重要，终将成为过去，甚至会在回忆中模糊和消失。记忆中留下的只有探险经历的毫不褪色的神奇与美丽。回首过去，他眼里的旧夕阳依然光辉灿烂，过往的风声仍在耳畔像音乐一样回响，口鼻间也仍是早已凋谢花朵的芬芳。

我们不可能都成为探险家。许多人坐在安乐椅中读他人的探险故事也能悠然自得。只要读的方法对头，读他人的游记也能既有用又有趣。我们会注意到探险家自己没有意识到的东西，从他们的经历中选取最精彩的片段；也因此可以从伟大探险家的生平事迹里所体现的耐心、英雄主义和坚忍不拔的毅力中受到鼓舞；并从他们对神奇和美丽世界的描述中，理解和同情那些世世代代专注于未知世界的探险家。尤利西斯这样来描写他们的精神：

我要乘坐大帆船，天涯海角走一遭，看看月亮的安乐窝，晚霞升起的地方。

希罗多德与埃及

乔治·蔡斯

希罗多德被称为“历史之父”（该词为西塞罗所造）。这一称呼也是世所公认。希罗多德是欧洲文献中最早使用“历史”这一词的，其意思后来一直被沿用，他撰写的一部史书表征了“历史”的现代意义。在他之前，有一种文献在某些方面类似历史，即所谓希腊纪事家写的由“纪事”或“传说”构成的传记，以一种类似史诗的方式记录了建立希腊城邦的相关故事、某个家族的谱系，或是发生在遥远异邦的神奇故事。从希罗多德身上可看得出，他受到这种写作风格的影响。他写的历史很有“纪事”的味道，对异国他乡的地理和风俗人情表现出极大的兴趣。与前人不同，并给了他在文献史上的独特地位的是，他首次从全局视角记述了一系列在世界范围内有影响的重要事件，并追溯了这些事件之间的因果关系。

希罗多德《历史》的主题

希罗多德的《历史》讲述的是波斯人和希腊人之间决定了后来历史走

向的战争。书中有不少离题的内容，但始终还是围绕着主题来展开。后来文法家将这本书分为九卷。前面几卷追溯了波斯帝国的缓慢扩张，吕底亚帝国、巴比伦和埃及的征服，以及波斯人对锡西厄和利比亚的征伐。第五卷记录了爱奥尼亚的反抗斗争和萨迪斯被焚——最终导致波斯人进攻希腊的事件。第六卷讲述了爱奥尼亚城市的反攻和第一次入侵，以雅典人在马拉松战役中光荣胜利结束。剩下的几卷记载了薛西斯率领波斯军队对希腊再次入侵。

毫无疑问，希罗多德的灵感大部分来自他所处的时代。他出生于15世纪早期，他的上一代人正好亲历了波斯战争。他肯定认识许多参加过马拉松战役和萨拉米斯战役的人，并同他们交谈。他的家乡，卡利亚的哈利卡纳苏斯就曾被波斯征服。因此他一定很早就知道波斯帝国，并心怀恐惧。命运和性格的共同作用使他成为一个伟大的探险家。他两次从自己的家乡被放逐，此后的很多年中他是一个“没有国籍的人”，直到最后在意大利南部的图里城获得公民身份。图里城是一个国际殖民地，是443年雅典人在古城锡巴里斯的遗址上建立的。希罗多德想必在雅典待过一段时间，并与萨福克里斯和许多其他杰出的作家和艺术家建立起友谊。这些杰出的作家和艺术家使“伯利克里时代”成为希腊文学和艺术史上的“伟大时代”。他经常在雅典、奥林匹亚、科林斯和底比斯的公共场所吟诵，还对希腊的许多其他地方有一手的了解。

希罗多德游历的范围和目的

希罗多德游历的范围不仅在希腊和周边地区。从他自己的叙述来看，他从波斯帝国到过巴比伦，甚至到了遥远的苏萨和厄克巴塔纳；在埃及，他沿着尼罗河往上一直到了象岛；漂洋过海到了提尔和利比亚；在黑海，他到了克里木半岛和科尔奇斯国。他似乎还到过小亚细亚内陆，沿着叙利亚海岸到了埃及的边境。

希罗多德为什么要游历这些地方？这是个有意思的问题。最简单和最自然的推测是他要为撰写《历史》做准备，但可能还有其他原因。有人认为希罗多德是个商人，游历各国主要是为了经商。但这个看法不堪一驳。希罗多德的《历史》里并无商业的迹象，而且希罗多德谈到商人时和他谈到其他阶层的人一样，没有表现出特别的兴趣。也有人认为希罗多德的游历只是为了收集与异域有关的信息，跟他后来写的《历史》无直接关系。持此观点的人认为他是教授式的吟诵者，就像吟诵荷马史诗的古希腊吟诵者，只是他吟诵的不是英雄时代的伟大事迹，而是一些遥远的国度和人民。简而言之，他是一个古斯托达德或博顿·哈勒莫斯式的人物。

这个观点不是毫无根据：他在希腊的不同地方吟诵过自己的作品，也在《历史》中花了大量篇幅描绘异国风土人情。最后，他的一些游历还有政治的性质。希罗多德到过的大部分国家的信息对15世纪古希腊的政治家，尤其是伯利克里来说有很重要的意义。伯利克里建立雅典帝国的野心人尽皆知，有人指出，雅典议会曾出1万多美元的高价只为买希罗多德的一些吟诵作品，但有人指出这是为了嘉奖他为政治所做的贡献。所有这些观点都提出了有意思的可能性，但没有一个能被证明。希罗多德说他写《历史》不过是为了让“人们不至于遗忘那些英勇的事迹，让古希腊和鞑靼的伟大杰出的作品能名留青史”。无论怎样，事实是他最后并没有以我们现在所看到的形式来组织他的游记，因此他作为第一个历史作家的名声得以奠定。

希罗多德的诚实

希罗多德是否胜任他所担当的重任是另一个聚讼纷纭的问题。甚至对《历史》的成书年代也有人提出强烈的质疑。希腊史学家普卢塔克写了一篇名为《论希罗多德的邪恶》的文章，一位已故的文法家哈朴克拉底雄据说写了一本名为《希罗多德〈历史〉中的谎言》的书。在现代，人们对《历史》的评价也很严苛，甚至是最崇拜希罗多德的人也不得不承认《历史》里很多严重的瑕疵。正如许多和他同时代的人，希罗多德只会自己的母语，因此必须借助口译或是说希腊语的本地人。他很坦率地承认了这一点，并通常会交代信息的来源，比如“这是波斯人说的”“这是埃及的牧师告诉我的”。甚至在写希腊问题的时候，他似乎也经常借助头口流传的故事，而不是文献资料，很少提到将碑铭作为信息来源。说他轻信他人、全盘照搬是不公正的，因为他经常质疑他所记录的别人的话是否真实，比如他在讨论尼罗河洪水的时候。但他以及大部分与他同时代的人都还没有培养出批判性思维，因此他的作品难免要受影响。说他是个爱讲故事的人也许更恰当，他记录一个个故事似乎只因为喜欢讲故事而已。他讲的不少故事，比如普罗托斯的藏宝室，就属于民间传说的范畴，而非历史。

希罗多德的宗教情怀

另一个不利于希罗多德写作《历史》的地方，是他强烈的宗教情怀。他所处的时代仍然是信仰宗教的时代，人们看到上帝之手无处不在，希罗多德也深受影响。因此在《历史》中有很多笔墨描写神谕和神像。在写异域的章节里，希罗多德也总想将野蛮人的神和希腊的神联系起来。《历史》的第二卷中都是在证明希腊诸神是来源于埃及。这是《历史》总体宗教倾向一个最典型的一个例子。

因此作为史书来研究的话，希罗多德的作品有很多严重的瑕疵，因此古今的批评家争先恐后地指出《史书》的毛病也就不足为奇了。一首牛津韵文很好地表达了许多批评家的态度：

> 轻而易举地，
> 埃及的牧师骗了你，
> 但我们决不让你再来骗我们，
> 希罗多德！希罗多德！

然而必须指出的是，尽管受到很多批评，却没人认为希罗多德居心叵测。他作品的瑕疵是他的民族和他所在时代的瑕疵，但瑕不掩瑜。有史以来，很少有希腊人对野蛮国家持公正的态度。如果说他因为太爱讲故事而成不了一个优秀的史学家，那么他至少是一个故事大王。他的风格简单明了、浅显易懂，处处都显示了“隐藏艺术的艺术”。如果考虑到这是欧洲最早的文学散文，希罗多德便是取得了了不起的成就。最后，从古至今很少有作家能成功地在作品中留下个性的标记。而打开《历史》，希罗多德便栩栩如生地站在我们面前。我们似乎看到他手里正拿着记事板和铁笔，跟着口译向导或者牧师穿过波斯帝国的伟大城市或是埃及的庙宇，认真聆听和提问，并灵敏地注意所到之处的风俗与希腊有什么不同。他彬彬有礼又满怀同情，时刻留意有哪些可以给他的叙述增加趣味的故事。除了记录史实的价值，希罗多德的《历史》作为一个人物文献也很有意思，记载了一个伟大民族在黄金发展时期，其杰出一员的信念和随感。

伊丽莎白时代的冒险家

W. A. 尼尔逊

在欧洲文艺复兴时期求知精神的诸多表现中，推动地理探险的新助力最引人注目。1492年哥伦布发现新大陆，给了地理探险一个崭新的开端。不久以后，西班牙又在美洲中部和南部征服和吞并了大量的土地。在16世纪，信奉天主教的西班牙是欧洲的统治力量。英国在伊丽莎白统治下彻底与罗马决裂以后，作为新教统治力量的地位使其政治野心融入了宗教的动机，寻求与竞争对手共享美洲大陆的财富和统治。英国在伟大的伊丽莎白女王的统治下和平崛起，有了开辟更广阔市场的需要。除了掠夺殖民地的财富和安定殖民地，伊丽莎白时代的商人冒险家寻求在海外发展庞大的商业。出于好奇、宗教的虔诚、爱国主义和贸易的动机，这些英勇的"海狗"们踏上危机重重的征途，扬帆远航至大涯海角。

伊丽莎白时期英国的扩张

人们不总是能意识到这些商人探险家们走了多少条不同的路线。他们不仅在西班牙大陆美洲追逐利润和冒险。在1533年寻找去中国的东北通道时，英国水手们发现自己到了白海，后来到了沙皇的宫殿，从此打开了去俄罗斯的贸易通道，不用再走先前被汉萨同盟死死把守的波罗的海通道。

他们挺进地中海，向的黎波里和摩洛哥派遣探险队，并和希腊半岛开展贸易。其他人还发展了和埃及和黎凡特的往来关系。他们深入阿拉伯和波斯，带着货物样品从陆上到达印度。还有人取道波斯湾或绕过好望角到达印度。在印度，他们和葡萄牙人竞争。1600年，英国建立了东印度公司，开始了大英帝国在印度的统治。

西班牙大陆美洲

然而英国人是在和西班牙人发生冲突的地方开始扬帆远航的，这激发了那个时代人们的想象，后人保存了对那些探险最诗情画意的描述。《哈佛百年经典》中，弗朗西斯·德雷克爵士的三次航行、汉弗莱·吉波尔特爵士的“纽芬兰航行”，以及沃尔特·罗利爵士发现圭亚那，都是很好的有代表性的记录，记载了这些半宗教、半科学但也更是充满爱国热情的海盗式的探险，以及这些探险的方式和结果。恐怕没有什么比这些故事更有吸引力了，书里有这些探险家的插图：与厄运英勇斗争，在海上和路上忍受最可怕的磨难，还有他们的大度和背叛、善良和残忍。

德雷克向西航行时，年纪还很小。1572年他和同伴进军诺姆布雷德迪奥斯海湾，差一点搬空了国王的宝库。叙述者说“借着这光线，我们看到下面的房子里靠着墙有一大堆银棒。目测这座银山有70英尺长、10英尺宽、12英尺高[①]。每一根银棒的重量在35～40磅[②]”——后来发现总共有360多吨。但是他们一心想着救他们受伤的船长，并没有动这笔巨大的财富

① 1英尺≈0.304 8米。

② 1磅≈0.453 6千克。

（其实还有更多的黄金）。他们如此克制，怎么最后蹂躏了西班牙人？这在叙述的结尾可找到答案：“目前属于卡塔赫纳的有诺姆布雷德迪奥斯海湾等和200多艘护航舰……我们在里面逗留时，拿走了部分零件……但我们从不放火烧船或沉船，除非发现这些船是对付我们的军舰，或是为了抓获我们的陷阱。”

对地理学的贡献

我们早期对美洲及其土著居民的很多知识都来自这些冒险家的故事。他们给的信息我们不能全部信以为真，因为它们通常更多的是探险家的逸事，而不是科学地理资料。但这些信息仍是有价值的，反映了当时人们丰富的想象力，也可资娱乐。

在霍金斯一次航海的描述中，我们读到关于鳄鱼的故事：“它天性如此。若要猎食，便像一个基督教小男孩一样抽泣，吸引猎物靠近它，然后它就一口咬住它们！于是有了这个广为人知的词语——‘Lachrymae Crocodile’，用来形容哭泣的女人。意思是鳄鱼哭是骗人的，女人哭的时候通常也是骗人的。”这同一段叙述中还讲到了香烟的奇妙之处：“佛罗里达人旅行的时候带着一种干草和一根一端有陶杯的管子，把火和干草放一起，就可以从管子里吸出烟。这烟可以填饱肚子，因此他们可以四五天不吃肉，也不喝水。所有法国人抽烟都是为了不挨饿而已。但他们可否知道？抽烟会让胃里的水和痰干掉。”土豆在这些探险家的记录中也备受推崇：“土豆是可食用的根茎里最好吃的，其滋味远远超过防风草和胡萝卜。它有两个拳头大，表皮硬得像菠萝，但里面软得像黄瓜，吃起来像苹果，但比任何加了糖的甜苹果还要美味。”

除了对动植物的描述，这些探险和征服故事还包含了许多很有意思的、关于探险家所遇到的土著部落和他们生活习惯的信息，不过有想象的成分在其中。读者尤其会惊异于这些探险故事里印度人拥有的大量黄金和珠宝。比如罗利在他写圭亚那皇帝的故事时，引述他人对于黄金国巨大财富的描述，听起来就像一个童话故事。据说黄金国的皇帝有了黄金白银的餐具仍不知足，还用黄金和白银装饰他游乐园里的花草树木。

探险家的行为举止

读者诸君不大可能忘记这些故事都是从英国人的角度讲的。宗教对立与政治和商业竞争激起了英国人对西班牙人的仇恨，也产生了描述西班牙人对本国人和英国俘虏如何残忍的故事。当然这些故事恐怕要改动不少才能让人相信。英国冒险家们绝不是圣人，有许多不过是海盗，还有不少人从事非洲和东印度群岛的奴隶贸易。我们赞赏他们的英勇和坚忍不拔的毅力，还有他们对同伴和对女王的忠诚。但在读到他们对奴隶惨无人道的虐待、完全忽视黑人的人权时，钦佩之情便烟消云散。他们和人签订合同将非洲奴隶运往西印度群岛，好像这些奴隶只是家畜或兽皮。在海上若遇到危险，便眼都不眨把这些可怜的奴隶扔进海里，就像扔的不过是一捆捆货物。

然而在所有这些由对黄金和征服的欲望所导致的暴行中，还有不少感人的故事，如对敌人的豁达大度、对敌国人民的情感，还有对行为准则和他们所懂得的游戏规则的遵守，给当时灰暗的世界带来一丝亮色。

叙述风格

这些航海作家绝没有一丝要创作文学作品的念头。他们写作的目的无非是美化他们的船长和国家，煽动他们的人民向敌军作战以及回来后对冒险经历的怀念。他们讲故事时从来没想过文风和修辞的问题，因此他们的故事读起来就像是日常对话，且因为是这无意识的，故还揭示了作者的真性情和当时时代的风貌。那是一个热情高涨、野心勃勃的年代，人们的想象天马行空，构想出各种伟大的计划，并不顾一切，满怀忠诚和所向无敌的勇气去完成这些梦想。现代人已经基本不会再受这些海盗的邪恶诱惑，但是当看到他们如此意气风发，仍难免会热血沸腾。

> 英勇的心，
> 被时间和命运削弱，但意志依然强大，
> 去拼搏，去追寻，从不放弃。

这样的诗使我们浮想联翩。

发现的时代

W. B. 芒罗

欧洲中世纪的黑暗时代随着15世纪的结束而告终。在世界各地，中世纪的封建制度日渐瓦解，因为专政力量的发展和常驻军队的产生使原来的封建系统变得多余。小国合并为大国——卡斯提尔和阿拉贡合并为西班牙王国；法国的各个省份在波旁王朝统治下统一；英国也结束了内战，在都铎王朝的统治下实现了和平统一。团结与统一产生了国家意识和领土扩张的愿望。人们对地理研究又产生了极大的兴趣，指南针也被改造以用于航海，水手们便可更英勇地扬帆出海。所以当土耳其人在征服地中海并关闭地中海港口和东方之间古老的贸易通道时，便是向西边海洋做冒险航行的成熟时机。

哥伦布的航行

人类首次向新半球进发的成功探险是在一个为西班牙皇室效忠的热那亚人的指导下完成的。这并不足为奇。热那亚是地中海最早的商业城市之一。而西班牙在欧洲的专政政权中最为强大，也最先进。哥伦布拥有航海技能、他的族人特有的英勇，还有西班牙的财政资助。若能在西方发现新世界，西班牙因其所在的特殊地理位置将受益不少。每个美国小学生都知道哥伦布的故事：他航行了33天才到西印度群岛，受到当地人的款待，并对新大陆赞不绝口。但哥伦布的故事只有他自己才讲得最好。确实有不少人也声称自己才是第一个登上新世界海岸的人。据说在哥伦布从西班牙帕罗斯出发前的近400年，一些古斯堪的纳维亚人在雷夫·埃里克森的带领下从古斯堪的纳维亚在格陵兰岛的殖民地出发，并到达了瓦恩兰海岸。这个瓦恩兰到底是拉布拉多半岛、新斯科舍还是新英格兰，史学家至今仍无定论。但目前普遍认为雷夫和他的追随者很可能从未到过拉布拉多半岛以南——如果他们确实到了拉布拉多的话。但无论如何，这些古斯堪的纳维亚的探险从未导致永久殖民。那些后来跟随哥伦布脚步的人才最终建立新国家。

哥伦布带回的关于伊斯帕尼奥拉岛的财富和资源的消息让整个欧洲沸腾了。为了将发现新大陆的成果据为己有，西班牙王室赶紧又派哥伦布再次出海。其他国家的航海家们也纷纷行动，想瓜分新世界的战利品。其中有佛罗伦萨的船长亚美瑞格·韦斯普奇。他于1497年横跨大西洋，还带回了地理信息。后来欧洲地图的制作者便以他的名字命名新大陆。此外卡伯特父子于同一年在亨利八世的资助下从布里斯托尔出发，沿着拉布拉多半岛海岸航行，为后来英国人发现北美洲的大片地区奠定了基础。法国也不甘落后，派遣雅克·卡蒂埃去探索新大陆，后来终于发现了圣劳伦斯谷地。

在美洲建立新国家

但欧洲国家若想牢牢占据新领土，要做的不仅仅是发现新大陆，还必须在新大陆上定居和殖民。在这方面，西班牙是先锋，它花大力气来经营西印度群岛、中美洲和南美洲大陆西边的山坡，这些似乎是他最丰盛的战利品。在西印度群岛有一片肥沃的土地，在上面种植作物无须多费人力就能增产；在内陆则有大片金矿和银矿矿区。葡萄牙紧跟它的半岛邻居，进一步向南方推进，将巴西盛产稀有金属的海岸像遗产一样据为己有。英国在它的臣民约翰和塞巴斯蒂安·卡伯特替它开了个头以后，行动缓慢，因此只得到西班牙所占土地以南的领土——从佛罗里达到芬迪湾海岸线，但那里没有多少矿藏吸引冒险者。然而从长远来看，英国的这个选择是最明智的。法国是最后才参与到新大陆的瓜分中的，它被推向更北的地方，到了阿卡迪亚地区、圣劳伦斯河和北美五大湖。欧洲别的国家——瑞典和荷兰也加入了这场争夺，在新大陆也都勉强立稳了脚跟：瑞典是在特拉华，荷兰则是在哈得孙河流域。但瑞典和荷兰后来都被排挤了出去，这些殖民地便落到了英国人手里。法国在和英国进行百年战争以后，在新世界的领土也被英国夺得。

弗吉尼亚和新英格兰

英国将大西洋沿岸地区据为己有，并在相隔不久的时间里在那里建立了两片居住区。早在1607年，大约一百个英国移民在弗吉尼亚的詹姆斯镇建立了第一个永久的英国人在美洲的殖民地。在历经许多无法避免的困难以后，这群开拓者终于在那里定居下来。他们还带去了用当时的法律术语写的一个皇室宪章，并及时地建立了自治系统，包括自治区和殖民地弗吉尼亚议会，是英国古老行政系统缩小版的复制。早在1607年，在更往北、靠近肯纳贝克河河口的地方，就有人试图建立定居区，但以失败告终。但是直到1620年，“五月花朝圣者”们在普利茅斯登陆，才建立了新英格兰。这些朝圣者们先是想从英国到荷兰，但在荷兰发现自己被卷入一个陌生环境的旋涡，于是决定再次出发寻找一个地方来创建属于自己的世界。在登陆之前，他们内部签订了一个建立“公民政治团体”的协议，保证所有成员将来为新社会制定公正的法律。在刚开始几年，建立定居区困难重重，人口的增长也很缓慢。10年以后，总人口也才不过300人。依靠坚持不懈的努力，这片殖民地最后走上了繁荣的康庄大道。

然而新英格兰另一个更重要的定居区是由约翰·温斯罗普和他的追随者在马萨诸塞湾建立的。1630年温斯罗普带了将近1 000个移民到塞伦去。在两年以后，这些移民建立了六个城镇，包括波士顿。普利茅斯殖民地和马萨诸塞湾殖民地在成立以后的大半个世纪保持独立发展，在1690年才合并为马萨诸塞省。

到1630年，英国人已经在大西洋沿岸以北和以南建立了牢固的根据地，下一个目标是统治大西洋沿岸以北和以南之间的所有地区。在马萨诸塞，一些定居者因不满过严的宗教约束，移居到南方的罗得岛和康涅狄格地区。威廉·佩恩、巴尔的摩勋爵等人纷纷摩拳擦掌，表现出建设殖民地的决心。在获得王室认可后，他们建立了宾夕法尼亚和马里兰殖民地。他们打败了在特拉华的瑞典人和在哈得孙的荷兰人，并控制其领地。在占领从弗吉尼亚到马萨诸塞的所有地区以后，英国的下一个目标是把威胁其领土安全的法国赶到更北的地方去。

内陆探险和贸易

殖民地建设和内陆探险同时进行。17世纪，法国航海家横渡北美五大湖和密西西比河，英国的皮货商则进入了新英格兰内陆地区，传教士尾随其后。后来北美两大殖民力量英国和法国便利用商人和传教士扩大各自的势力范围。甚至在阿利根尼山脉以西出现最早的定居地之前，争地之战便打响了，此后的漫长岁月战火纷飞。法国殖民者虽然数量上不占优势，且军事装备落后，但他们是更英勇无畏、野心勃勃的探险家和“森林运动员”，也比南方与他们比邻而居的英国人更为坚忍不拔。因此英国人开拓和保卫边疆举步维艰。但最后数量决定了胜负，英国得以暂时统治从大西洋到密西西比河的整个区域。

达尔文贝格尔号之旅

乔治·霍华德·帕克

查尔斯·达尔文如果只发表了《贝格尔号之旅》，他作为一个杰出博物学家的名声便会牢牢确立。在达尔文结束其波澜起伏的环球航行之前，英国地理学家塞奇威克对达尔文医生——查尔斯·达尔文的父亲预言，达尔文将成为一个顶尖的科学家，他很可能是在看了年轻的达尔文写给朋友的信以后做出了如此预测。果不其然，贝格尔号之旅为达尔文日后的丰功伟绩奠定了基础，使他不仅在当时声名显赫，而且名垂青史。

达尔文对传统学校和大学教育不感兴趣。从孩提时候起，他真正感兴趣的便是收集自然界中各种物体。矿石、植物、昆虫和鸟都能让他兴奋不已。但是直到他后来在剑桥学习神学时，亨斯洛的一番鼓励才促使他把这门业余爱好发展为严肃的事业。

约在1831年，英国海军决定建造贝格尔号—— 一艘装有10门大炮的双桅横帆船，用以完成几年前便已开始的对巴塔哥尼亚和火地岛的考察——视察智利海岸、秘鲁，还有大西洋中的几个岛屿，并完成一系列的环球天文测量。所有人都认为此次航行还需带一个博物学家。经亨斯洛教授推荐，菲茨罗伊船长最后说服达尔文担任自己的私人旅伴和此次航行的博物学家。亨斯洛推荐达尔文时，并未说他是个专业的博物学家，而只说他能胜任采集、观察工作，并能留意所有博物学中值得注意的东西。

贝格尔号在两次起航失败以后，最后终于在1831年从英国德文波特港口出发。在历时近5年的航行之后，于1836年10月2日返回英国法尔茅斯。其航行路线横跨大西洋，直抵巴西海岸，并沿着南美洲东海岸到了火地岛，然后沿着智利和秘鲁海岸往北行进。在赤道附近，贝格尔号往西行驶，穿越太平洋到达澳大利亚，从澳大利亚又横跨印度洋，在绕过好望角后，横渡南大西洋向巴西驶去。贝格尔号在巴西结束了环球航行，并原路返回英国。当达尔文踏上贝格尔号离开英国时，才22岁。因此在贝格尔号上度过的5年是他的成人期。这对他意味着什么，他当时无法完全领会。在离开英国以前，他宣布起航的那一天将成为他人生新的起点，一个新生的日子。在童年时代，他就一直梦想去看热带雨林。而现在，他的梦想终于要成为现实。在信中，他对贝格尔航行的描述充满青春澎湃的热情。在巴西，他给朋友福克斯的信中写道："自从离开英格兰，我的脑子就像火山一样迸发着喜悦和惊奇。"在里约热内卢，他给亨斯洛的信中写道："在这里，我第一次看到了无比壮观的热带雨林——只有亲眼看到它的人才知道它有多么奇妙和壮观，《天方夜谭》里的场景在这里变成了现实。这些绝妙的美景让人欣喜若狂。在这里寻找甲虫的人不会很快从这狂喜中清醒，因为不管他走到哪里，总会看到从没见过的许多甲虫。"这样的句子只有一个满怀热情、生来便是个博物学家的人才写得出。

但贝格尔号对达尔文来说，不仅意味着环游世界的机会，还把他培养成了一个真正的博物学家。在海上度过的5年里，他学会了怎样工作，并在极端恶劣的条件下工作。贝格尔号狭小拥挤，达尔文这个博物学家要把自己收集的东西照管好不是件容易的事。船上深受达尔文敬佩的中尉负责维护贝格尔号的外观，因此对达尔文总在甲板上堆放杂物很有意见。在他眼里，达尔文的标本是"口吃、可恨的怪物"。据说他还说过，"我要是当了船长，一定要把你，还有你的这堆破、破烂给扔到海里去"。达尔文曾说因为迫于在贝格尔号狭小的空间里保持整洁，他养成了有条不紊的工作习惯。在贝格尔号上，他还学会了节省时间的诀窍，即一分钟都别浪费，这就是他所说的“生命是由5分钟的片段组成的”这句话的含义。

达尔文在贝格尔号上不仅学会了在物质条件不便利的情况下争分夺秒地工作，还培养了在身体极不舒适时坚持工作的习惯。在开始航行的前三个星期，他还病得不是很厉害，但当船在海上剧烈地颠簸时，他感到极为不适。在一封于1836年6月3日在好望角写的信里，他写自己深受晕船之苦：“幸好这次航行快要结束了。我现在晕船比3年以前厉害得多。”尽管一直晕船，他仍坚持工作，且从不认为年轻时的这段经历让自己晚年落下了消化不良的毛病。

在返航的时候，达尔文没有了出发时的意气风发。在巴西布兰卡港，当贝格尔号起航时，他在给他姐姐的信中写道：“这四天以来我无精打采，简直到了痛苦的程度。现在即便走在巴西的森林里，也兴奋不起来。”他在历时数年才完成的自传中回顾这次航行时却说：“现在，热带雨林茂盛的植被经常在我的脑海中浮现，栩栩如生，超过其他一切。”

贝格尔号之旅的实际成果

达尔文关于此次航行价值的看法只有用他自己的话才说得最清楚。他后来写道：“贝格尔号之旅是我人生中最重要的大事。”并且：“我的头脑接受的第一次真正的训练和教育都来源于此次航行；它指引我去密切关注博物史的几个分支。虽然我之前已有相当的观察能力，但我的观察能力在这次航行中还是得以大幅提高。”最后，在给菲茨罗伊船长的一封信里，达尔文写道：“不管其他人在回忆贝格尔号航行时有何感受，现在我几乎已经忘了所有不愉快的细枝末节。命运使您选择我当了贝格尔号的博物学家，生命中最幸运的事莫过于此。现在我脑海中经常浮现我在贝格尔号上举目四望所看到的最生动、最让人愉悦的画面。就算有人每年给我2万英镑跟我交换这些回忆和我在贝格尔号上学到的关于博物史的知识，我也绝不答应。”

达尔文在贝格尔号上得到的不仅是很好的锻炼，还收集了一大批宝贵的标本，足够博物学家们忙活好几年。达尔文也大大增加了我们对那些遥远的大陆和海洋的知识。在整理和描述收集的这些标本时，达尔文最后不得不积极地投入到这项工作中。在《达尔文生平及其书信集》中有这样一段话：“他慢慢才意识到自己的任务不仅仅是帮博物学家收集标本和事实。他有时甚至会怀疑他所收集的标本的价值。在1834年给亨斯洛的信中，他写道：‘我现在真心认为自己收集的东西很贫乏，估计您看了也会很困惑，不知道说什么才好。然而这不能怨我，因为是您激起了我所有不切实际的幻想；如果努力干活可以不再让我胡思乱想，我发誓一定会拼命干活。’”因此达尔文在贝格尔号上的工作使他最终成为一个博物学家，并让他接触到当时的许多科学家。

贝格尔号之旅的理论成果

回国时，达尔文不仅带回了在贝格尔号上的工作成果，即大量有趣的标本，脑子里还装满了新想法。他把其中一个很快变成了现实，即撰写《贝格尔号之旅》。在贝格尔号的后半段航行中，他几乎都在研究珊瑚岛，他提出的关于这些不可思议的沉积物是如何形成的理论，是第一个在科学界受到普遍认可的关于珊瑚岛形成原理的理论。他提出的这个理论广为接受，即便现在其认可度也是最高的。但他研究的不只是珊瑚岛。达尔文也常常思考一个难题中的难题，即物种的起源。虽然他很少在《贝格尔号之旅》以及那段时期写的信中提到这个问题，但他在自传中却提到，1837年7月，在他回国以后不到一年的时间，他打开了他的第一本笔记本，寻找关于物种起源的事实——这个他说他长久以来一直在思考的问题。所以说他在贝格尔号上度过的几年，不仅在从事实地考察工作，还有很多思考。

毋庸置疑，英国海军部对贝格尔号航行的直接成果感到满意，为花在贝格尔号上的钱和精力没有白费找到了理由。但贝格尔号航行的伟大成就不是绘制了遥远海岸线的地图，也不是完成了一系列的环球天文测量，而是将达尔文训练和培养成了一个博物学家。达尔文自己说过的一段话是对贝格尔号最高的赞扬："我在科学领域的任何成就都是和贝格尔号上所受的锻炼分不开的。"